法哲学

平野仁彦・亀本 洋・服部高宏[著]

有斐閣アルマ

はしがき

　本書は，法の根本問題に関する現代法哲学の展開をわかりやすく説明することを意図して書かれた法哲学の概説書である。

　オーソドックスな問題領域区分により，法の一般理論，法価値論，および法律学的方法論という3部構成をとることを基本としたが，現代における法哲学的議論の焦点をはっきりさせるため，章立てとしてはそれぞれ，「法システム」，「法的正義の求めるもの」と「法と正義の基本問題」，および「法的思考」とした。そして，導入部に，法の現況と法哲学とのかかわりを明らかにする「現代の法と正義」をおき，最終章には，現代法哲学のさらなる課題と最近の議論動向が展望できるよう「法哲学の現代的展開」をつけ加えた。このような構成によって，原理的・理論的な考察を要請する法の根本問題がどのようなものであり，それにかかわる法哲学的議論の状況がどのようになっているか，そのあらましを理解していただくことができるであろう。

　しかし，法哲学の重要性は，単に議論状況についての情報を伝えるにとどまるものではなく，むしろ，法の全体像と法に関する基本的な考え方を解き明かすことによって，法実務や法実践の自覚的展開によりよい基礎を提供するところにこそある，といってよいであろう。そのため，本書では次の2つのことにとくに意を用いた。1つは，臨床的なレベルから基礎的なレベルにいたるさまざまな議論をふまえ，法実務・法実践と法哲学との連関に留意しつつ，法システムの全体構造や法の根本理念に関する考察の手がかりが得やすいように，またもう1つは，20世紀後半から主流となってきたリベラリズムの思想と法理論との関連を念頭におき，リベラルな法理論に対する批判的議論をも含めて，いま何が問われ，これからどのよう

な方向へ向かいつつあるのかが分かるように,ということである。本書が,現代法に関する哲学的考究への有効な道しるべをいくつかでも提供できていれば幸いである。

　本書の刊行にあたっては,有斐閣の奥村邦男さん,山下訓正さん,そして,一村大輔さんにたいへんお世話になった。大まかな章立てを決めた上で,分担執筆の形式を取り,原稿を持ち寄っては検討してきたのであるが,執筆者の都合で作業がなかなか進まなかったり,最後の調整に手間どったりして,完成までずいぶん時間がかかってしまった。本書がなんとか刊行に漕ぎつけられたのはひとえに,執筆を辛抱強く見守り,適切な助言を与えつづけてくださったこれら編集者の方々のおかげである。とりわけ,一村さんには,最後の段階でたいへん手間のかかる調整作業を熱心にリードしていただいた。心より感謝申し上げたいと思う。

　2002年2月

執筆者一同

もくじ

はしがき
著者紹介・読者へのメッセージ

第1章 現代の法と正義　1

1 法の現況と法哲学 ……………………………… 2
2 公正としての正義 ……………………………… 10

第2章 法システム　23

1 法とは何か ……………………………… 24
2 法システムの構造と機能 ……………………………… 50
3 法の射程と限界 ……………………………… 68

第3章 法的正義の求めるもの　83

1 正義の観念 ……………………………… 84
2 価値相対主義 ……………………………… 102
3 リベラルな正義論と倫理学 ……………………………… 113

第4章　法と正義の基本問題　125

1 公共的利益 …………………………………… 126
2 自　　由 …………………………………… 133
3 市　　場——効率性と倫理 …………………… 144
4 平　　等 …………………………………… 154
5 共同体と関係性 ……………………………… 166
6 議　　論 …………………………………… 176

第5章　法的思考　189

1 法的思考とは何か …………………………… 190
2 制定法の適用と解釈 ………………………… 219
3 法的思考と経済学的思考 …………………… 252

第6章　法哲学の現代的展開　271

1 デモクラシーとは何か ……………………… 272
2 同一性と差異 ………………………………… 288
3 現代法の新たな課題 ………………………… 297

参考文献 ……………………………………………… 307
事項索引 ……………………………………………… 315
人名索引 ……………………………………………… 321

Column 一覧

① 分析法学 ……………………………… 26
② 法的強制の多様性 …………………… 28
③ 法と道徳の関係 ……………………… 30
④ 悪法問題 ……………………………… 34
⑤ 法類型 ………………………………… 45
⑥ 法化 …………………………………… 46
⑦ ポスト・モダン法理論 ……………… 49
⑧ 権利の本質 …………………………… 60
⑨ ADR（裁判外紛争処理） …………… 63
⑩ 日本人の法意識 ……………………… 67
⑪ ミルの危害原理とパターナリズム … 70
⑫ ケアの倫理 …………………………… 72
⑬ 専門家の責任 ………………………… 78
⑭ 法実証主義と自然法論の対立をこえて … 81
⑮ メタ …………………………………… 87
⑯ ストア派 ……………………………… 94
⑰ 正当性と正統性 ……………………… 100
⑱ 論理実証主義 ………………………… 109
⑲ 自生的秩序の法 ……………………… 136
⑳ 政治的リベラリズム ………………… 170
㉑ リアリズム法学 ……………………… 193
㉒ イデオロギー ………………………… 196
㉓ 自然言語と人工言語 ………………… 203
㉔ 視線の往復と法律学的ヘルメノイティク … 205
㉕ 反証可能性 …………………………… 208
㉖ 判決理由と傍論 ……………………… 215
㉗ 一般条項 ……………………………… 217
㉘ 帰謬法 ………………………………… 221
㉙ 内包と外延 …………………………… 223
㉚ 有権解釈 ……………………………… 229
㉛ 反制定法的解釈 ……………………… 231
㉜ 類推適用 ……………………………… 236

㉝　利益法学……241
㉞　利益衡量論……243
㉟　法的議論の理論……245
㊱　「法と経済学」の諸派……253
㊲　格差原理の厚生経済学的解釈……257
㊳　囚人のジレンマ……258
㊴　生産手段私有型民主主義と福祉国家型資本主義……286

本書のコピー，スキャン，デジタル化等の無断複製は著作権法上での例外を除き禁じられています。本書を代行業者等の第三者に依頼してスキャンやデジタル化することは，たとえ個人や家庭内での利用でも著作権法違反です。

著者紹介

平野　仁彦（ひらの　ひとひこ）
第1章第1節，第4章，第6章第2節 担当
1954年10月生まれ
1978年　京都大学法学部卒業
1983年　京都大学大学院法学研究科博士後期課程学修退学
現　在　立命館大学法学部教授
主な著書・論文
『法思想史〔第2版〕』（共著，有斐閣，1997年）
「権利の主張とその実現――アメリカ法との対比で」『現代法学の思想と方法　岩波講座　現代の法　第15巻』（岩波書店，1997年）

★ 読者へのメッセージ ★

　社会秩序形成において法がきわめて重要な役割を果たしていながら，法の運用を方向づける考え方は諸説に分かれていることが少なくありません。そのこと自体に問いをもって法哲学の研究に入りました。法価値論を中心にやっています。政治や法運用の実態を離れて法を論ずることはできませんが，法制度には，それらに還元されない独自の意味があるのではないかと考えています。司法の重要性が強調される今，法的正義とは何かを根本に立ち返って考えてみることが大事であるように思います。

亀本　洋（かめもと　ひろし）
第3章，第5章，第6章第1節 担当
1957年12月生まれ
1981年　京都大学法学部卒業
1986年　京都大学大学院法学研究科博士後期課程学修退学
現　在　明治大学法学部教授
主な著書・論文
『法思想史〔第2版〕』（共著，有斐閣，1997年）
「現代法学の展開と法律学の変容」『現代法学の思想と方法　岩波講座　現代の法　第15巻』（岩波書店，1997年）

★ 読者へのメッセージ ★

　これまでは主として学問ないし法学の方法論の分野を中心に研究してきました。それは，法哲学がどのような学問か，ということの探求も含んでいますが，その答はいまだに見つかりません。法哲学は，倫理学や政治学と研究対象が大幅に重なっていますが，だとすると法哲学の存在意義はどこにあるのか，もしかしたら存在意義はないのではないか，という問題を，この本を執筆するにあたって強く意識せざるをえませんでした。

服部　高宏（はっとり　たかひろ）
第1章第2節，第2章，第6章第3節 担当
1961年7月生まれ
1984年　京都大学法学部卒業
1988年　京都大学大学院法学研究科博士後期課程学修退学
現　在　京都大学大学院法学研究科教授
主な論文
「法と政治の力学と憲法裁判——ドイツ連邦憲法裁判所批判を手がかりに」井上達夫・嶋津格・松浦好治編『法の臨界　第1巻　法的思考の再定位』(東京大学出版会，1999年)
「法システムと『思い遣りの倫理』——看護倫理をめぐる論議を手がかりに」三島淑臣・稲垣良典・初宿正典編『人間の尊厳と現代法理論——ホセ・ヨンパルト教授古稀祝賀論文集』(成文堂，2000年)

★ 読者へのメッセージ ★

　医療・福祉・情報などをめぐる法の現代的課題に取り組みながら，主として法と政治の関係について，ドイツの法理論を手がかりに研究しています。研究の途上であれこれ思案に暮れるとき，ドイツの社会学者のニクラス・ルーマンが，ある著書の前書きで，「みんなが合意していることとあえて逆のことを言ってみるのが重要だ。」と言っていたのをときどき思い出します。かりに最後には常識的な線に落ち着くとしても，一度はそれを疑い，違う角度から眺めてみることが，法哲学を学ぶうえでは大切です。

第1章 現代の法と正義

法の基本的な役割は，安定した正しい秩序を形成していくことである。だが，社会の変化にともなう法制度改革や法実践の過程で，安定した正しい秩序とはどのようなものであるのかがまさに問われている。まずこの章では，現代の社会の動きの中で法制度が直面している主要な課題にふれ，法の根本問題とそれにかかわる法哲学的探求のめざすところを，法哲学の固有性と現代性という側面から明らかにしておきたい。また，現代法の哲学的基礎を提示したものとして注目される「公正としての正義」の理論をとりあげ，現代の法システムおよび法的正義の基本問題にアプローチするための1つの手がかりとしたい。

1 法の現況と法哲学

変化する社会と法　現代社会の動向を特徴づける言い方としてグローバリゼーションということがある。地球環境問題，インターネットの普及，科学技術の進歩とその利用，国際企業活動の進展など，地球全体に及ぶ諸活動のもたらす変化がいまだかつてない速さで進行している。

　グローバリゼーションとは地球化のことである。さまざまな活動が地球全体におよびつつあるということであるが，そこには明らかに従来の国際化をこえるものがある。たとえば国の境をこえて張りめぐらされたインターネットを通じ，いまや大量の情報が瞬時に行き交うようになっているため，それにともなう問題に対し，これまでにも増して国際協力が強く要請されるということには留まらない。地球化にともなう問題は，国境をこえる問題という意味での国際問題というより，むしろ端的に地球問題である。地球それ自体がこれまで以上に1つの一体的な公共圏になりつつあるといってよいであろう。それによって，世界各国にかかわる共通の問題が地球公共圏の問題として現れているということもできるであろう。この意味において，グローバリゼーションはきわめて新しい社会変化の動向を示すものとなっているのである。

　グローバリゼーションが法制度に与える影響にはめざましいものがある。近年，わが国の法制度改革においても，たとえば，地球温暖化対策，インターネット犯罪の防止，知的所有権保護の拡充，医療技術利用についての規制などは，直接的にグローバリゼーションへの対応とみることができるであろうし，また，司法制度改革，環境保護，消費者保護，女性や民族的少数者の人権保障，情報化社会

対策，労働法制改革，地方分権の推進，経済諸規制の緩和などについても，確かに国民の意識と社会構造の変化によってもたらされたという面があるにしても，グローバリゼーションの影響をそこにみないことはできないであろう。

標準化と差異化　これをもう少し抽象的なレベルで捉えるならば，グローバリゼーションが法秩序に与えている影響として，標準化と差異化あるいは体系化と個別化の促進ということを挙げうるのではなかろうか。

すなわち，一方において，地球公共圏に生じるさまざまな問題に対する法的対応の統一化つまり法的規準・規格の国際的標準化が求められるとともに，地域的な慣例や通念がグローバル化の波にさらされることによって，自由・平等への要求が普遍的にみられるようになる。共通規準の要請と自由・平等の拡大である。

しかしまた同時に，他方においては，標準化とは逆の方向に，差異化を重視する傾向も現れてきている。地方分権の推進やアイデンティティ実現への新しい権利の承認などがその典型的な例になるであろう。特殊性，個別性，独自性を尊重し，可能なかぎりきめ細かに柔軟に対応していくことを求める。画一的かつ統一的な規制ではなくて，手続化を進め，自己決定や関係当事者の民主制的な自己決定に委ねていく方策も，差異化の要請の1つの現れと捉えることができるに違いない。

グローバリゼーションが招いているこれら2つの傾向は，まったく逆方向であって矛盾しているようにみえる。しかし，国家の枠組みについてみても，一方では，国際平和の実現など，よりいっそうの国際協力に向けて主権の一部を国際機関に委ねる面が強くなっているとともに，他方では，中央集権体制をゆるめて地方分権を進め，たとえば災害対策や高齢化社会対策などの面において，地域自治の

活性化をはかるという具合に、2つの傾向に従う権力機構の再編が事実として進行しつつある。人権保障についても同様のことがいえるであろう。国際人権規約は、国、民族、人種、性別、宗教などにかかわりなく、普遍的に人々を個人として尊重することを求める。しかし他方において、文化相対性の主張とともに、そうした普遍的人権保障の要請を内政干渉と捉えたり、個々人が社会的に特殊な位置づけをもつ存在であることを根拠にそれを斥ける議論が展開されている。

標準化と差異化。法の基本的なあり方をめぐる相異なる要請が、グローバリゼーション動向の中でせめぎ合っている。そのように捉えても間違いにはならないであろう。

根本的問題　では、このような現代法の状況の中で、法哲学はいかなる役割を担っているのか。法に関する哲学的な探究とはどういうことか。

ここでは、2つの例をとりあげて、そのことを明らかにしておきたい。

1つは、女性の自己決定権の問題である。自己決定権は憲法第13条を根拠とする自由権の一種であるが、とりわけ出産や家族形成にかかわる選択の自由については個人の自律に不可欠の事柄であるとして国法上重要な位置づけが与えられている。ここに、たとえば出産をひかえた妊婦がいるとする。妊娠の経過は順調であるが、胎児診断の結果、重篤（じゅうとく）な障害をもって生まれてくる可能性が高いと知らされた。女性は思い悩んだあげくに妊娠の中絶を望むとして、その中絶は自己決定権の行使として法的に認められるかどうか。

この問題はさまざまな根本問題を含んでいる。選択される中絶に道徳的な問題があるとして自己決定を認めない見解がある。道徳的問題がある場合には制約されうるか否か。もし制約されうるとする

と，自己決定を権利として認める意味はどこにあるのか。権利とは何か。自己決定を権利として認める法秩序あるいはそれを公共的な必要によって制約する法秩序の全体的構造はどのようになっているのか。また，中絶については堕胎罪をはじめとする一般的制約があるため，もし中絶について自己決定権があるとすると，相矛盾する要請が法体系の中にあることになる。そのような場合，裁定者はどうしたらよいのか。まったく自己の道徳的判断によってどちらでも選択することができるのかどうか。もし女性の選択にかかわる先の問題に理由づけられた判断を下そうとするならば，こうした一連の疑問を明らかにする必要がある。

　もう1つの例は，不法行為制度改革の問題である。不法行為訴訟は年々増加しているが，現在の制度の下では，「過失」認定の有無（つまり，加害者に過失があったと認められれば加害者に賠償が命じられる），保険適用の有無（たとえば自動車事故の自賠責保険のように適用される保険があれば救済される）によって結果に相当のバラツキがみられるため，有力な見解として，事故を原因とする損害は何を原因とするかにかかわりなく普遍的に補償がなされるよう総合救済制度を設立するべきであるとされる。不法行為制度をそれにとって替えるほうが経済的効率性が高く，福祉国家の理念にも合致しているといわれている。この提案についてどう判断すべきか。

　法制度のあり方との関係で，ここにもいくつかの重要な問題がある。そもそも不法行為法の目的はどこにあるのか。総合救済制度が重視する損害の救済が主要な目的であるとするならば，その目的を達成するため現制度の不具合を是正することに理由があるであろう。しかし，民事賠償制度の要点は，不法行為の抑止や不法行為者に対する制裁という側面もある。それらについてはどうか。福祉国家の平等の理念に適合するとしても，総合救済制度それ自体がはらむ，

たとえば自由権制約の問題や人々の関係性の無視といった問題についてはどう考えるか。また，制度として，裁判より救済システムのほうが効率的であるとしても，経済的効率性が法の追求するべき理念といえるのかどうか，である。

「法哲学」

以上のように，権利の認否にしても制度の改革にしても，法の基本的なあり方に関する根本的な問題がさまざまな形でかかわってくるのである。適切な判断を下すためにはそうした問題を避けて通ることはできない。問われる原理的ないし理論的な問題に考察の手がかりを与えようとするのが，他でもない法哲学だということになる（法理学とよばれることもあるがほぼ同義である）。

法哲学は，従来より学問分野としては，憲法や民法，刑法といった実定法学に対し，法史学や法社会学，比較法学などと並んで基礎法学の分野に属するものとされ，また基礎法学の中では，歴史学的，比較学的あるいは経験科学的な研究にではなくて，哲学的な解明に携わるという点において，独自の位置づけがなされてきた。

法哲学は，またその内部において，法哲学的研究の対象ないしアプローチの仕方の違いから，法理論と狭い意味での法哲学に区別されることもある。法理論は，法体系論，権利論，法制度基礎論，法解釈方法論など，法実務ないし実定法学の基礎に直接かかわる，どちらかといえば既存の法システムに内在的な理論研究となるのに対して，後者の法哲学は，国家論，正義論，民主制論など，むしろ法システムにとって外在的な視野まで含め，関連諸分野の研究成果をふまえながら広く根源的・原理的な考察を行う点にその特徴がみられる。

しかし，いずれにしても基本的課題は変わらない。法の哲学的探究である。

法はすぐれて価値的な要素を含む規範の体系であり、規範の定立ないし適用によって利害や価値の対立をできる限り理性的に調整し秩序づけようとする人間の実践的試みに他ならない。したがって、法哲学が課題とするのは、法の規範性、体系性、理性性、そして実践性の解明でなければならない。

全体像と理念

　法哲学が考察の対象とする法の根本問題については、上の例でみたように、問題に即してさまざまに生じてくる。しかし、つまるところは、法の全体像の問題と法の理念の問題として集約的に捉えることができるであろう。

　すなわち、1つは、法システムの構造、法的決定の特質、法と道徳の区別と関連、法的権利と法的義務の関係など、法秩序の全体像を私たちはどのように捉えることができるかという問題である。そしてもう1つが、法的権利の内容、自由や平等といった正義の理念の法への具体化の仕方、法的決定の望ましいあり方、法の役割、法秩序の理想など、法の基本的な理念によって私たちは、法はどうあるべきだと考えることができるかという問題である。法の規範性と体系性が前者にかかわり、その理性性と実践性が後者にかかわることになる。

　それらは問いの形式を異にするが、法哲学的考察において無関係ではない。法がどのようなものとしてあるかということが捉えられなければ、その望ましいあり方を構想することはできないであろうし、また逆に、法をめぐるさまざまな規範要求とその法による実現を考慮することなくして、法システムの全体像を描くことは難しいといわざるをえないからである。

法哲学の固有性

　法の全体像と理念という2種類の根本問題は、これまで法哲学の3つの主要問題領域

として次のように区別されてきた。

第1が法の一般理論である。法体系の構造，法規範と他の社会規範との区別，法の強制的特質，権利の概念など，法の全体像の把握にかかわるさまざまな問題を扱う領域である。主として，法についての認識ないし理解にかかわる領域であって，法の一般的性質の解明という意味からそのようによばれている。

第2が法価値論である。法理念論ともいわれる。法の価値すなわち正義の意味内容から，法がどうあるべきかを探究する問題領域である。自由，平等，平和，人権など，あるべき法制度ないし法秩序のあり方を理論的に究明するものとして，法の一般理論に対し，法の規範理論といってもよいかもしれない。

そして第3が法律学的方法論である。法律学の特質と法実務のあり方を問題とするものであり，主として，法律学で教えられ法実務で実践される法的思考の特質とその基礎の解明が中心になる。法律学を主題とするが，基本的な制度の仕組みや望ましい司法の実践など，一般理論および規範理論の双方にまたがるため，第1の問題と第2の問題の応用領域とみなされる。

したがって，やはり主要には法の全体像と理念を法の根本問題とみなしうる。

それらをめぐって，古くからさまざまな議論が展開されてきた。若干の例を挙げるならば，たとえば，法秩序の全体像ないしその基本的性格について，それを「社会契約」の結果とみたり，「主権者の命令」と捉えた見解があった。また，法と道徳との区別について，「法の外面性」を，内面的なことがらに主としてかかわる道徳から区別するメルクマールとして提示した見方もあった。

さらに法の理念については，nomos/physis, lex/ius などといった言葉の違いに理想的な法の実現可能性を託した見解があり，また，

政治権力によって定立された「実定法」に対し，神ないし普遍に由来する「自然法」の観念を対置することによって，望ましい法ないし法秩序のあり方を論じた議論がこれまでにさまざまな形で展開されてきたのである。

法哲学の現代性　法の根本問題にかかわる古くからの議論をいま仮に法哲学の古層とするならば，現在の議論は同じ問題にかかわる様相を異にした新層であるとでもいえるであろうか。

現代においては，先に明らかにしたように，現代社会の特殊な状況がある。グローバリゼーションのプロセスの中で，法秩序のあり方について，基本的には標準化と差異化の相反する要請がある。それに対応して法制度改革のさまざまな動きもある。

たとえば，科学技術の発達とその利用および産業化の進展は，生命倫理や環境倫理の問題にかかわるような新たな法と道徳の問題を生じさせている。また，法システムの再編は，グローバルな範囲にまで及ぶ法秩序像の全体的な再構築を求めている。さらに，司法制度，不法行為法，家族法，刑事法など，さまざまな分野の法制度は，従来の問題点を洗い出すとともに，その基礎ないし目的にまでさかのぼって制度の趣旨を根本的に問い直し，新しい時代にふさわしい抜本的な改革について論議されてきているのである。いずれにおいても，問題が重大であればあるほど法哲学的考察が不可欠であり，法の全体像と理念についての深い理解が要求されている。

リベラル・プロジェクトをめぐって　法哲学の現代的展開については，その1つの焦点として，リベラル・プロジェクトの功罪が議論の対象になっていることをつけたしておくことができるであろう。

ここでリベラル・プロジェクトというのは，立憲民主制の枠組み

をもとに，個々人の自由と平等を中心的な秩序原理とする考え方のことである。その理論的基礎は，J. ロールズによって提示されている。その著『正義論』および『政治的リベラリズム』に示された秩序構想は，「社会の基本構造」論，「格差原理」，「憲法エッセンシャル」論など，今日の法哲学的議論にさまざまな角度から大きな影響を与えている。

グローバリゼーションが自由主義的な法秩序形成の推進に力を与えているとすると，ロールズの考え方はリベラルな秩序理論の再考の契機になり，それに対する肯定的な議論も否定的な議論も含めて，法哲学の現代性を最もよく示すものといえるであろう。

興味深いことに，そこには，I. カントの「自由」と「自律」の考え方はもちろん，アリストテレスの「卓越性」および「目的」の観念，G. W. F. ヘーゲルの「市民社会」批判論などが，きわめて強力なバックボーンになっていることがうかがえる。法哲学的議論の古層が新層に浸透していることになる。まさに，リベラル・プロジェクトの再検討を通して，法哲学の根本問題が新しい状況の中で問い直されているのである。

2 公正としての正義

正義をめぐる議論状況　では，今度は，法および法哲学がおかれた以上のような現状を視野に入れながら，とりわけ法の理念と密接にかかわるテーマとして，正義をめぐる近年の議論動向に目を転じることにしよう。その際，ここではとくに，先ほどもふれたロールズの正義論について，やや詳しくみておくことにしたい。というのも，彼の正義論は，今日の正義論議に対し，活

性化の契機と理論の基礎の双方を提供したといえるものだからである。本書が以下で紹介する近年の法哲学の展開を理解する上でも，ロールズの見解の概要をここで確認しておくのが有益であろう。

1970年代初頭までの法哲学，社会哲学，倫理学，経済学など社会科学・人文科学全般における価値をめぐる論議は，今日におけるそれとは根本的に異なった様相を呈していた。正とか善といった倫理的概念の分析や価値判断の正当化の構造の探求など，メタ倫理学にかかわる問題に関心が集まっていた一方で，実質的な価値判断については，価値相対主義が大きな影響力を奮い，学問の名の下で客観的な価値判断が行えるかどうかについて根本的な疑問が抱かれ続けた。

そうした疑問の背景には，真偽が問えるのは経験的なものと論理的なるもののみにかぎられており，したがって実質的価値をめぐる論議は，個人の好みとしてであればともかく，学問の名の下でこれを行うことはできないという見方が根強く残っていた。正義という社会的価値に関する論議も，基本的にはこうした風潮の下で沈滞したままであった。

ロールズ『正義論』の衝撃

ところが，1971年にロールズが『正義論』を発表したのを契機にして，正義をめぐる実質的な議論が急激に活性化し始める。そしてその影響は，哲学・倫理学のみならず，経済学・法学・政治学など幅広い領域にも及ぶのである。わが国でもロールズとそれ以降の議論が盛んに紹介され，それがさまざまな専門領域に大きな影響を及ぼすことになった。

法哲学もその例外ではなかった。1970年代中葉まで，わが国の法哲学界は，論理実証主義や批判的合理主義が突きつける価値判断の非合理性のテーゼと，そこから帰結する価値相対主義を乗りこえる

までにはいたっていなかった。ところが，ロールズの提示した正義論は，社会契約説の発想を基礎に，自由で平等な道徳的人格が自分たちの社会の基本構造を規定する根本的ルールを合意の上で選択する，という建設的なビジョンを，さまざまな理論装置を駆使して示してくれることになった。

彼の主張内容に対しては，その後に種々の異論が提示される。だが，ロールズによって実質的な価値について理性的に議論する土俵が設けられ，さまざまな学問領域がこの土俵に上がることになったことは否定できず，その事情は法哲学の場合も同様である。そしてこのことが，法哲学の隣接諸学問との結びつきをよりいっそう強めることにもなったのである。

功利主義批判　ロールズが克服しようとしたのは，功利主義であった。J. ベンサムや J. S. ミルによって主張された功利主義は，神の意志や自然法に依拠せずに，科学的な方法を用いて社会改革を進めることを目指す，その意味できわめて近代的・合理的な道徳理論であった。そしてその具体的な方法が，各個人が享受する利益を出発点とし，その総和を最大化するルールや制度が正しいと考える思考方法であった。

功利主義については項を改めて詳しく論じる（→126頁）ので，ここでは簡単にしかふれない。しかし，いずれにせよこの功利主義が，種々の問題点を抱えつつも，今日まで根強い影響力をもち続けていることは間違いない。その理由としては，第1に，功利主義は個人の利益を出発点とし，しかも一人を一人以上として勘定しないという姿勢を貫いており，ある意味で個人主義的・民主主義的側面を有していること。第2に，功利主義は，行為・ルール・制度などの正しさを，それらが結果として諸個人にどれほどの利益をもたらすかという観点で判定するものであり，道徳法則への形式的な一致を絶

対視する義務論的道徳理論の非合理性を免れていること。そして、第3に、方法論的な難点を抱えながらも、効用計算という合理的な手法を用いており、客観性に対する信頼度が高いこと、などが挙げられよう。

功利主義の問題点　しかし、しばしば指摘されてきたように、功利主義には、もっぱら産出される利益の全体的極大化のみを重視し、得られた利益をどのように分配するかにはまったく無関心であるという大きな欠陥がある。つまり、功利主義にとっては、全体のパイが大きければそれでよく、それがどれほど偏った分け方をされようとも、全体の利益の増大を阻害するのでないかぎり、問題とはならないというのである。こうした欠陥を生む原因は、功利主義が個々人が享受する利益を単純に総計し（「総量主義」）、それを極大化させるような行為・ルール・制度を正しいとする（「最大化主義」）、という点にある。功利主義のこうしたいわば全体志向の側面が、全体の利益を増大させるためであれば個人ないし少数者が犠牲とされるのを厭わないという傾向を生むのである（功利主義の問題点については129〜133頁も参照）。

功利主義のこのような欠陥を是正するには、社会全体の利益の増大を理由とする個人の自由の剥奪を許さない、正義の理論を構築する必要がある。さらに、さまざまな稀少な財の分配という側面にも、目を向けなければならない。功利主義の問題点を自覚し、そうした方向へと正義論議の基調を大きく転換させたのが、ここでとりあげるロールズの「公正としての正義」論である。

背景的正義とその正当化手続　一般的には、法や制度のみならず個人の行為や品性など、さまざまな事柄について「正義」が語られる。だが、ロールズの正義論がテーマとするのは、もっと限定された事柄である。すなわち、

2　公正としての正義

彼が問題にするのは，社会の基本構造の原理としての正義，つまり，基本的な権利・義務を分配し，社会的協働から得られるさまざまな財を分配する仕方，さらにはそのために必要な背景的な制度的仕組みを規制する正義原理なのである。

ロールズが提示する方法論的な正当化手続は2通りある。1つは，「原初状態」という仮設的な状況において正義原理の選択手続に参加する当事者たちが，さまざまな正義原理の候補に検討を加えた上で，最終的にはロールズが提示する正義の二原理を全員一致で選択するであろうというシナリオを描く社会契約説的な正当化手続である。さらにもう1つは，彼が正当化のために用いるさまざまな理論装置や，そこから導出される正義原理が，全体としてわれわれの反省された道徳的判断に適合的であることを示す，一種の整合説的な真理観念にもとづく正当化手続（「内省的均衡」とよばれる手続）である。

いずれの正当化手続もロールズの正義論の不可欠の構成要素をなすが，ここではとくに前者，すなわち正義原理の社会契約説的な正当化手続について説明しておこう。ロールズはまず，「自由かつ平等な道徳的人格」としての諸個人が正義原理に依拠しつつ公正な社会的協働を実現している社会を「秩序ある社会」とよぶ一方，正義原理を導出するための手続へとそれを再構成する。その結果生み出された正義原理導出手続が，「原初状態」や「原初状態における当事者」という仮設的なモデルなのである。

原初状態と公正な手続

原初状態という仮設的状況においてその当事者たちは，「正義の環境」とよばれる状況におかれる。正義の環境とは，ときおり起こる紛争を調停する必要があり，人々に必要な財が稀少であり，しかも自分一人で生きるよりも社会的協働によるほうがよりよい生活が可能となるような状

況のことである。こうした中で当事者たちは，正義原理を選択する手続に参加するわけであるが，その際，彼らの性格づけ，彼らに与えられる情報，さらには手続それ自体に，正義原理の導出手続全体が公正なものとなるようにとの観点から，さまざまな制約が課されるのである。

　まず，当事者たちの選択する正義原理は，何が正しくて間違っているかについての道徳的な判断基準として機能するよう，終局性，普遍性，一般性，公知性，実効性を備えたものでなければならない。次いで，当事者自身には，人間の性質に関する一般的知識と，いかなる生き方をする上でも望むのが合理的な「基本財」(primary goods：「基本善」と訳されることもある)——権利と自由，機会と権力，収入と富，そして自尊——についての知識のみが与えられる。さらに，彼らは，最も小さいコストで可能なかぎり多くのものを欲するという意味で合理的である一方，互いに妬み深くなく，他人の運に関して関心を示さない利己的な個人である。

無知のヴェール　利己的で合理的な原初状態の当事者たちは，手続の公正さを確保するためのこうした制約のもとで，種々の正義原理の候補それぞれに検討を加え，自分たちの社会の基本構造をなすルールを合意にもとづいて決定する。その際に何より注目されるのは，「無知のヴェール」という，当事者たちに与えられる情報に関する想定である。すなわち，各当事者は，人間についての一般的な事実——世の中には，健康な者もいれば病弱な者もおり，裕福な者もあれば貧乏な者もいるというような事実——は知っているものの，自分自身の属性——自分自身が健康か病弱か，裕福か貧乏か，有職者か失業者か，自分はどのような生き方を善いとするか——についての情報をまったく与えられないのである。

したがって，利己的で合理的な各当事者は，一定の属性——貧乏であるとか，病弱であるとか——をもった個人がそのことのゆえに差別される制度の原理は，自分がそうした存在となる可能性が排除できない以上，社会の基本構造としては選択しない。なぜなら，彼らは，「不確実な状況下では，考えられる最悪の結果はどれかという考慮にもとづいて選択を行うべきだ」とする思考戦略（「マキシミン戦略」）——つまり「石橋をたたいて渡る」式の慎重な思考方法——に依拠して，正義原理の選択を行うのが合理的だと考えるからである。

自　　尊

ロールズの「公正としての正義」論では，正義原理の選択にあたり，諸々の基本財の中でもとくに自尊の観念に重要な意義が与えられていることが注目される。誰も自分自身の生が遂行するに値するものであると確信し，そしてそれを遂行する能力が自分にはあると信じたいと思うであろう。そして，社会構造の基本原理を選ぶ際には，こうした自尊の基礎が掘り崩されることのない社会を望むであろう。

ロールズの「公正としての正義」論において自尊がこのように基底的な位置を与えられていることが，個々人が選び遂行する善き生の構想のそれぞれを尊重し，個々人の多様性・独自性が可能なかぎり展開・発展されうるような社会的条件を整備しようという，彼の正義構想の企図の根底にあるといえるだろう。

正義の二原理

では，ロールズの提示する正義原理をみてみることにしよう。ロールズは，正義の一般的構想として，「すべての社会的価値（自由と機会，所得と富，自尊の基盤）は，その一部または全部を不平等に分配することがあらゆる人の利益になるのでないかぎり，あくまでも平等に分配されねばならない」という見解を提示する。そして，このような考えにもと

づきつつ，以上にみたような正当化手続を経ることにより，次の二原理からなる正義原理を導き出すのである。

> [第1原理]　各人は，すべての人々に対する同様な自由と相容れる，最も広範な基本的諸自由の全体系への平等な権利をもたなければならない。
> [第2原理]　社会経済的不平等は，次の2つの条件を満たすものでなければならない。
> ①　正義にかなう貯蓄原理と矛盾せずに，最も不遇な立場にある人の期待便益を最大化すること（格差原理）。
> ②　公正な機会の均等という条件の下で，すべての人々に開かれている職務や地位に付随するものであること（公正な機会均等の原理）。

　第1原理が念頭においているのは，政治的自由，言論および集会の自由，思想・良心の自由，身体の自由，不当な逮捕・押収からの自由といった，人権カタログに定められる諸々の基本的な自由である。第1原理は，これら基本的な自由を，すべての人々に平等に保障することを命じる。しかもこの原理は，第2原理に辞書的順序で優先するとされる（第1の優先ルール）。また当然ながら，社会的・経済的により大きな効用を生むからという理由では，第1原理が保障する基本的な自由に対する侵害は許されない。

　もちろん，こうした基本的自由といえども絶対的なものではなく，種々の制約を受けうる。しかし，ロールズによると，第1原理の保障する基本的自由の核心部分は，他の基本的自由と衝突する場合にしか制約を受けない。したがって，この第1原理により，社会全体の利益のために個々人や少数者を犠牲にする功利主義的な発想には，明確な歯止めがかけられているのである。

2　公正としての正義

格差原理　ロールズは，このように基本的な諸自由を人々に平等に保障することを強く要請する一方で，一定の条件が満たされることによって社会経済的な不平等が許容される場合があることを明確に認める。そうした例外について定めるのが第2原理である。彼によると，富や所得の不平等な分配がすべての人々の利益になるということが合理的に期待でき，かつ，責任ある権限や地位にすべての人が接近できるという条件が揃っているときにかぎり，社会経済的な不平等は許される，というのである。

とりわけ「格差原理」とよばれる①の原理を導入することにより，社会で最も不遇な立場にある人々の便益を最大化するような社会経済的不平等は許されることになる。言い換えれば，そうした立場にある人々の期待便益を最大にするよう，積極的に資源の分配を行うことが正当化される。つまり，この格差原理は，国による積極的な格差是正措置に正当な位置づけを与えるものなのである。

他方，社会的ミニマムを達成・維持していく上で，各世代が将来世代のためにどれほどの資源を残すのが適正かという問題も重要である。この点について，効用の最大化を目指す功利主義的発想を退けるロールズは，正義にかなった社会を実現・維持するための負担を公正に担うことについて各世代が相互了解することが重要であるとの観点から，正義にかなった貯蓄原理の必要性を説き，さらにはこれを格差原理に対する制約として捉えるのである（第2原理の①）。

また，格差原理が導入されることにより，ロールズの正義論においては，生来の能力の個人間格差に対しても配慮がなされることになる。つまり，格差原理は，個々人に生まれつき与えられている才能の分配状況を，その人個人のものではなく，社会の共有資産とみた上で，それがもたらす便益についても，これを社会の成員みんな

で分かち合おうという合意を表現しているのである。このように，個々人にとっていかんともしがたい初期条件たる個人の資産・能力をも，公共的な正義原理の関心対象とすることによって，彼の提示する正義原理は強い平等志向性を帯びることになるのである。

もっとも，ロールズの正義原理が志向する平等は，結果の平等を意味するものでも，最低限の生活保障をしようとするものでもない。むしろ正義の二原理は，すべての人々が自立して社会的協働に参加できるための条件を整えるため，人的資本を含むあらゆる基本財が事前に幅広く人々の間に行き渡ることを保障しようとするものなのである。ロールズの見解は広い意味では福祉国家論の系譜に属するといえるが，結果の平等を実現するための社会的ミニマムの事後的保障こそが福祉国家の任務であるとみるのであれば，この意味での福祉国家論にロールズはくみするものではない（ロールズがこの点を最近とくに強調していることについては→*Column* ㊴〔286頁〕）。

公正な機会均等の原理

そのため，ロールズは，正義の第2原理の内部において，格差原理よりも②の公正な機会均等原理の方に優先的な位置づけを与えている（第2の優先ルール）。というのも，社会的・経済的不平等の是正を判定する際には，それが結果として効用の総量を最大化させるかという点ではなく，むしろより機会の少ない人々により多くのチャンスを与えるものかどうかという点を重視するべきだからである。

公正な機会均等の原理は，互恵的な社会的協働における人々の活動を規定するための公共的なルール体系のあり方を定めるものである。ロールズはこれを，「純粋な手続的正義」の観念が適用されたものであると説明する。すなわち，それは，正しい結果についての独立した規準がないとき，手続が適切に守られていさえすればいかなる内容であれその結果は正しいといえるような，正しいまたは公

2 公正としての正義

正な手続がある，とするものである。

ロールズの公正としての正義論がテーマとする社会の基本構造は，まさにこうした公正な社会的協働の条件である正義にもとづくものと理解できよう。もっとも，それは，諸々の財を，その産出過程から切り離して決定された配分的正義基準にもとづいて分配することをよしとするものではない。どのような分配の仕方が適切であるかは，社会的協働のあり方を規制する正義と，そうした協働に参加する諸個人の要求とが根拠となり決定される。その意味において，社会の基本構造において実現されねばならない正義は，ここでいう純粋な手続的正義を保証するものでなければならないのである。

リベラリズムをめぐって

以上にみたように，ロールズの正義論は，価値相対主義の閉塞状況を打破し，自由で平等な道徳的人格としての諸個人が社会契約を通じて公正な社会制度を構想するという建設的なビジョンを示している。それまで支配的であった功利主義は，個人から出発しつつも，個人を単なる効用の享受主体としてしかみない上に，社会全体の利益のために個人や少数者を容易に犠牲に供する危険があった。これに対して，功利主義にかわる正義原理をうち立てることを目指してきたロールズは，諸個人の多様性・独自性に真剣に配慮を払い，個人による自由・権利の要求を，全体としての社会経済的利益の増進のために犠牲にすることを許さないような社会制度を求めてきた。

そして彼は，人々に対して基本的な自由を可能なかぎり平等に保障する自由な社会を基本にしつつも，社会の基本構造における権利・義務の割りあてや，社会的協働活動の利益・負担の分配の決定にあたり，出自・才能など個人の生来の資質や事故・障害など社会的自然的偶然事が及ぼす影響をできるだけ少なくしようと試みた。その結果，彼が到達したのが，格差原理に典型的に代表される福祉

国家型リベラリズムに属する正義構想なのである。

　ロールズが開いた新たな規範的正義論への視座は，後に詳しくみるように，70年代に展開された「功利主義対自然権論」，「福祉国家型リベラリズム対リバタリアニズム (libertarianism：自由尊重主義，自由至上主義)」という対立図式にもとづく論議を経て，80年代には「リベラリズム対共同体論」へと進み，さらに90年代以降はフェミニズム，多文化主義，ポスト・モダン思想などからの批判を受けて，リベラリズムの知的地平そのものの問題性が問われるまでに展開している。

　こうした論争の中でロールズの見解にも大きな変化があることが指摘されており，とりわけ彼がカント的な道徳的人格の観念にもとづき正義原理を哲学的に正当化しようとする姿勢を次第に弱め，正義にかかわるさまざまな包括的構想の間に重合的なコンセンサスがあれば十分だとする，いわゆる「政治的リベラリズム」の立場へと移行していることが重要である。これについては，哲学からの撤退をはかるものだとして非難する声がある一方，正義についての多様な見解が存在する現代社会において，彼が当初から重視した安定性を実現するには必要な理論的前進である，と理解することもできるだろう。

　このような新たな正義論の展開は，社会秩序のあり方を問いつづける法哲学にとっても，非常に重要な問題領域になっているのである。

第2章 法システム

(写真提供：PANA)

本章では，法哲学の主要問題領域のうち，主として「法の一般理論」にかかわる諸問題を扱う。言い換えれば，「法とは何か」という問いをめぐる各種のテーマをここではとりあげることにしたい。具体的には，法の概念，法と強制の関係，法の規範性と妥当性，近代法・現代法の特質，法システムの機能と構造，法規範の構造，権利・義務，法的紛争処理，法的強制の正当性と限界などについて，それぞれ何が問題とされているのかを，法をシステムとしてみる見方にも依拠しながら説明することにしよう。

1 法とは何か

法の全体像をめぐって　法とは何かという問いについては，人それぞれが日々の暮らしにおいて法とどのようなかかわり方をし，また法に対してどのような実践的関心をもっているかによって，その答えが変わってくるだろう。しかも，現代社会における法は，容易に言い尽くせないほどにさまざまなはたらきをし，そのあり方も実に多様である。消費生活，企業活動，職業生活，刑事事件，社会保障，都市生活，国際紛争など，社会生活のあらゆる局面において，法がそれぞれ重要な役目を果たしている。したがって，それらすべてを考慮に入れた法の全体像を捉えるのは非常に難しい。

カントはかつて「法学者は今なお法の概念を求めている」と述べ，法概念を確定することの困難さを指摘した。また，法とは何かという問いは，法という言葉で何を意味するかを任意に取り決めることでしかないから，法の本質を求めようとする試みはまったく無意味だ，という見解が有力に主張されたこともある。今日の法の多様な現象形態を目の前にすると，改めてそうした消極的な解答が出てくるのもやむなしという思いがする。

しかし，その一方で，法を法たらしめる性質として数々の論者によって挙げられてきた問題点に，ある程度の共通性・類似性があることも見逃せない。法と強制がどうかかわるか，法と道徳は関係があるか，法と正義その他の価値はどうかかわるのか，法は事実なのか規範なのか，法はどうして妥当しわれわれを拘束するのか，といった一連の争点がそれである。

このようにある程度限定された争点を整理しながら，他方で法の

概念を求めるわれわれ自身の実践的な問題関心を明確に意識していくならば、法の全体像をある程度見定めていくことは可能である。確かに言葉の定義は約束事という一面をもってはいるが、しかしだからといって、それは任意の仕方で定められるものではない。その言葉が現実にどのように用いられているかを基礎に、ある程度の合意の得られる仕方で法の全体像を捉えることは可能である。

しかも、現代社会では法の役割が問い直されていることが多いだけに、法とは何かを考えることは今まで以上に重要である。法がそれにふさわしい役割を適切な仕方で果たしていくためには、法がいったいどのようなものであるべきなのかを省み、たえずその答えを確認していくことが必要になる。その意味で、法の全体像を把握しようという試みは、それがますます困難な課題であるにもかかわらず、以前にもまして大きな意義をもっている。以下では、まず、法の基本的な特質を確認することからはじめよう。

法を強制秩序とみる見方の系譜

ヨーロッパの法の歴史を振り返ると、法は神の意志や人間の理性にもとづく自然法によって妥当するものと捉えられる時代が中世まで長く続いた。これに対して、今日の法のあり方の原型であるいわゆる近代法は、その後の絶対主義王制下で近代国家が形成されるとともに登場した、比較的新しい法形態である。それは、本来の意味での法とは自然法ではなく、人が意思的に定立した法、つまり実定法であるとする新しい見方にもとづくものであった。

この見方は、程度の差こそあれそれまで未分化の部分を残していた法と道徳を、いっそう分離させることになった。法はそれをこえる自然法や道徳によって妥当するのではなく、それが法として決定されたがゆえに妥当するという捉え方が、それによって広まることになった。それと同時に、みずからをこえる基礎を失った法は、そ

の妥当性・実効性を維持するために、主権者の権威や物理的強制力との結びつきを強めた。そのため、近世以降、法は強制的な命令であるという理解が広く行き渡ることになった。

この見解を典型的に代表しているのが、イギリスの分析法学の基礎を築いたベンサムやJ. オースティンらである。ベンサムは、刑罰の威嚇により有害行為を防止することが立法者の任務であるという功利主義的な見方に立脚し、そのような刑罰賦課が立法者の命令により行われるものであると考えた。また、「あるべき法」ではなく「現にある法」の分析に法学の任務があると説き、徹底した法実証主義の姿勢を貫いたオースティンは、実定法とは「主権者または主権者集団が直接または間接に創設した一般的命令」であると定義づけた（主権者命令説）。さらに、ドイツでも、『権利のための闘争』の著者として知られるR. v. イェーリングが、法を「国家権力による外的強制を手段として実現される規範の総体」と捉え、「法的強制を欠いた法規は自己矛盾であり、燃えざる火、輝かざる光である」と説いた。

Column ① 分析法学

分析法理学ともいい、イギリスの法学者オースティンを祖とする法学理論を指す。法と道徳とを峻別し、法の体系的・論理的分析を法学の基本任務とする点におおよその共通点がみられ、法実証主義の有力な一潮流を形成してきた。

オースティン自身の研究は、あまりに緻密で地味な作業の蓄積であったこともあり、彼の存命中は十分に理解されず、ほとんど注目されることがなかった。しかし、彼が礎を築いた分析法学は、その後H. L. A. ハートやJ. ラズら著名な研究者たちによって引き継がれ、H. J. S. メインを始祖とする歴史法学に対抗しながら、現代分析法理学にいたるイギリス法学の主潮流を形成することになる。

**法を強制秩序とみる
見方の問題点**

法を強制秩序とみる見方は、法を刑罰や強制執行に結びつける一般的な法イメージにも支えられ、人々の間に根強く残っている。しかし、この見方にはいくつか問題点がある。まず第1に、法のもつ強制的・命令的な性質があまりに一面的に強調されており、法が強制権力を統制し、恣意的な権力行使を防ぐはたらきをもつことが見過ごされている。H. ケルゼンが指摘しているように、法は強制権力が発動される条件を定める規範であり、実力行使という意味での強制そのものではない。法が行為規範性のみならず裁決規範性をももっていることや（→53頁）、刑法における罪刑法定主義を挙げるまでもなく、これは明らかであろう。

第2に、人々が法に準拠しつつ互いに主体として行為しているという法の日常形態が、法と強制の結びつきを強調する見方では見逃されやすい。法の重要な役割の1つは、人々に対して行為の準拠枠組みをルールとして提供することにある。人々の行為を規制するどころか、人々にさまざまな権限を積極的に付与する規範も数多い。人々はそれらをみずから依拠すべき規範として受け入れ、それに準拠しつつ相互行為することを通じ、みずからの利益や価値を実現するのである。契約締結や企業活動など私法上の法律行為の大部分がその典型である。法は、最終的には実力行使を中核とする強制権力によって担保されているのは事実だが、しかしそれとともに、人々の自発的な遵法意識によりそれが実施運用されるという面も重要な意義をもっているのである。

それゆえ、第3に、法を強制とみる見方は、人々を法的強制の客体としてしかみておらず、このように人々が主体的に法を用い動かしていることを見落としやすい。そして、法が主として人々の主体的な行為によって動かされているというこの側面は、法が国家権力

1 法とは何か　27

の強制よりもむしろ人々の合意にもとづいて形成・運用されるということをも意味しているのである(これとの関連で、法を理性的な議論フォーラムと捉える理解については→184頁)。

Column ② 法的強制の多様性

　法的強制というと刑罰や強制執行による威嚇またはその実行が思い浮かびやすいが、現代の法システムはそれらの他に強度および態様の両面でさまざまなタイプの法的強制を用いていることに注意すべきである。不利益の賦課といっても、軽微な犯罪行為に対する不起訴処分(叱責のみ)、反則金・免許取消等の行政罰、不法行為や契約不履行による損害賠償、法律行為の取消・無効、手数料等への遅延金の付加など、刑事上・民事上・行政上さまざまなものがありうる。

　また、一括して「制裁」と訳すとニュアンスはわかりにくくなるが、そもそもサンクションには、刑罰や損害賠償など不利益を賦課するものとしての負のサンクションだけでなく、税制上の優遇措置など利益付与による誘導を行う正のサンクションもある。「補助金行政」などとしばしば揶揄されるが、国や自治体からの補助金や事業委託金の給付によって、民間団体の活動はときにかなり実効的に統制・誘導されうる。管理型法(→ *Column* ⑤〔45頁〕)が増大した現代の法システムにおいては、こうした一見したところソフトな報償付与方式による利益誘導が頻繁に行われており、しかもそれが事実上刑罰等の不利益賦課方式よりも強力な強制である場合もあるのである。

　したがって、法の特質として強制という要素を挙げる場合には、正・負両面にわたり、なおかつ強度の点においても多様な、今日の制裁のさまざまな形態を考慮に入れる必要があるだろう。

法規範　その際に注目しなければならないのは、法を強制秩序そのものから独立させ、法の自立的な存在構造を支えているのが法規範であるということである。

法規範とは，法共同体の成員が自己の行動の規準として受容し，自己の行動の正当化の理由や他人の行動に対する要求・期待あるいは非難の理由として公的に用いる社会規範の一種である。こうした性格をもつ法規範が，各種の法制度，法曹集団，法的思考方法と並び，法システムの中心的要素をなし，一方では国家権力からの，他方では道徳・宗教・習俗など他の社会規範からの，法システムの自立性を支えているのである。

　法規範は，いうまでもなく「規範」の一種である。規範とは，行為や判断や評価を行う際の基準である。規範にはその内容上，「すべての人は嘘をつくべきではない」のように一般的な判断の形をとるものと，「Xはその家屋を明渡すべきだ」のように個別的な判断の形をとるものがある。いずれの場合でも規範は，「べし（ought, Sollen）」という当為の様相をとり，その点で，「ある（be, Sein）」という存在の様相とは区別される。法規範は，他の諸規範とそのような性格を共有する社会規範の一種である。

　法規範は，古代・中世には道徳規範や宗教規範などとは未分化の状態にあった。しかし，社会生活や統治機構が複雑化する近代になると，法の制定・運用の国家化が進むにつれ，道徳・宗教などの社会規範から法規範が次第に分化独立するにいたった。そのような展開とともに，法規範は，究極的には国家が掌握している物理的強制力を背景に，人々に対して一定の行為を命令ないし禁止することを通じ，人々の行為を規制するという性質を強めることになった。

　それによって，法を強制的な命令そのものと同一視する見方が，法理解の主流として広がることになった。しかし，先に述べたように，法の支配などの自由主義的統治原理が支配している今日では，法を強制秩序と同一視する見方は不適切である。というのも，法規範が，国家の政治権力の命令・強制から相対的に自立し，法が独自の

空間を形作る上で、きわめて重要な要素を形成しているからである。

> 規範性

その際、法が自立性を保つ上で重要なのは、法規範独自の「規範性」である。規範性とは、規範がもつ拘束力であり、一定の行為・判断・評価をするようその名宛人を義務づける力である。ただし、拘束力とか義務づけ力といっても、それは物理的な強制力を意味するのではない。規範性とは、そうした物理的強制力に支えられながらも、それに還元されることのない指図的な要求である。

法規範による人々の義務づけの様態は、道徳規範や宗教規範の場合とは異なる。後者の諸規範は、人々の内心に受け入れられ、いわば良心からの動機づけにより、人々を規範に従った行為へと義務づける。これに対して法規範の場合は、良心のレベルでの受け入れまでをも求めるものではない。法規範は、あくまでも法の文脈にかぎって、当該法規範の名宛人とされる者がどのように行為・判断・評価を行うべきとされているかを定めるにすぎないのである。したがって、人は、個々の法規範ないし法秩序全体に対し、深い内心レベルでそれにコミットする必要はなく、あくまでも法的な問題処理のために、それらに準拠して行為・判断・評価を行うということさえなされれば、法の規範性としては十分なのである。

Column ③　法と道徳の関係

ドイツの国法学者 G. イェリネックは、「法は道徳の最小限」と述べ、法は客観的に道徳規範の一部分で、主観的にも道徳的心情のミニマムしか要求しないと主張した。

確かに、殺人罪・傷害罪などの自然犯に関する規定のように、法的義務が道徳的義務と本来的に合致する場合も多い。とくに安定した社会では、法と実定道徳ないし社会道徳の内容は大幅に交錯するといってよい。しかし、法は道徳とは違う関心から細かな規制を行う（経済犯罪に関す

る規定はその典型）上に，少なくとも近代法においては，個人道徳とでもよぶべき主観化された個人良心の自律領域には極力立ち入らないとするのが原則である。その点で法と道徳は守備範囲をかなり異にしているといえよう。

これに対して，「法の外面性，道徳の内面性」という区別標識を説いたのが，ドイツの法学者 Ch. トマジウスや哲学者カントらである。法は人の行為の外部的あり方を評価し規律するのに対し，道徳は人の内部的心情を評価し規律する，というのである。この区別は，G. ラートブルフがそうしたように，それを法および道徳の主要な関心方向の違いとして理解するならば，リベラルな社会原理と整合的であり，今日でも基本的に承認できる部分が多い。ただ，道徳には社会道徳としての側面があることを考えれば，道徳の捉え方が狭いという点に問題がある。

規範適用と法的思考　　法規範の多くは，具体的な事例で問題となる人・物・行為などが，その法規範中に定められた一般的なカテゴリーに属する場合には，それらの人・物・行為などに対して原則として画一的に適用される，という形で規定される。法規範の多くが，典型的には「AならばB」，すなわち一定の要件事実に対して一定の法律効果が帰属させられるべきことを指図するという，いわゆる「条件プログラム」の形での規定方式をとっているのは，そのためである。このタイプの法規範は，法準則（法ルール，法規則）とよばれており，制定法の条文の多くは，この意味における法準則である（法準則と区別される法原理については→54頁，216頁）。

このように予め定立された一般的な法準則を，過去に起こった具体的事実に適用することにより，事案を公正に処理する特殊な思考技術が，法的思考（リーガル・マインド）とよばれるものである。法的思考は，予め定立された一般的準則への準拠という方式をとる点で，将来志向的な政策的思考や，諸々の利害関係者の間での妥協を

目指す利益調整的思考とは基本的な性格を異にする。このような法的思考は，今日の法システムの基本をなす近代法体系の自立性を支えるものであり，職業としての法曹集団や法的素養をもつ職業人などによりその運用が担われている。

規範体系の構造

法規範の特性としてもう1つ重要なのは，諸々の法規範が全体として一定の体系的構造を形作っているということである。法規範の体系がどのように構造化されているかについてはさまざまな理解がある。

法規範を規範論理的に考察するケルゼンは，法秩序を，憲法を頂点とする位階構造をなす体系として捉える法段階説を提唱する。ケルゼンは，最下位に法律行為や裁判所の判決，次に判決や法律行為に妥当性を付与する各種法律，さらにその妥当性の根拠となる憲法というように法秩序を段階的に構造化し，最終的に憲法に妥当性を付与する根拠として仮設的な「根本規範」を想定する。

他方，ハートは，法共同体への参加者の内的視点から，法を2段階からなる規範の複合体として理解する。すなわち，人々に責務を課すことによってその行動を律する第一次的ルールと，それら諸規範の変更・同定，さらに規範秩序全体の承認にかかわる第二次的ルールという，2種類の規範から成り立つものとして法を理解するのである。

法の妥当性と実効性

このとき，ケルゼンは，法規範の妥当性は法規範にのみ基礎づけられるとの立場から，法以外の道徳的・政治的な価値判断を厳格に排除し，仮設的に想定される根本規範を，法秩序の妥当性を最終的に担保する規範として位置づける。つまり，ケルゼンは，あくまでも法規範レベルで法秩序の構造および妥当性を説明しようとするのである。

これに対し，ハートは，ケルゼンと同様に法の同定基準を法秩序

の内部に求めるものの、結局のところは法共同体の成員の承認という心理的事実に法秩序の妥当性の源泉を見出している。この点は、法の妥当性の根拠をどこに求めるかという古典的なテーマと関係する。すなわち、法はどうして妥当するのか、どうして人を義務づける力をもつのか、その根拠はどこにあるのかという問いである。

ここでまず注意しなければならないのは、法の妥当性と実効性の区別である。法の「実効性」とは、法が社会においてその成員により現実に遵守され貫徹されているという事実的側面のことである。これに対し、法の「妥当性」（法の「効力」といわれることもあるが、基本的には妥当性と同じである）とは、事実がどうであれ、法が指図の名宛人を一定の行為へと義務づけているという規範的側面を指す。

ある規範が現実に遵守されている、あるいは人々を現実に義務づけているからといって、規範的にそうすべきだということにはならないし、逆に、現実に遵守・貫徹されていないからといって、そうすべきでないということにはならない。現実と規範、存在と当為の間には、明らかに次元の違いがあるのである。この違いを前提にしながら、法の妥当性とは何かについての諸説と、それぞれの説をとった場合の個々の法規範の妥当性の根拠について以下で説明しよう。

| 法学的妥当論 |

まず第1に、法の妥当性とは、それが現実に遵守されているか否かといった事実の問題とはまったく無関係に、法規範がその性質としてもつ規範性そのものを指す、という考え方がある。法学的妥当論とよばれるこの考え方は、下位の法規範の妥当性はより上位の法規範の妥当性に基礎づけられるとし、憲法を頂点とする階層的な法体系への帰属により、個々の法規範に対し妥当性が付与されると説く。つまり、個々の法規範の妥当性の根拠は、それが定立される際に基礎となったより上位の法規範が妥当しているという点にあるのである（規範説）。先に

みたケルゼンの法段階説が、この見解の典型である。

近代法システムが整備されたことにより、通常はこの法学的妥当論で説明できる法現象がほとんどである。しかし、ケルゼン自身が難点を抱えていたように、法体系全体が、あるいはその頂点に位置する憲法がなぜ妥当するのかという問いが切実に問われるような状況に出くわすと、それに十分に答えられない。また、後述するように（→105頁，112頁）、「悪法も法なり」と説くとされる法実証主義にくみしやすく、悪法問題への対応において難点を抱えているということが従来から問題点として指摘されてきた。

Column ④　悪法問題

　道徳的に著しく邪悪な法は、それが法という形式を備えているかぎりはれっきとした法であり、人々を義務づける拘束力をもつのか、それとも、そうした法は「法」としての資格を剥奪され、あるいは妥当性を失うのか、という問いがいわゆる悪法問題である。

　わが国でも、治安立法等について悪法問題が提起されたことがあるが、とくによく知られているのは、戦後間もない時期の西ドイツにおけるナチス立法の事後処理問題である。非人道的な行為を人々に義務づけたナチス立法に従い行われた「合法的な」行為を、ナチス体制崩壊後に、法に照らしてどう裁くか、という問題がそれである。

　こうした問題に直面した法学者のラートブルフは、①正義との矛盾が堪えがたい程度にまで達している法律は、「制定法の形をとった不法」であり、正義に道を譲らねばならず、法としての妥当性を欠くこと、②正義の核心をなす平等の理念を意識的に否認する法律は、法としての資格を失うこと、を説いた。

　それまで基本的には法実証主義的な立場をとっていたラートブルフがみずからの立場を変更したことは、その当時の西ドイツのいわゆる「自然法のルネッサンス」に影響を与えただけでなく、今日にいたるまで非常に大きな影響を及ぼしている。東西統一後のドイツは、旧東独政権下

で行われた非人道的な行為を統一後の法秩序の下でどう裁くかという新たな問題に直面しているが,これに対応するにあたってドイツの裁判所は,この「ラートブルフの定式」に言及する場合が少なくない。

事実的妥当論　そこで,第2に主張されるのが,法の妥当性をその実効性と同一視する立場で,事実的妥当論とよばれるものである。これは,法規範の妥当性が経験的な諸事実の連関のうちに現れるとみる考え方であり,具体的には以下の2つの考え方に分かれる。1つは,規範が定める行動が社会成員により一般的に従われているという事実に妥当性の発現をみる見解で,これは社会学的妥当論とよばれる。もう1つは,心理学的妥当論とよばれる見解で,人々によって法が拘束的なものとして心理的に受容されているという事実に法の妥当性があるとみる考え方である。A. ヘェーガァストレームやK. オリィーヴェクローナなど北欧リアリズム法学に属する法学者に,後者のような見方を唱える者が多い。

ただし,事実として規範が遵守・貫徹され,あるいは拘束的なものとして心理的に受容されているとしても,そのことが直ちに,規範の名宛人がそうした法的義務を負う根拠があるということにはならず,そのような義務づけの根拠がさらに求められねばならない。社会学的妥当論について,そのような根拠としてまず挙げられるのが,「社会の成員による規範遵守の慣行が一種の規範性を生む」という説明である。慣行説と名づけうるこの考えは,一種の「事実の規範力」を説くものであり,法についての真理の一面を衝いてはいるが,事実に抗って指図を与えるという法の規範性の重要な特性を過小評価している点で問題が残る。

もう1つの根拠として挙げられるのが,法を創設しそれを貫徹す

る者の実力である。実力説とよばれるこの見解は，先にみたベンサムやオースティンの主権者命令説などが含意するところであり，強制的命令と結びつきやすく，それによって規範性が支えられるという法の一面を的確に捉えてはいる。しかし，法定立者の実力は，法の名宛人の服従を引き起こす原因とはなりえても，服従する義務を正当化する理由にはなりえない。また，頻発する違法行為への当局の摘発が効率的に行われている国家の法を描くのであるならともかく，法を強制秩序として捉える見方の問題点としても述べたように，日常生活の法のあり方から遊離した理解の仕方でもある。

他方，心理学的妥当論に立つ場合に，法規範の妥当性の根拠——証拠というほうが正確だろう——として挙げられるのが，一定の法規範が社会成員の多くによって受け入れられ，何らかの意味での承認・合意に支えられているという経験的な心理学的事実である。法に対する人々の承認・合意を法の妥当性の源泉とみるこの考え方は承認説とよばれ，「事実の規範力」を重視する見解の1つとしてこれを支持する論者も多い（E. R. ビーアリング，R. ラウンら）。

だが，注意しなければならないのは，ここでいわれる承認や合意が単なるむき出しの心理的事実のレベルのものに留まるのではなく，何らかの意味で理性的な承認や合意である場合がほとんどだということである。たとえば，強制的な抑圧の下で強いられた同意は正当とは認められず，たとえそれが人々の黙認であっても，人々の自発性と真摯な考慮にもとづくものであることが求められることが多い。その意味でこれは，次の理念的・哲学的妥当論につながる面をも含んでいる。

哲学的妥当論と法と道徳の関係

そこで，3番目に挙げられるのが，ただ単に上位規範によって付与されるだけでなく，法が奉仕しようとする法以外の価値・理念

表 2-1 法の妥当概念と妥当根拠

法の妥当概念		法の妥当根拠
法学的妥当論		規範説…妥当する上位の法規範
事実的妥当論	社会学的妥当論	慣行説…人々による規範の一般的遵守の事実
		実力説…法を定立・貫徹する者の実力
	心理学的妥当論	承認説…法に対する社会成員の一般的承認
哲学的妥当論		理念説…法が実現を目指す道徳的価値

によっても基礎づけられるものとして法の規範性を理解した上で、法の妥当性をそのような意味における法の規範性と同一視する見解である。哲学的妥当論とよばれるこの考え方は、法が実現を目指す何らかの法外的な価値・理念に妥当性の根拠を求める。したがって、個々の法規範の妥当性の根拠はどこにあるかと問われるなら、それはその法規範自体もしくはそれを含む法体系全体が目指す価値・理念に存する、ということになる（理念説）。以上をまとめれば、表2-1のようになるだろう。

では、以上のように法の妥当性の根拠について、最終的には何らかの意味において哲学的妥当論にも依拠しなければならないとすると、このことはどうすれば、近代法システムが道徳や自然法の諸規範から自立しているということと、整合的に説明されうるのであろうか。

実定法システムとしての近代法の自立性を考慮に入れるなら、基本的には法学的妥当論の説く妥当概念と妥当根拠の理解を基礎にして、今日の法システムのあり方を捉えていくべきであろう。しかし、だからといってそれが、「いかなるものでも法たりうる」（ケルゼン）ことを意味することになっては、人々に受け入れられないであろう。この点について、いったいどのように考えればよいのであろうか。

1つの考え方は、法と道徳の分離を依然として維持しながら、法

システムが道徳をはじめとする法外的な諸価値から事実上の影響を受けることを認めようというものである。ハートなどが提唱するこの見方は、実定法システムの規範的な自立性を前提としている点で、今日の法システムの捉え方としては適切であろう。しかし、法以外の価値へのかかわりをまったくの事実の問題として捉え、これを規範的なコントロールの対象外のものと位置づけている点は不適切だといえよう。

これに対して、もう1つの考え方は、法は実定法システムとして分化自立する過程で重要な道徳的価値を内部化しており、それに反する「法」は法としての資格をもたない、とするものである。この見解を代表するのがL. L. フラーである。彼は、「合法性（legality）」という一連の手続的要請を、法システムの存立と作動にかかわる内在的な構成・運用原理として提示し、これを「法の内面道徳」とよぶ。フラーが提示する合法性の基本的要請は、①法の一般性、②公布、③遡及法の濫用の禁止、④法律の明晰性、⑤法律の無矛盾性、⑥法律の服従可能性、⑦法の相対的恒常性、⑧公権力の行動と法律の合致の8つである。これらの要請の1つでも満たさない法は、法としての資格を付与されず、法としての妥当性も有しないとされる。

フラーが「法の内面道徳」として挙げている諸価値は、形式的正義（「等しきものは等しく、等しからざるものは等しからざるように扱え」）と法的安定性に関係するものであり、それらが法システムの内部において必ず実現されていなければならないとみるのは正当であろう。だが、それだけでは十分だといえない場合もあろう。たとえば、フラーの提唱する「法の内面道徳」だけによっては、ナチス立法から法としての資格を奪えないのではないかという疑念も提起されている。したがって、悪法問題をも視野に収めて法と道徳の関

係を考慮するならば，形式的正義や法的安定性以外の，法外的な実質的な価値が，法システムのあり方に影響を及ぼすことも認める必要があるだろう。

ただし，それを事実上の影響とみるのでは不適切であろう。後にみるように（→48頁），法システムは規範的に閉じていると同時に，認知的に開いているシステムである。したがって，道徳的価値や政治的見解を含め，法システムの外部のさまざまな要素は，それらが法システムの内部構造に適した形をとる場合にかぎり，法システムの内部へと引き入れられる。そうしたシステムとその外部の間をつなぐ独自のチャネルを通じて，道徳的価値をはじめとする法システム外の要素の影響行使がコントロールされる。この意味で，法は道徳から自立してはいるものの，法独自の観点で道徳規範の内部化を行っているのであり，そのかぎりにおいて法と道徳は関連をもつと考えるべきなのである。

近代法の成立とその諸原理

次に，今日の法システムの構造と機能をさらに明確にするため，その原型を提示している近代法がどのようにして成立し，今日のような法システムへと展開してきたかを，以下で追跡することにしよう。

近代法とは，政治的には近代市民社会の成立を背景としつつ，その経済的基盤である近代資本主義の経済システムを維持するため，かかるシステムの中核に位置する市場メカニズムの基本的枠組みを整備・保障するという機能を担う法システムである。近代市民社会においては，国家が独占的に掌握した物理的強制装置が恣意的に発動されるのを防ぐため，権力行使が法によって規制される（法治主義）。その一方で，人々の水平的な社会・経済関係は，自由で独立した個人が展開する，物やサービスをめぐる取引・交渉によって形

成・維持される。

　市場は,諸個人が互いに対等な立場で交渉し,物やサービスの売買などの取引を行う場である。自由な経済主体としての個人や企業は,価格と品質を武器にして市場における競争に参加する。そうした自由な主体間の競争を成り立たせ,これを外側から保障する規範の体系が近代法である。近代法は,どのような外的介入・権力的支配からも自由な状況で,ただ当事者同士の競争によってのみ物やサービスの価格が決定されるよう,取引に関する公正なルールを整備するものなのである。

　近代法は,18〜19世紀頃の西欧諸国において法典化を通じて目覚ましい発展を遂げるが,そもそもそれが成立した意義は,土地に対する封建的な束縛や職能団体による個人の活動の拘束といった,中世的な共同体の身分制的拘束・紐帯を打ち破り,個人の自由な活動による社会経済的秩序形成を可能にしたという点にあった。近代法が強制による行為の抑圧ではなく,人々の活動促進の基盤を提供することを主旨とするものであることが,このことからも理解できるだろう。

　近代法は,物の売買など取引に関する公正なルールを用意するという機能を果たすため,市場に参加する主体については「人格の対等性」,その客体に関しては「所有権の絶対性」,その媒介手段としては「契約の自由」の3つを基本原理とする。さらに,故意・過失のないかぎりは各主体に自由な活動を許すことを裏返しに表現した「過失責任の原理」が,これに加えられることもある。

　これらの諸原理は,自由かつ独立の所有権者が相互の意思の合致にもとづいて契約を締結するのを可能にし,ひいては市場全体がうまく作動するために欠かせない条件である。言い換えれば,契約による市民の自由な取引活動を促進することこそ,近代法の諸原理の

ねらいだったのである。

　このように，近代法の中枢を占めたのは，自由平等な取引主体である諸個人間の水平的な関係を規律する私法体系であった。他方，市民と国家の間の垂直的な関係については，国家は，中世においては果たしえた社会に対する後見的・警察国家的役割をすべて剥奪され，社会経済秩序形成の円滑な進展を妨げる例外的事態に対処すればそれで十分だとされた。というのも，市場メカニズムが円滑に作動するには，公権力によるものをも含め，一切の権威的介入を排除することが必要だったからである。

　したがって，このようにして成立したいわゆる夜警国家観のもとでは，国家と市民の関係を規律する法体系は，「国家からの自由」を市民に保障する人権規定を中心に捉えられ，私法体系とは截然と区別されて観念された。これがいわゆる公法と私法の二元論である。

近代法の限界と現代法の特質

　ところが，市場における競争が効率的に行われるための枠組みを提供することを目指したこの近代法システムは，とくに20世紀初頭以来，市場メカニズムが期待通りに作動しないとか，あるいはその作動の仕方や結果が著しく正義に反するという事態に直面して，みずからの修正を迫られることになる。

　第1の問題は，経済力が大企業等の特定の経済主体に集中したことにより，市場メカニズムの効率的な作動が阻害されたことである。市場メカニズムは本来，顧客獲得をめぐる企業間の自由競争を通じて商品の適正な需給関係と価格が決定されることにより，円滑に作動するものであった。独占企業の出現は，こうした自由競争を妨げ，市場メカニズムの正常な作動を妨げる。だが，近代法システムには，こうした事態を十分に予想していなかったし，それに対処する方策も備えていなかった。

第2の問題は，近代法が基本原理として想定した「人格の対等性」が，現実には妥当しないことが明らかになったということである。近代法システムには，諸個人を法的政治的レベルで形式的に平等に扱えば，それで十分だという前提があった。そのため，使用者に対する労働者，企業に対する消費者のように，実際には社会経済的弱者の地位に甘んじざるをえない当事者が存在することを，そもそも予定していなかったのである。

　近代法システムのこうした限界に対処する必要が生じると，それまで市場メカニズムの基本的枠組みの保障にその任務を限定されていた国家が，社会経済秩序の形成・維持に積極的に参与することが求められるようになる。消極国家・自由放任国家から積極国家・福祉国家への移行といわれるものがこれである。そして，法システムの面からこの現象をみるとき，それは現代法という新たな特質をもつ法システムの登場を意味したのである。

　現代法は次のような機能を果たす。まず第1に，経済的自由競争を妨げる要因を除去し，市場メカニズムの適正な作動を保障するという，近代法の経済的な側面での限界を補完する機能である。国家からの自由を確保すれば経済的自由競争は可能となるという近代法の前提は，幻想に終わった。それゆえ，むしろ国家が，法を通じて積極的に経済秩序に介入し，自由競争を可能ならしめる実質的条件を整備するという任務を負うようになるのである。

　第2に，市場における経済的自由競争から帰結するさまざまな不正義を正して「社会的公正」を実現するという，その意味で近代法システムそのものの欠陥を是正する機能である。近代法が標榜した自由かつ平等な諸個人という理念は，諸々の社会経済的格差に苦悩する弱者層の存在を看過ないし無視するものであった。そのため，現代法は，自由かつ独立の取引主体としての抽象的な人格から，具

体的なありのままの人間の姿へとその照準を移行させ，彼ら社会経済的弱者の生存あるいはその実質的な自由・平等にも，真摯な配慮を払おうとするのである。

現代法の領域

現代法に特有の法領域としては，独占禁止法等に代表される「経済法」と，各種の労働法，社会保障法等に具体化される「社会法」とが挙げられる。経済法は主として効率の観点から市場メカニズムの正常な作動の確保を補助する機能を，他方，社会法は主として社会的公正実現の観点から社会経済的弱者を保護する機能を，それぞれ担うと理解される。

もっとも，経済法は，産業政策立法とかひいては消費者保護法等もがそこに含まれると解するならば，市場メカニズムの欠陥を是正するはたらきをももつといえるであろう。また，社会法の中には，たとえば労使間の力の均衡をねらいとする各種の労働立法のように，ある意味では市場メカニズムの円滑な作動に寄与するものと理解できるものもあろう。実際には，個々の法制度が同時に両方の機能を担うと考えざるをえない場合も少なくなく，その性格をどう捉えるかについて見解がわかれる場合もある。

しかし，だからといって，市場原理にもとづき経済効率を高めるための法規制と，市場原理に対抗し社会的公正を実現するための法規制との差異を，過度に相対化するのは不適切である。というのも，1つの法規制が実際上両方の側面をもつことがあるとしても，効率と公正とを法規制が目指す異なる価値として別々に措定することが重要であるからである。

現代法の諸相

以上のように，市場メカニズムの基本枠組みを保障すれば足りた近代国家とは対照的に，今日の積極国家・福祉国家は，みずから法を道具として社会経済秩序に積極的に規制の網を伸ばし，市場メカニズムの円滑な作動

の確保や市場での競争から生じた著しい不正義の是正に乗り出すようになっている。それに対応して，法システムも，後に詳しく検討するように，紛争の事後的個別的解決等の伝統的な機能に加え，広く各種の資源・財貨・サービスを管理・配分する手段としての機能（後述する「資源配分機能」→66頁）を新たに果たすようになっている。

社会保障立法，労働関係立法，経済・社会政策立法，所得再分配のための租税法制など，20世紀初頭から次第にその重要性を増してきたこの種の法令は今日，毎年制定・改正される法令の中で，民法や刑法などの伝統的なタイプの法を数において圧倒するようになっている。いずれの先進諸国においてもこのような種類の新しいタイプの規制立法，すなわち管理型法（→ *Column* ⑤）が爆発的に増大しており，それが法規制の過剰および過度の複雑化，法規制の機能不全，法体系内部の矛盾と法システムの自己同一性の危機など，さまざまな問題を引き起こしている。「法化」とよばれる現象がもたらす諸問題がそれである。

ここでいう「法化」とは，福祉国家や社会国家とよばれる現代の国家形態においてみられる現象であり，国家任務の増大にともなうさまざまな社会生活領域への法規制の著しい増大・錯綜現象，さらにはそれにともなう法の質的転換を指す。法化問題に悩む先進諸国では，国家による社会介入の道具と化した法が次第にその規制対象を広げていく過程や，そのことがもたらすさまざまな問題，さらにはそれに対する対応策などが，1970年代以降さかんに研究されてきた。福祉国家化とともに肥大化を続けてきた国家行政機構が，その任務遂行において行き詰まりに突きあたった時期とも，それは符合している。

ドイツの法社会学者G.トイプナーによると，経済・金融・教育・家庭等の社会領域に対する国家による法的介入は，それが各社

会領域の自律的統御過程という限界をこえる場合には，①法規制そのものが実効性を失うか，②社会生活領域に深刻な悪影響をもたらすか，あるいは，③法システムの自己同一性を揺るがす結果になるか，いずれかの弊害をもたらすとされる（規制のトリレンマ）。そのため，法を万能視するのを止め，法規制の適切な射程を見極めていくことが，今日ますます重要になってきている。

Column ⑤ 法 類 型

さまざまな時代・地域の多様な法観念・法文化のあり方を相互に比較しつつ適切に捉えるための分析図式として，法類型が用いられることがある。代表的な例としては，R. M. アンガーによる法文化比較のための類型論（官僚制的・規制的法，法システムないし法秩序としての法，慣習的・相互作用的法）やP. ノネとP. セルズニックによる法発展論的な類型論（抑圧的法，自律的法，応答的法）があるが，わが国では，自立型法と管理型法・自治型法という，田中成明の法の3類型モデルが最もよく知られている。

まず，自立型法は，"法的なもの"の核心を構成する普遍主義的・形式主義的な法の存在形態であり，裁判過程での実現，一般的規範の適用による個別事案の処理，要件＝効果図式による「全か無か」方式での結論の正当化，法律専門家集団による実施，といった特質をもつ。これはアンガーの「法システムないし法秩序としての法」やノネとセルズニックの「自律的法」，さらにはM. ウェーバーの「合法的支配」が前提とする法観念とも大幅に重なる法類型である。

これに対し，管理型法と自治型法は，拡大された広義の法類型であるとされ，それぞれ独自の作動方法をすることで，自立型法に対して補完的ないし対抗的機能を果たす。管理型法は，公権力機関による特定の政治的社会経済的な政策目標の実現手段としての法であり，目的＝手段図式により制定・運用され，主として行政過程で作動する。他方，自治型法は，私的な団体・組織内部もしくはそれらの相互作用における自主的な取り決めやインフォーマルな社会規範にもとづいて生成する法で，合

意形成を目指す利害調整図式により問題処理を行い，インフォーマルな場で作動する点に特徴がある。

Column ⑥ 法　化

「法化」とはより一般的には，社会に生じる諸問題のうち法的な規制・処理が必要だと認知されるものの範囲が著しく拡大する現象を指す。もともと法化という言葉は，Verrechtlichung（独）または legalization（英）の訳語であり，現代社会に特徴的な法現象のあり方を指す上で，「非 = 法化 Entrechtlichung, delegalization」という言葉とともに1970年代からさかんに用いられてきた。だが，各国家の問題状況や各論者の問題関心により，その具体的意味内容にはかなりの差異がある。

代表的な理解としては，①一定の社会的要求に対処する制度が法的形態をとり法的性質を強め，法的ルール・手続が増加し複雑化していく「法的制度化」の意味で法化を捉える理解，②法文化に焦点を合わせ，人々の意識や行動が法的な価値・原理・ルール・手続などを内面化して法的になるという「法的社会化」の意味で法化を捉える見解，③社会の法的要求に焦点を合わせ，社会の内部の構造・関係の変動によって法システムに対する必要性・依存性が高まる「社会の法化」の傾向として法化を捉える見方，などがある。

ドイツなどで活発に議論されている法化は，①の意味に近く，福祉国家による社会介入の道具・手段と化した法の著しい増大およびその質的転換という現象を指す。社会哲学者の J. ハーバーマスは，これをシステムによる生活世界の植民地化の一形態と捉え，他方，社会システム論の立場に立つ社会学者の N. ルーマンは，外部環境からの要請に応える法システムの過剰負担としてこれを理解する。

これに対して，今日わが国で司法制度改革などとの関連で「法化社会」が語られるときには，②または③の意味での法化が念頭におかれることが多いようである。

インフォーマルな法　他方，必ずしも法文のような明確な言葉で記せるとはかぎらないが，各種のインフォーマルな規範が社会生活の中で「法」のはたらきをしていることにも注意を払うべきである。人々はそれを拘束力あるものとして受け入れ，それに準拠しながら，制定法による規制の隙間を埋め，あるいはときに杓子定規的な法規制の欠陥を補ってきた。村落共同体にみられる各種の慣行，一定の業界で従われる商慣習など，関係する人々が拘束力をもつ「法」として受容し，自発的に遵守しているさまざまな社会規範がその古典的な例として挙げられる（「自治型法」→ *Column* ⑤〔45頁〕）。

　日照権のように，もともとは法的権利とされていなかった私的な利益が，人々の自主的な交渉過程を経て法的権利として認められてきた過程とか，最近では，インターネットの利用に関するさまざまな規範が国家レベルでの規制より前に自生的に徐々に形成されてきた過程にみられるように，公的承認につながりうるさまざまな規範が，人々の自発的な私的相互行為・交渉によって生成・発展することも少なくない。また，地域住民によるインフォーマルな意思形成が，公的な法形成につながったり，自治体がそれをみずからの規範形成過程の一端に正式に組み入れる場合もある。

　こうした現象は，それ自体は正規の法の形成過程でないことが多いとはいえ，単なる事実の問題に解消することはできない。これらは，何らかの意味で法的性質を有し，広い意味での公的な法形成過程に属するものとみることができるのである。したがって，このような自生的秩序維持ないし秩序形成機能を果たすインフォーマルな「法」も，現代社会における1つの重要な法の存在形態として位置づけていく視角がぜひとも必要となるのである（権利の生成過程については→58頁）。

法システムという見方

したがって，法は法文とか裁判所のような具体的な形をとったものだけで成り立っているのではないということをまず確認しておくべきである。むしろ法は，われわれの生活の中にある諸関係をある一面からとりあげ，問題を定式化し，それを処理する仕方において真価を発揮し，特徴を表す。「法的には…」「法律論では…」という言い方をしばしばするが，法の法たる所以は，その独自の「観点」にある。それが有効な守備範囲をよくわきまえているとき，法は機能を十分に発揮する。

だから，法独自のこうした「観点」の特質をしばしば振り返っておくことは，非常に大切である。なぜなら，法の「内」と「外」を見分け，法がどんな事柄を問題としてとりあげ処理するべきかを考える上で，こうした法独自の「観点」は，われわれの思考がとるべき方向性を指し示してくれるからである。もちろん，法独自の「観点」といっても，それは特定のものに固定しているわけではないし，そうでなくてはならないわけでもない。だが，「法とは何であるべきか」を考えていく上で，そうした法独自の「観点」が少なくともある程度は法の"扇の要"の役目を果たしてくれることは間違いない。

もちろん，法の守備範囲は，そうした法独自の「観点」にもとづき，明確に確定されているわけではない。法システムの「内」と「外」は，そのつど明確に見極められるような境界線でくっきりと区分けされているわけではないのである。むしろ，社会に生じる諸問題のうち，法がいったいどこまでみずからの守備範囲に属することとして処理しなければならないのかを判断するのは，今日ではますます難しくなっている。

以下では，法を1つのシステムとみる見方に立ちながら，現代における法現象の静態と動態にさらに分析を加えることにする。ここ

でいう「システム」とは、さしあたり、多数の要素とそれらの関係からなる複合体であり、ある特定の社会的機能を果たすことによって外部にはたらきかける一方、外部からさまざまの要請を受けることによって内部構造に変化を引き起こしつつ、しかし1つの機能システムとしての同一性を維持するもの、と理解しておきたい。

ただ、システムをそれ自体実在するものとしてではなく、あくまでも現象を分析するための1つの有益な視角としてみるべきである。システムとして法をみることによって、これまで問われてきた伝統的な法哲学上の諸問題に違った視点から光があてられるのである。

先にみたように、今日われわれの社会において用いられている法は、基本的には近代法という、法の長い歴史からすればごく最近に登場したばかりの特殊な法である。中世までの法は、宗教や道徳など他の社会規範と未分化の状態であった。ところが、この近代法は社会全体でなされるべき無数のはたらきのうちの特定の機能を担うものとして、分化・独立したのである。経済、政治、家族、医療など、近代社会においてはさまざまな機能を担うシステムが分化・独立している。法システムもまた、そうした多様な機能システムの1つなのである。

Column ⑦ ポスト・モダン法理論

J.-F. リオタールや J. デリダらの展開するポスト・モダン哲学に依拠しつつ、法に内在する不確定性をことさらに強調することにより、法システムの自立性を原理的なレベルから徹底的に批判しようとするのが、ポスト・モダン法理論である。「法と経済学」（→252頁）の一部や、「法は政治だ」などのスローガンで知られる批判法学も、ある面でポスト・モダン法理論と親和性をもっている。

法化論で知られるドイツの法社会学者トイプナーも、ルーマンのシステム理論に依拠することにより、法による機能システムへの介入を間接

1 法とは何か

制御に限定すべきだとする,独自のポスト・モダン法理論を展開するにいたっている。

ポスト・モダン法理論は,法システムや法学が前提する近代的主体概念や法的確実性への信頼を打破することで,法の自立性を根底から揺るがせ,それを脱構築しようと試みる。しかし,法の自立性がもはや法の閉鎖性を意味するのでない以上,ポスト・モダン法理論のこうした脱構築の試みが法システムや法学に対していかなる建設的な寄与をするのかは必ずしも明確ではない。

2 法システムの構造と機能

この節では,以上のような法の現代的変容現象をも視野に収めつつ,法システムの構成要素とそれぞれの関連についてさらに詳しくみていくことにしよう。

先に述べたように,法規範が道徳規範や宗教規範など他の社会規範から明確に分離自立していることが,法システムの自立性を支える大きな要因である。このような法規範は,さまざまな観点でいくつかのものに区別される。以下では,まずその指図内容の機能の違いにより義務賦課規範・権能付与規範・法性決定規範の区別を,次いで義務規範の名宛人の違いにより行為規範と裁決規範の区別を,さらに法規範の性質の違いにより法準則と法原理の区別をそれぞれ説明した上で,それらのさまざまな規範が相互にどのように関連し合っているかをみていくことにしたい。

義務賦課・権能付与・法性決定

まず,法規範は,その指図内容の機能の違いにより,義務賦課規範,権能付与規範,法性決定規範の3つに区別される。

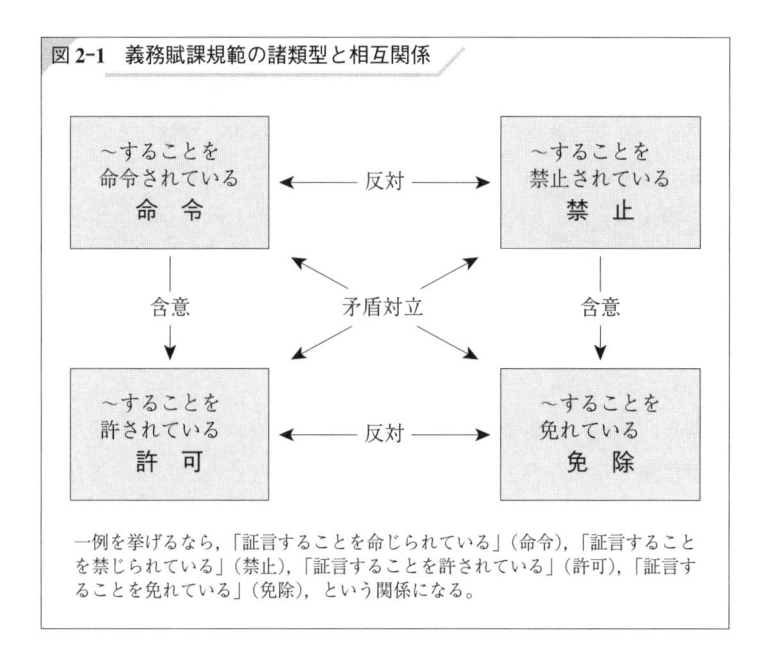

図2-1 義務賦課規範の諸類型と相互関係

```
┌─────────────┐                    ┌─────────────┐
│ 〜することを │                    │ 〜することを │
│ 命令されている│◄──── 反対 ────►│ 禁止されている│
│    命 令    │                    │    禁 止    │
└─────────────┘                    └─────────────┘
      │         ╲            ╱         │
    含意          ╲  矛盾対立 ╱         含意
      │            ╲        ╱          │
      ▼             ╲      ╱           ▼
┌─────────────┐      ╲    ╱      ┌─────────────┐
│ 〜することを │       ╲  ╱       │ 〜することを │
│  許されている │◄──── 反対 ────►│ 免れている  │
│    許 可    │                    │    免 除    │
└─────────────┘                    └─────────────┘
```

一例を挙げるなら,「証言することを命じられている」(命令),「証言することを禁じられている」(禁止),「証言することを許されている」(許可),「証言することを免れている」(免除), という関係になる。

 まず第1に, 義務賦課規範とは, 規範違反行為に対して刑罰・損害賠償などの強制的サンクションを規定することにより, 一定の作為・不作為を義務づける法規範, およびそれと従属的な関係にある法規範をいう。ここでいわれる義務は, 実定法を根拠とするものであり, 事実的ないし心理的な強制・拘束とも, 道徳的な義務づけとも無関係である。「義務がある」とは,「人に何かを命令もしくは禁止する規範がある」ということと同義であるにすぎない。つまり, ここでいわれる義務は, 道徳的価値とは何の関係もなく, それに従わなくても道徳的非難は受けない。

 義務賦課規範は, その典型的な形態である命令規範および禁止規範と, これらの規範の各々に従属する免除規範および許可規範の4つの規範に区別される (図2-1参照)。命令・禁止規範は, 命令の

場合は一定の作為を、禁止の場合は一定の不作為をそれぞれ義務づける。また、免除規範は、特定の場合に作為の義務を解除する規範であり、許可規範は、一般的な禁止を特定の場合に解除する規範である。いずれも、命令ないし禁止規範の存在を前提としてはじめてその指図内容が意味をもつ点で、広い意味で義務賦課規範に属する。

第2に、権能付与規範は、自己の所有物を他人に譲渡する権能、契約を締結する権能、遺言をする権能、裁判官を任命する権能などのように、法的に有効な行為を行う権能を付与する法規範である。

これを許可規範などの義務賦課規範に還元して説明しようとする見解もあるが、権能を与えられた者が行う行為は、単に一般的な禁止が解除されて許容されただけではなく、裁判所などによる強行可能性を備えた法的に積極的な意味のある行為である。それゆえ、権能付与規範は、義務賦課規範に解消されない独自の規範であると考えるべきである。

第3に、法性決定規範とは、一定のカテゴリーにどのような現象を帰属させるべきかを規定する規範である。このタイプの規範は、「XはYとしてみられるべきである」という形をとり、Yには一定のカテゴリーが、Xには諸現象がこのカテゴリーに帰属されるために充たすべき条件が、埋め込まれる。「本法ニ於テ物トハ有体物ヲ謂フ」(民法第85条)のようないわゆる定義規定がその最も単純な例である。

しかし、もっと重要な例は、たとえばある損害賠償請求の根拠を債務不履行とみるか、不法行為とみるかを決定することにかかわる規範である。あるいは、国際私法の分野において、どの国の法律を準拠法とするかという点でとりわけよく問題になるが、それ以外においても一般に、ある事態をどのような法的カテゴリーの下で処理するかが問われる場合に、法性決定規範は重要な役割を果たす。

行為規範と裁決規範　名宛人の違いに着目するならば、法規範は、事案に裁定を下しあるいは紛争を解決するための規準を裁判官等に提供する裁決規範と、一般私人に直接一定の行為を指図する行為規範とに区別される。裁決規範（「裁判規範」と呼ばれることも多い）は、一定の要件事実が満たされれば法的効果が付与されるべしという形をとっており、「人を殺した者は、死刑又は無期若しくは三年以上の懲役に処する」と定める刑法の規定（これは第199条）が形式面のみでみればその典型である。

他方、行為規範とは、人々に対して一定の行為を指図する規範のことである。先の刑法の規定も、常識的な理解では「人を殺してはならない」という行為規範を前提としてはじめて規範としての意味をもつ。実際、最近の刑罰法規の多くは、「〜してはならない」という行為規範をおいた上で、後の条文で罰則規定という形で裁決規範をおく場合が多い。

とはいえ、法規範の本質を裁決規範と行為規範のいずれに求めるかについては、かねてより深刻な争いがあった。国家法を基礎に法システムの段階構造を純粋に把握しようとしたケルゼンは、あらゆる法規範が結局のところ裁決規範に解消されると主張し、法規範に人々を義務づける性質があるとみる見方を一種のイデオロギーだと捉えた（イデオロギーについては*Column*㉒〔196頁〕）。これに対して、「生ける法」の主唱者であるE.エールリッヒは、人間生活は裁判所の前だけで営まれるものではないとして、むしろ国家法から独立して人々がみずからの行為の規準としている行為規範こそ法の本質だと考えた。

だが、人々が一般に法を遵守し、だいたいにおいて法をみずからの行為の基礎とする社会においては、ケルゼンとエールリッヒの間における見解の対立はそれほど深刻なものとはならない。むしろ、

2　法システムの構造と機能

法規範はさまざまな名宛人を想定したうえで，後述（→65頁）するような種々の社会的機能を果たすのであり，裁決規範か行為規範かという排他的関係はそこには成り立たないと考えるべきである。

組織規範　さらに，これら2つとは別の独立の規範類型とされるのが，組織規範である。組織規範とは，各種の法関連機関の組織・権限やその活動の規準・手続を定める規範を指す。次々と新たな法的問題が生じる現代社会においては，既存の行為規範や裁決規範だけで規制し尽くすのは不可能で，たえず新たな規範を創出して問題に対応していかなければならない。

そのために，所掌の事項について規範を定立したり，生じた紛争に対して判断を下したりする権限をもつ専門の組織・機関が存在することが重要となる。現代社会においては，こうした数々の組織・機関によって法の柔軟な形成・運用がはかられているのであり，そうした組織・機関を構成し，その権限・活動手続などについて定める組織規範は重要な意義をもっている。

法準則と法原理　先にも述べたように，法規範の多くは，具体的な事例で問題となる人・物・行為などが，その法規範に予め定められた一般的なカテゴリーに属する場合に，それらの人・物・行為などに対して画一的に予め定められた同じ効果がもたらされるという形で運用される。そのため，法規範の多くは，「AならばB」，すなわち一定の要件事実に対して一定の法律効果が帰属させられるべきことを指図するという規定方式をとる。このタイプの法規範が「法準則」（法規則，法ルール）である。

ところが，実定法規範の中には，たとえそれが要件事実と法的効果とを条件節でつなぐ規定方式を用いている場合であっても，法準則として理解するのが難しい法規範が含まれている。「法原理」とか「法価値」とよばれるこれらの法規範は，法準則が「全か無か」

という形で適用されるのに対し、そのような二者択一的な適用を予定しておらず、法準則の解釈・運用を方向づける抽象的・概括的な指針を指図するだけであり、それらの適用にあたっては、具体的事例ごとに諸々の規準・原理との間で比較考量することが求められる。

法原理には、確立された学説や判例として法律家の間で一般的に受け継がれてきているものが多いが、最近では、公序良俗・信義則・権利濫用・正当事由などの一般条項、憲法の基本的人権の規定、個々の法律・命令の冒頭の立法目的の規定などのように、明文化される場合が増えている。法原理を適用するにあたっては、裁判所その他の法適用機関には多かれ少なかれ判断の余地が残されている。そのため、法原理は、法システムが自立性を保ちつつも社会各層の正義・衡平感覚への通路を確保するための契機として、重要な意義をもっている。

決定と理由づけ

法規範と並んで法システムの重要な構成要素をなすのは、法的活動である。ここで法的活動として挙げられるのは、決定と理由づけである。広義の法的機関は、種々のタイプの決定に向けての準備を行い、実際に決定を下し、決定を理由づける。立法機関が法を制定し、裁判所が判決を下し、行政機関が行政決定などさまざまな決定を下すというのが、その主要な例である。

法定立と法適用が法的機関の活動の中核をなしているが、両者は必ずしも分離されて行われるわけではない。ケルゼンの法段階説において説かれているように、規範秩序のある位置における法定立はより上位の法規範の適用・具体化という側面をもっており、法定立と法適用は相対的な違いでしかない。

他方、このような法的決定において重要なのは、それが理由づけられたものでなければならないということである。理由づけという

活動は,決定そのものをこえるといってもよいほど重要な意義をもつ。

その際,前述した諸々の法規範は,法的決定の前提を提供する役目を果たす。法的決定には,多少の差はあれ,いずれもこうした前提に依拠しつつ理由づけをすることが求められる。理由づけは,決定を下した者が当該決定にいたった事実的な心理的過程とは区別される,規範的な過程である。つまり,理由づけは,正当化を行うものなのであって,当該決定が正しいとか,目的にかなっているとか,正義に合致しているとか,理性的であるとかいうことを示す理由を提示するものなのである。

法的機関の決定は,人の生活関係に深く入り込み,利害関係者にとって不愉快なものとなりうるものであるからこそ,こうした理由づけによる決定の正当化が必要となってくる。正当化が成功裡に行われることによって,決定は恣意的なものではなくなり,ある程度は計算可能・予測可能なものとなる。その意味で理由づけは,決定の実質内容を正当なものたらしめるべきだという要請とともに,法的安定性や平等の価値ともつながっているのである。

権利と義務

さらに,種々の法的カテゴリーもまた,法システムの枢要な要素をなしており,なかでも権利・義務という概念は,種々の人間関係を法的視点にもとづいて構成・分析・処理する際に不可欠の要素として機能する。

権利とは,法によって一定の資格者に対して認められる,一定の利益を主張しそれを享受できる力を指す。言い換えれば,人が自己の意思にもとづきある物事を行ったり行わなかったりすることができる,法によって認められた資格・能力が権利とよばれるものである。

これに対して,義務とは,規範の存在を前提とし,それにより人

間の意思および行為に与える拘束のことをいう。義務は一定の規範を根拠としている点で，単なる事実的もしくは心理的な強制・拘束とは区別される。義務にはさまざまなものがありうるが，法的な意味での義務は，法的人格に課せられる，法を根拠とする拘束のことをいう。

　売買契約においては，買主の商品の引渡し請求権に売主の引渡し義務が対応する。このように，一般的に権利と義務は，1つの法律関係の表裏をなし，権利には通常は義務が対応するとされる。しかし，行政上の各種の届出義務のように，対応する法的権利のない法的義務もあれば，形成権（取消権や解除権がその例）のように対応する法的義務のない法的権利もある。

権利の分類

　権利をその形式によって分類するならば，まず，公法関係を内容とする権利である公権と，私法関係において認められる私権とに分類される。このうち公権は，立法・司法・行政の三権からなる国権のように国または公共団体が有する公権（国家的公権）と，参政権・自由権・平等権・国務請求権のように私人が有する公権（個人的公権）とに分けられる。他方，私権は，目的とする内容からみて，財産権と非財産権（人格権・身分権・社員権・相続権）に，さらにその作用からみて，支配権・請求権・形成権・抗弁権などに分類される。

　権利という概念がどのような事態・状況を指すものとして用いられるかについては，分析法学の流れをくむイギリスの法学者，W. N. ホーフェルドの分析図式による分類がよく知られている。すなわち，権利という概念は，以下4つの法的関係のいずれかを指すというのである。

① 義務と相関関係にある狭義の権利，つまり「請求権」（私法上の契約により成立する法的関係の多くがその例）

② 他人の権利・請求権から免れ，義務がないということにより特徴づけられる「自由」（市場において経済的競争への参加主体が享受・行使する自由や，頭を掻いたり散歩をしたりする自由がその例）
③ 自己の意思により自己および他人の法的地位を変更できる法的能力である「権能」（国会の法律議決権，内閣総理大臣指名権や，私人については，財産の譲渡，遺言，契約締結などの権能がその例）
④ 他人から一定の義務を課されないことに対する法的保障である「免除」（憲法が保障する基本的人権，とりわけ古典的自由権がその例）

権利・義務の諸相

さて，権利と義務の対応関係をどれほど緊密なものとみるかについては，権利と義務がおりなすダイナミックな関係のどの局面に着目するかによって，さまざまな見解がありうる。

まず，権利と義務の間の緊密な対応関係を重視する見方は，司法的救済により実現される権利であるかどうかという点を重んじる。そのため，法的義務に裏打ちされた権利だけに法的性質を認める傾向が強い。

これに対し，日照権，環境権，知る権利，嫌煙権，アクセス権など新しい権利が主張される過程にも注目する論者は，権利概念をさらに広げるべきだと主張する。すなわち，そうした権利に対応する法的義務が確立しているか否か，司法的救済が可能か否かということとは独立に，社会レベルにおける権利の生成発展過程をも適切に捉えられるよう，権利の概念を再構成する必要があるというのである。

権利生成の動態的過程

そもそも，「政治的権利」や「道徳的権利」という言い方がしばしばなされるよう

に，権利は法的なものに留まらない広がりをもつ観念である。歴史的にみても，近代法上の権利の前身であるといわれるローマ法上の訴権（actio）や，近世以降のヨーロッパ法思想における自然権のように，権利はこれまで実に多様な形態をとって存在してきた。

確かに，実定法体系が整備された近代以降の社会では，法的権利が権利概念の中核を占めることは間違いない。諸々の基本的人権も，普遍性・不可譲性などの道徳的性質を備えてはいるものの，究極的には司法的保護・救済を請求する権限となりうるという点で，法的権利としての基本的属性を備えている。

とはいえ，司法的救済を受けうるものだけに正規の権利としての資格を付与するのでは，権利の概念として狭きに失するであろう。むしろ，現代社会における権利は，道徳的・政治的レベルから法的レベルにまたがる，幅広い存在形態をもつものと理解すべきである。

かつては法的意味を認められなかった道徳的権利の主張が，徐々に人々の道徳的意識において広い支持を得て，やがては司法的保護・救済を受けるにいたるということもありうるからである。法がさまざまな社会領域へのチャネルを維持しながら多様な展開・様相を示す現代社会においては，権利はさまざまなレベルにまたがる動態的な生成発展過程を示すのである。

というのも，そのように考えるならば，権利侵害が生じる以前から存在し人々の日常的行動を規制している実体的な「第一次的権利」と，権利侵害にもとづき裁判所に損害賠償や差止命令などを求める「回復的権利」とを区別し，いずれをも権利の正規の存在形態として認める見解は，今日の権利の存在形態を適切に捉えているといえるだろう。

ケルゼンは，対応する法的義務のない法的権利はありえないとする立場から，国家的強制により実現される回復的権利によって裏打

ちされていない権利の法的性質を否定した。だが、権利の生成展開過程における私人・法律家の主体的役割を評価するためには、国家権力と切り離された社会レベルで形成される権利義務関係にも法的性質を認め、それに第一次的位置を与えることが必要であろう。人権についても同じように、背景的権利から法的権利を経て具体的権利にいたる重層構造においてこれを捉えるべきだといえるだろう。

Column ⑧　権利の本質

　権利の本質を何とみるかについては、伝統的に、法によって付与された意思の力ないし支配であるとみる意思説（カント、F. C. v. サヴィニー等）と、法によって保護された利益とみる利益説（ベンサム、イェーリング等）とが対立してきた。その他に、権利の目的である生活利益の保護ないし享受を達成するための手段として法により認められている力に権利の本質を認める権利法力説（S. F. R. サレィユ等）もある。

　これに対して、ハートは、個人の選択可能性の法的保護という観点から、請求権・自由権・権能という権利の諸相を幅広く説明する理論として、選択説を主唱している。選択説は、個人の選択に付される選択肢を提示する際に、法によって保護される重要な利益についての考え方を前提にしており、その意味で意思説と利益説を統合するものともいえるが、権利の諸形態のうちの免除を適切に説明できないという短所がある。

法的な紛争解決方法の特徴

　さて、以上にみたような法規範、法的活動、法的カテゴリーなどが実際に機能するためには、それを支える制度的しくみがあることが前提となる。その際、立法、行政、司法のいずれもが法の定立・運用にかかわるが、なかでも司法作用を担う裁判所が法システムにおいて中核的な役目を担っている。現代社会においては、裁判所をはじめとするさまざまな組織・機関が、後述（→65頁）する法

システムの主要な機能の1つである紛争解決機能を果たしており，そうした制度的基盤を背景にしてはじめて，法システムの諸要素が機能するのである。

社会において日々生起する人と人との間の争いには，当事者同士の交渉で決着がつけられず，第三者の介入によって解決をみるものが少なくない。そうした場合の第三者の介入の仕方にはさまざまなタイプがあるが，大まかには仲介者型，管理者型，裁定者型の3つに区分されよう。

仲介者型は，みずからの権威を振りかざすことなく，種々の提案をしつつ当事者自身の利益に訴えることにより，彼らが合意するよう影響を及ぼそうと試みるタイプの介入方式である。争うより共通の利益を探るほうが大事であることを気づかせたり，当人が考えつかなかった解決案を提示したりすることにより，関係者すべてにストレスの少ない仕方での合意をもたらそうとするものである。そのため，仲介者は説得の能力に長けた交渉人であることを要する。

これに対し，管理者型は，紛争当事者に比して優越的な立場に立つ第三者が，当事者に紛争解決のイニシアティブを与えることなく，主として将来の利益の最大化を念頭におきつつ，みずから権威的な決定を下すことにより行われる紛争解決方式である。将来志向性という点では仲介者型と共通するが，決定者の継続的な優越性を前提するという点ではそれと袂を分かつ。

最後に，裁定者型は，両当事者を和解させることではなく，両者のいずれが正しいかについてすでにある規範にもとづき判断を下す方法により行われる紛争解決方式である。仲介者が当事者の利害関係を考慮し，また管理者が種々の解決案がもたらす将来の影響を考慮するのに対し，裁定者はすでに起こった過去の出来事に注目し，当該出来事に関係する権利・義務関係を規律する規範に依拠する。

裁判の特徴

これらのタイプのうち、法的紛争解決は基本的には裁定者型の方式を基礎に展開してきたといえるであろう。そうした方式が典型的に用いられる場が、いうまでもなく裁判である。

裁判などにおいて、こうした裁定者型の紛争解決方式が実際に作動するためには、紛争解決にとって規範が重要な意義をもつことを、両当事者をはじめとする社会の成員が了解しており、裁定への服従への見込みが十分にあるということが重要である。それは、専門知識の独占者としての裁定者への尊敬の念、裁定者の公正さへの信頼、さらには規範の整備による裁定者の可能な恣意に対する懸念の除去、といったものによって担保されるのである。

紛争解決というよりは紛争「処理」というにふさわしい裁判のこうした理解の仕方には、最近とみに強い異論が出てきており、紛争当事者の主体的な相互交渉の場として裁判を捉えていこうという見方が強調されている。だが、公式ないし非公式な種々の裁判外紛争処理（ADR）機関が行う紛争処理方式の特徴に注目するならば、裁判がこうした裁定者型の方式を採用して展開されてきたことは否定できないところであり、それを前提にした上での紛争解決システム全体の総合的なビジョンの提示が求められているのである。

したがって、法システムを動かす中枢的な制度的基盤としての裁判の特徴としてここでは、①個別具体的な紛争の解決が、予め定立・公示された一般的な実定法規範に依拠しそれを適用するという方式によって行われること、②原則として公開の場で当事者主義にもとづいて行われるものの、直接の対象が権利義務ないし刑罰権の存否といった法的な問題点についての紛争の解決に限定され、紛争の全面的解決を目指すものではないこと、以上2点を確認しておくべきであろう。

Column ⑨ ADR（裁判外紛争処理）

権利意識の高揚などにともなう「訴訟の洪水」現象が先進諸国において広く共通にみられるが，そうした中で注目されているのが裁判外紛争処理，すなわち ADR（Alternative Dispute Resolution）である。ADR とは，中立的な第三者（機関）が紛争過程に介入し，当事者にはたらきかけて合意にもとづく解決を目指す手続，もしくはそうした紛争解決サービスを提供する第三者（機関）を指す。

裁判外のあっせん，調停，仲裁などが ADR の典型とされるが，裁判手続内で判決以外の手法（裁判上の和解，調停など）で処理する場合も，広い意味での ADR に含められることが多い。行政機関が所管事項について提供する相談窓口等におけるサービス，消費者からの苦情に対応する業界の窓口サービスなどの他に，弁護士会仲裁センターなどの独立型の ADR もあり，その存在形態は多様である。

実情に応じた柔軟な紛争処理サービスを，しかも安価で気軽に利用できるということで，ADR の需要とそれへの期待はますます高まっている。しかし，わが国には，インフォーマルな前近代的紛争処理方式が個人の権利意識の高揚を阻んだという歴史がある。諸個人の自立的・主体的な紛争処理を可能にする場・方法として ADR が捉えられ，その制度化・活用がはかられることが肝要であろう。

法的思考の特徴

以上のことから，裁判官の思考に典型的に見出される法的なものの考え方——法的思考——の特徴としては，以下の点を挙げることができるであろう。すなわち，第1に，具体的な事案を既存の一般的法的規準にあてはめることによってみずからの下す決定を正当化し，根拠として前提した法的規準そのものの正当性は疑問視せず，権威的なものとして措定する。第2に，過去に生じた具体的紛争の事後的個別的解決を目指しており，将来にわたる利害関係の調整や当事者をこえて社会

全体が受ける効用の最大化を考慮することはしない。

　法的思考は，科学的思考や純粋に論理学的な思考とは異なり，価値判断をともなう決定およびその理由づけをその本質とするので，実践的な性格を色濃く有している。それは，実定法，裁判の先例，各種法原理などに準拠した説得力ある論証を展開することによって，法的決定の名宛人および一般の人々の合意を目指す。だが，法は諸々の社会システムの1つであり，決して社会のあらゆる問題を解決できる万能のものではないから，その守備範囲は無制限ではないとみるべきである。

　また，正当化の論証が行われる際には，一方では決定そのものの内容面における実質的正当性に配慮せねばならないとともに，他方では紛争両当事者それぞれの話を公平にかつ十分に聞くべしといった自然的正義の原則に由来するさまざまの手続が遵守されなければならない。さらに重要なことには，決定を理由づけるにあたっては，最終的な決定と依拠する諸々の法規範（制定法，法原理，判例，慣習法など）との間に，さらにそうした諸々の法規範同士の間に，それぞれ整合的な関係が成り立っていなければならない。

　諸命題の間の「整合性（coherence）」というのは，形式論理学的な「両立可能性（consistency）」（複数の命題が両立可能であるときに両者は「consistent」である）とは異なり，形式的・経験的に検証することができない。それは一種の実践的な平衡感覚を要する判断であり，たとえば「ある原則に例外を付すことにより，その原則自体が骨抜きにされていないか」について考える場合のような，体系全体に対する目配りと諸要素間の重みの考量を必要とする思考なのである（法的議論については→182〜187頁，法的思考については→244〜252頁）。

法システムの社会的機能　以上のような性格をもつ法システムは、その外部からさまざまな要求を受け、みずからの内的構造と相容れるかぎりにおいて、そうした要求に応えるという形で諸々の社会的機能を果たす。したがって、法システムの社会的機能は、その環境（外部）からの要請への対応の現れであるとみることができる。現代社会では、法に対する社会的期待・要請は複雑化し、それとともに法システムの果たす社会的機能も多様化している。法システムにとっての適・不適の問題はたえず残るが、その点はとりあえずおくとして、法システムが現在果たしている機能をみておくことにしよう。

第1に、社会統制機能である。法は、私法上の強行規定への違背行為や刑事上の犯罪行為のような法的逸脱行為に対し、公的な強制的サンクションを課すことによってそれを抑止する。それだけでなく法は、そうした強制的な社会統制作用が公権力の恣意に陥ることのないよう、それを法的にコントロールする機能をも負う。前者は社会の秩序維持という法の古典的・基本的任務と関連する機能であるが、近代以降においては法の支配の理念の下、むしろ後者の機能が重要となっている。

第2に、活動促進機能である。これは、人々が自分なりの目標や利益を実現しようとする上で自主的に準拠しなければならない行為の指針と枠組みを提供し、私人間の自主的活動を予測可能で安全確実なものにする機能である。近代法システムの基本的理念からすれば、法システムの中心的な機能でなければならないものの1つである。

第3に、先ほどもみた紛争解決機能である。法は、一般的な法的規準により権利義務関係をできる限り明確に規定して紛争の予防に努めるとともに、具体的な紛争が発生した場合に備えて法的紛争解

決の規準・手続を整備する。当事者間で自主的に解決できない紛争については，最終的に公権的裁定を下すことにより処理をするのである。

第4に，資源配分機能である。これは，現代の福祉国家・社会国家とよばれる社会・経済秩序への介入をみずからの課題とする国家段階において生まれた機能である。すなわち，経済活動の規制，生活環境の整備，教育・公衆衛生などに関する各種公共的サービスの提供，社会保障，各種の保険や租税による所得再配分などの重要な手段としての機能である。

日本法の状況

以上のような法システムの社会的機能がどのように果たされるかは，各国・各時代の状況に応じてさまざまである。そこで，日本法のこれまでの状況についてその概要をみておくことにしよう。

わが国では明治以降，西洋の近代法システムを継受することにより，外形的に近代化が進められた。だが，自立した諸個人からなる近代市民社会の成立をみなかったわが国においては，「欧化政策」に対する国民意識の抵抗も大きく，そもそも法の近代化には著しい限界があった。天皇主権を基礎とした立憲君主制や封建的な地主制・家族制度などが維持されたことにより，近代化の進行は完全な形では進まず，人々の中に近代的な権利意識が芽生えるのが妨げられた。むしろ，奈良時代の昔から日本の法システムを強く性格づけてきた律令制や，武家社会成立以降の社会の基本原理の1つともいえる儒教的徳治主義が，法そのものの存在形態や法や権利に関する人々の意識のあり方などにその影響を色濃く残し続けた。

したがって，第二次世界大戦後に旧来の制度が廃止されたことにより，近代法システムが日本社会で確立する条件が一応は整ったが，それに相応して法意識・権利意識が飛躍的に高まったということは

なかった。むしろ，法は権威的な秩序維持の手段であるという見方が根強く残っていたため，福祉国家的な介入の道具という性格をもつ法が，比較的抵抗なく受け入れられる結果となった。そのため，もともと国家の後見的措置への依存傾向が強かったこととも相俟って，人々の活動を促進し自主的・主体的な紛争解決の場を提供するものという面は強調されなかった。

今日では，司法制度改革との関連で，日本社会の法化が語られるようになってきた。そこでは，これまで日本の法システムが念頭においていたような，国家が法を通じて紛争を未然に防ぐことを重視する事前規制型ではなく，私人の相互交渉による自発的な秩序形成と紛争の発生およびその自主的・主体的解決を重んじる事後救済社会への転換が念頭におかれている。

Column ⑩ 日本人の法意識

法社会学者の川島武宜は，『日本人の法意識』（1967年）の中で，西洋から継受したわが国の近代法典と伝統的な国民の文化・生活との間に大きなずれがあり，それが日本人における権利意識の欠如（「権利義務は，あるような・ないようなものとして意識されており…」），契約観念の希薄さ，慢性的な訴訟回避傾向といった特徴を生み出したと説いた。

これに対し，比較法学者の大木雅夫は，江戸時代の民衆が強烈な権利意識をもっていたことなどを示す一方，裁判組織の未成熟という制度的要因が与えた影響の重要性を指摘し，前近代的な意識というメンタリティだけでは日本人の法意識の特徴を説明できないと主張した。

日本人の法意識に対しては外国人研究者も関心を寄せており，なかでもJ. O. ヘイリーは，日本人の裁判嫌いというのは神話にすぎず，むしろ司法制度の種々の欠陥が日本人の裁判利用の少なさの原因だと説いた。また，法と経済学の手法を用いて日本法を分析するM. ラムザイヤーは，日本人においては，紛争の両当事者は判決の期待値を事前にほぼ等しく評価できることが多いから，裁判外でも紛争を合理的に解決できると説

き，それによって日本人の訴訟回避傾向を説明しようとした。

3 法の射程と限界

法の評価基準　中世までのヨーロッパの法観念においては，法が非人為的なものとしての性格を色濃くもっていたのに対し，近世以降の法は，基本的には人が所定の手続に則って定立した法律，つまり制定法を意味することになった。したがって，法はそれが所定の手続に則り定立されたものであるがゆえに妥当するという主張に，少なくとも一定程度の意味を見出すことができるわけである。

もっとも，法学的妥当論と社会学的妥当論を連結させたそのような考え方に依拠するなら，法に対する評価基準はないことになり（ケルゼン「いかなるものでも法たりうる」），もちろんそれはそれで1つの立場として成り立つ。

しかし，そうした考え方は一面的だとの批判を免れない。というのも，法がシステムとして分化自立し，社会の中に生じる特定の問題を担当するようになった以上，法がみずからにふさわしい任務をこえ出て，社会秩序の維持・形成・回復に過度に介入することは不適切であるからである。

したがって，法学的妥当論や社会学的妥当論の問題点を克服するものとして今なお重視される哲学的妥当論については，法を形而上学的な理念・理想に依拠させるものとして理解するのではなく，社会的環境および自己の構造との関係において適切な内的複雑性を維持しつつ，社会的環境からの要請にできる限りにおいて応えようと

する法システムの姿勢としてこれを理解すべきであろう。

法と道徳　また，このことは，道徳や正義の観念との関連では次のように言い換えることもできるだろう。すなわち，近代以降，法は諸々の機能領域から切り離されてシステムとして自立しているが，かかる近代法システムの登場により，法的規制を受けうる「公」の領域と，そのような規制を受けない「私」の領域——「善き生」の領域——が区分されるようになった。後に説明するように，それを倫理学と正義論との分離とよぶこともできるだろう（→113頁）。

このような公・私の分離を前提とした社会においては，各人がいかに生きるべきか——それは倫理学が徳論として長年テーマとしてきた問題点であった——は，基本的には各人の私的な問題とされ，それについて公権力が法を用いて介入するのはふさわしくないと考えられるのである。

そのため，法はもっぱら公共的な問題を取り扱うことになるが，そのような取り組みにおいて法に対して基準を提供するのが正義である。本書各所で扱われるように，「正義とは何か」自体が論争的なテーマであるが，正義が個人の善き生き方ではなく，さまざまな生き方をする人たちが共存するための社会の基本的枠組みの提示にかかわるものである以上，法の介入はそうした任務の範囲内に留まるべきだということになるのである。そこで問題になるのが，法的規制の正当性とその限界の問題である。

ミルの危害原理とリベラリズム　公権力機関による強制の正当性が問われるとき，人々の自由への正当な干渉の形態としてまず第1に挙げられるのは，古典的自由主義者ミルが『自由論』で説いた，他人に対する危害防止のための強制である。このいわゆる危害原理は，リベラルな社会における

法による正当な自由制約原理として承認することができよう。

第2に，売春やわいせつ文書頒布などの道徳犯罪に関して，法による道徳の強制，すなわちリーガル・モラリズムの是非が問われる。

第3に，当事者間の合意で密かに行われているかぎり処罰対象とはならないが，その行為が公然と行われ一般の人々を不快にさせる場合には処罰できるとする不快原理が検討される。

そして，第4に，道徳秩序に違反するものでも，他者に危害・不快感を与えるものでもないが，本人自身の保護のためにその自由に干渉する形態として，パターナリズムが問題になるのである。

Column ⑪ ミルの危害原理とパターナリズム

ミルは，『自由論』の中で，社会の成員に対し法的刑罰等を通じ当人の意思に反してでも正当に権力を行使しうる唯一の目的は，他人に対する危害の防止であると説いた。その一方で，強制・統制の対象たる当人自身の幸福は，当人に何らかの行動や抑制を強制する十分な理由にはなりえないと主張し，パターナリズムの正当性をきっぱりと否定した。

彼のこうした主張の背景には，自分にのみ関係することについては個人は主権者であるとするリベラリズムの基本原理と，当人の幸福は当人自身のやり方で追求させることでこそ最もよく与えられるという功利主義の考慮があるとみてよいだろう。

もっとも，ミルは，判断能力が十分ではないとされる青少年や未開社会の人々に対しては例外的扱いを認めているし，また奴隷契約についても，そうした契約をすすんで締結する行為は自分自身の自由を放棄するものだという理由から，そのような契約を無効とする法制度を正当だと評価している。パターナリズムへの積極的な意義を認めようとする人々は，ミル自身が認めるこうした例外的事例に注目することが多い。

リーガル・モラリズム　人がどのような生き方を選択するかは、その人自身の決定に委ねられるべきだとするリベラリズムの考え方に依拠するならば、共同体のメンバーの中で共通に善いとされる生き方を個人に強要することは、個人の自由の故なき侵害である。不道徳な行為を不道徳だというだけで法的処罰の対象にしたり、私法上の不利益を課したりするリーガル・モラリズムは、リベラリズムの観点からは正当化されないであろう。

とはいえ、他者に迷惑をかけなければ何をしてもよいという意味で、リベラリズムが理解されてよいわけではない。わが国において一夫一婦制が制度化されていることや、公序良俗に反する法律行為が無効とされることにも示されているように、社会の中で支持されている道徳的な秩序が制度化され、あるいは規範生成過程に組み込まれることはしばしばあるし、正当だと考えられている。

また、わいせつ文書頒布や売春などの「被害者なき犯罪」とよばれる刑法上の犯罪類型においても、それらが法的規制の対象とされる根拠には、社会道徳の維持という要素が重要なものとして含まれている。こうした法的規制を自明と考える人々もいる一方、多数者が支持する社会道徳を少数者に強要するものだとして、これを問題視する見方も当然ありうるだろう。たとえば、わが国では法的な規制対象にされていないが、諸外国では同性愛行為が刑罰賦課の対象とされた例が数多くあり、その正当性をめぐって激しい議論が繰り広げられた。

法による道徳の強制の是非　法による道徳の強制の是非というこうした問題については、社会秩序の維持という目標に配慮を払いながらも、リベラリズムの根源にある「かけがえのない個人」または「個人の尊重」というより根本的な個人主義の価値を基礎に、かかる法的規制の正当性と限

界について慎重に考えていくべきであろう。そしてその際には，諸個人がそれぞれに追求・実行する多様でかつ独自の生のあり方を最大限に尊重するということを基本にしながら，そうした多様な生のあり方の共存を可能にするための最小限の規制のみが許されるという観点から，道徳的秩序が法により強制されうる限界を厳しく画定するという姿勢を基本とすべきであろう。

また，同じことは，私法秩序における社会道徳の位置づけについてもいえるであろう。たとえば，有責配偶者の離婚請求についてかつての判例は，婚姻の破綻のそもそもの原因を作った者が離婚請求をするのは道理に反するという道徳的な考慮により，これを認めないという立場に立っていた。ところが，そうした道徳的考慮による個人の自由の制約が，個人の意思や幸福への自由を過度に制限する場合がありうるということの認識から，判例が変更され，有責配偶者による離婚請求が場合によっては認められるようになった（最大判昭62・9・2民集41巻6号1423頁）。法による道徳の強制の度合いが，個人の尊重の理念にもとづいて緩和された1つの例であるといえよう。

Column ⑫　ケアの倫理

リベラルな法の基本原理に対抗し，あるいはそれに修正を迫るものとして注目されているのが，フェミニズム（→290頁）の一潮流に属する「ケアの倫理」の見解である。これは，発達心理学者のC.ギリガンや教育学者のN.ノディングズらの研究により知られるようになった，他者への配慮や気遣いに重きをおく道徳的思考であり，抽象的な公正性の原理を貫徹することを是とする伝統的な道徳理論とは対照的に，そのつどの個別・具体的な状況の中で，相手との特殊な関係の形成・維持を重視しながら，道徳的な紛争状況に対応すべきだと説くものである。

権利よりも義務・責任を重視すべきことを説くこのケアの倫理は，法

的カテゴリーや判断様式を関係性志向へと再編していこうとする最近の共同体主義的な法理論（契約論や不法行為論など）や，個人それぞれの具体的な「善き生」を念頭におく人権概念を構築しようという試みなどとも呼応して，法学の領域にも少なからぬ影響を及ぼしつつある。

また，医療や社会福祉の領域の専門職に求められる倫理としての意義も注目を集めており，そうした専門領域から法の介入を排除（つまり「非」法化）したり，あるいは逆に法のあり方の再編を求めたりする根拠として，このケアの倫理が引き合いに出される場合もある。

不快原理　リーガル・モラリズムの是非に関する以上の議論に従えば，わいせつ物陳列・頒布罪等のいわゆる道徳犯罪は，個々人の利益に還元できない単なる道徳的秩序の維持というためだけにそれが犯罪とされるのなら，個人の自由の規制として十分な説得力をもつものではない。その他の根拠も併せもつときにはじめて，そうした規制は十分な正当性をもつようになるといえよう。

その際，青少年の保護などを目的とする後述（→74〜78頁）のパターナリズムがその候補となりうるが，その他には，他者に対する——危害とはいえないまでも——著しい不快感を与える行為は正当な規制の対象となりうるとする不快原理にしか，こうした道徳犯罪への規制根拠を見出すことは困難だろう。たとえば，公の場での売春の勧誘は人々に著しい不快感を及ぼすがゆえに法的取り締まりの対象としうる，という理屈づけの仕方がそれである（なお，この種の問題は性犯罪に関係するものが多いため，問題の立て方に対しては，フェミニズムやセクシャリティ研究からの根本的な批判がありうる）。

ただし，不快感というのは主観性を帯びたものであるうえ，多数者の感情による少数者の権利・自由の侵害にこの原理が手を貸すこ

とになる危険性もある。たとえば，特異な性的傾向・性実践や宗教行為が，ただそれが不快だからという理由で規制対象になることは決してあってはならないだろう。

パターナリズムの問題点　パターナリズムとは，本人自身の保護のために，場合によっては本人の意に反してでもその自由に干渉することをいう。法的パターナリズムは，被干渉者の保護のためという理由で，法を通じて命令・禁止等の規制・指図を行うことを意味する。本人の生命・健康を守るために麻薬などの薬物の所持・服用を禁じたり，危険なスポーツの実施に対して一定の規制を行ったり，あるいは本人が将来十分な年金を得られるよう年金保険料の納付を強制したりするのが，その例である。

もともとは，父親が子の保護のためにその行動に干渉するという関係に由来しており，そのため，父権的干渉（保護・温情）主義などと訳されることもある。具体的には，ライフスタイル（服装・髪型，性交渉等），危険行為（ヘルメット・シートベルト着用等），人の生と死（自殺，末期医療等），犯罪・非行対策（非行少年の健全育成等），私法秩序（消費者保護等），社会福祉（高齢者，障害者等の利益保護），教育，家族生活などについて，当人の保護を理由にして強制ないし介入することの正当性が問題とされる。

個人の自律を理想とするならば，行われないにこしたことはないため，パターナリズムは，今も昔も一般的には否定的な意味で語られることが多い。しかし，現代国家においては，公権力機関による社会経済生活への広範囲にわたるパターナリズム的配慮・介入が，不可避の現実になっている。しかも，高度化・複雑化を遂げた現代社会においては，いくら自分のことだからとはいえ，個々人につねに完全な意味での自律や自己決定を要求するのは難しいし，それが不適切な場合さえある。たとえば医療の領域において自己決定を万

能視することの問題性が指摘されることがあるし,高齢者,青少年,障害者などの社会的弱者については,自己決定の"強要"がかえって過酷な事態を招くこともある。

これとは逆の面では,最近の医療技術の進歩にともない生命倫理に関する新たな問題が生じてきたこと(臓器移植,代理母,出生前診断などの妥当性)や,福祉国家の全般的見直しの気運や各方面での自己決定の意識の高まりとともに,これまで当然のこととして受け入れられてきたパターナリズム的干渉に批判の目が向けられるようになったことも,パターナリズムへの関心をかえって増大させるきっかけとなっている。

そうした事情を考慮して,パターナリズム的介入を公権力機関による強制の一類型として価値中立的に捉え,その上でその特質と正当性に分析を加えようという傾向が次第に強まっている。

パターナリズムの定義と類型

パターナリズムをどのように定義するかについては,パターナリズムの概念にその正当化規準も組み込むか否か,自由干渉の主体を公権力機関のみに限定するか否かなどの点について争いがある。個々のパターナリズム的干渉の是非を判断する正当化規準は別に考え,パターナリズムを「本人自身の保護のための,必ずしも強制をともなうとはかぎらない,その当人の自由への干渉」というように広く理解するならば,パターナリズムについては以下のような諸類型が挙げられる。

① 法的サンクションをともなう「強制的パターナリズム」と,それをともなわない「非強制的パターナリズム」(例:生活保護の給付を無駄使いしないように現金でなく現物で支給する場合)

② 被介入者の選択・行動が完全に任意的であっても干渉する「強いパターナリズム」と,何らかの理由で被介入者が適切な

判断能力を欠いて任意的な選択・行動ができない場合に干渉する「弱いパターナリズム」（例：重篤な病気，あるいは薬物服用や多量の飲酒等により判断能力が低下している者に対する保護的介入）

③　被保護者と被介入者が同一である「直接的パターナリズム」（例：刑罰法規により薬物の服用を禁じる場合）と，被保護者と被介入者が別人である「間接的パターナリズム」（例：自殺幇助を罪とする場合や，消費者保護のために食品会社に商品への添加物表示を義務づける場合）

パターナリズムの正当化

以上のようなさまざまなパターナリズム的干渉のうち，正当なパターナリズム的干渉とそれ以外を区別する規準としては，さしあたり以下の4つが挙げられよう。

①　被介入者が得る利益が損失を上回るパターナリズム的干渉は正当化されるとする「功利主義的原理」

②　被介入者の任意的でない行為・決定に干渉する弱いパターナリズムのみ正当化されるとする「任意性原理」

③　被介入者のより大きな自由を実現できるパターナリズム的干渉は正当化されるとする「自由最大化原理」

④　被介入者の何らかの同意が得られるパターナリズム的干渉のみ正当化されるとする「意思原理」

これらの規準のうち，①の「功利主義的原理」は，当人がより大きな利益さえ得られれば，当人の意思とは無関係に，何らの制約なくパターナリズム的干渉が正当化されるという点で不適切である。また，②も，弱いパターナリズムだけを正当なものと考え，任意的な選択・行動への保護的介入の可能性を一切閉ざす点で，規準として狭きに失する。さらに，③は何をもって本人の自由というかが不明確である上に，被介入者の意思尊重への配慮が十分でないという

点にも問題が残る。

したがって，個人の尊重と自己決定に重きをおく見方からは，パターナリズム的干渉が本人自身のためになることを本来ならば本人自身が承認するはずだと考える④の「意思原理」が，パターナリズムの正当化原理として一般的に最も説得的だと考えられている。

パターナリズムと本人の意思

しかしながら，当人の意思能力が欠如ないし不十分な状態において，本来なら本人が承認するはずだという意味での本人の意思の所在を確認しようとするのは，ある意味で矛盾した要請に応えようとするものであるし，実際問題としてもきわめて難しい。

もちろん，意思能力の欠如ないし不十分な状態に陥るに先立って，そのような状態に陥った場合の対処について本人の意思が事前に確認できているならば，それが著しく非合理なものでないかぎり，それに従うべきであろう（これは自己決定尊重の原理によるものであって，パターナリズムの射程外である）。

しかし，意思能力の欠如ないし不十分な状態にある当人に，そうした状態に陥った場合の対処について事前の意思が確認できていない場合や，あるいは当人の意思が確認できてもそれが著しく非合理である場合には，当人の保護のために介入することの正当性が深刻な問題となる。これこそ，パターナリズムの是非が問題となる典型的なケースといってよいであろう。

そうした場合の判断方法を一般的・抽象的に論じるのは難しいが，被介入者の利益を本人自身の作為ないし不作為による侵害から保護することの重要性を確認しつつも，それを公権力機関が後見的にかつ画一的に保護するのは適切ではないであろう。個人の人格の陶冶は各人各様にさまざまな試行錯誤を経て成し遂げられるという動態的な人格的統合性についての見方に立脚して，何らかの形で被介入

者自身の同意が獲得ないし想定できる形でのみ，パターナリズム的介入は自由な社会の基本原理とも整合的となり，許されることになろう。わいせつ物などからの青少年の保護や，医療における患者への治療についての法的枠組みも，基本的には同様である。

　また，パターナリズムによってのみ正当化される法的規制の例を挙げるのは難しく，公益的観点や他者危害の原理など他の正当化理由によっても裏づけられる規制が大部分である。たとえば，パターナリズムの典型例としてよく挙げられるシートベルト着用義務づけにしても，本人の生命・身体の保護のみならず，事故等の関係者の被る不利益を減らしたり，医療費や保険金給付の額を抑えるという意味をもつ。このように，個々の規制についてそれがどのような原理により正当化されるものかを見極めることも重要となるであろう。

Column ⑬　専門家の責任

　再三の批判にもかかわらず，パターナリズム的配慮の意義が否定し尽くされない理由の1つは，複雑化・高度化の進んだ現代社会においては誰もがみずからの生を遂行していく上で，多少の差はあれ何らかの専門家の知識・判断・技能に依存することが避けられないという事実にあるといえよう。たとえば，医師・看護師，ソーシャルワーカー，教員などの専門職がそれである。

　専門家とクライアントの関係は，対等な当事者間の契約関係として法的には構成される（福祉の領域でもいわゆる「措置から契約へ」の転換により，契約関係を基本とする方向に大きく変わった）が，高齢者に対する福祉・医療サービスの提供などを考えれば容易に想像がつくように，両当事者の間に完全な対等性があると想定するのは難しい。

　そこにはむしろ，クライアントが専門家に依存する一方，専門家はクライアントの利益のために活動する，という関係をみて取ることができよう。英米法系の法理論には，クライアントに自律性・対等性を強要することの弊害を防ぐ一方で，それが専門家による権威的な一方的保護の

関係に転化するのも防ぐため,こうした法律関係を「信認」関係と捉え,当該専門家を「受認者 (fiduciary)」として理解しようという見解がある。契約関係とパターナリズム関係の二者択一をこえる,応用可能な範囲が広い理解の仕方の1つとみることができ,たいへん興味深い。

また,こうした専門家の責任の問題は,大学の法曹養成においても本格的に始動するであろう法曹倫理(リーガル・エシックス)教育のあり方との関係でも注目されることになるだろう。

法の限界

以上にみたように,法による規制は決して万能ではないということの確認が重要である。法のそのつどの守備範囲は,①法の基本原理に照らして正当化されうるものか,②法の基本的特質——その内的構造や作動様式による制約——および規制対象の性質からみて法的規制になじむものか,という観点から,たえず反省的に確定されねばならないのである。

法は,一見したところ,規制手段として高い即効性・実効性を有しているように思われるため,社会において問題が生じると法的規制が容易に求められる場合が多い。もちろん,社会に起こるさまざまな紛争の解決にあたり,法の基本原理や法的概念が援用され,それらが有益な手段としての役目を果たしてきたという事実を考慮すれば,法の果たす役割は高く評価されてよいであろう。そのような意味での「法化社会」の進行に対しては,欧米で問題となっているいわゆる「訴訟社会」化への危惧はあるものの,共同体的紐帯に個人が縛られてきたというわが国の社会の歴史的経緯を考慮するならば,一般的な傾向として望ましいことといってもよいであろう。

しかし,社会の各領域——経済,教育,宗教,家族など——で起こる諸問題については,それぞれの領域内での自主的対応に委ねる

ことが可能であるならば、そのような対応をとるのが望ましいであろう。法的規制ないし法的処理は、基本的には最終手段としての位置づけをしておき、各社会領域での対応において著しい自由・権利の侵害がみられる場合などに、法が適切なかかわりができる仕組みを社会の中に確立することが肝要であろう。公権力への依存傾向が強いといわれるわが国においてはなおさら、安易な形での法への依存には慎重であるべきであろう。

自然法論と法実証主義　このように、社会の各領域からの要求に法システムがどのように応えていくべきかという視点で法の守備範囲の問題を捉えていくならば、「自然法論と法実証主義」という古典的な問題に別の角度から光があてられるであろう。

自然法論と法実証主義の対立が最も先鋭な形で現れるのは、先にも述べたように（→ *Column* ④〔34頁〕）、いわゆる悪法問題においてであった。すなわち、正統な手続を経て制定された「法」が、道徳的にあまりに邪悪なものであるとき、その「法」は法としての資格を奪われ、法的拘束力を失うのか、あるいは、法として成立した以上は正式な法であり、その内容いかんにかかわらず、法としての効力をもつのか、という問いである。

だが、革命のような極限的な状況においては、何が拘束力をもつ法かという切迫した問いが提起されるものの、社会の中で一定の法システムが安定的に作動している日常的な状況では、自然法論と法実証主義の対立は、むしろ法の運用の仕方の違いになって現れるとみることができよう。

すなわち、自然法論は、法システムの環境に対する認知的な開放性を強調し、法システム外の要素や基準を法の運用に積極的にかかわらしめることを主張する。これに対して、法実証主義は、法シス

テムの規範的な閉鎖性を重視し，法システム外の要素や基準をシステムの内部に取り入れることには慎重な姿勢をとるのである。

Column ⑭　法実証主義と自然法論の対立をこえて

　本節では法システムの規範的閉鎖性と認知的開放性の調整という観点から読み替えたが，「自然法論対法実証主義」という対立が法学・法哲学上きわめて重要な意義をもってきたという事実には変わりがない。とりわけ第二次大戦後のドイツでは，両者の対立をどのように克服するかが大きなテーマであった。

　すなわち，統一的・客観的な自然法の存在把握という永遠の課題に接近するため種々の認識の収斂という方法を説いたA. カウフマンや，カントの人格倫理を批判的に継承する人格主義法哲学を展開したH. ヴェルツェル，M. ハイデガーの存在論哲学を批判的に引き継ぎつつ実存主義的な「事物の本性」論を展開したW. マイホーファーらがその代表であったといえよう。

社会的要求と法システム

　社会からつきつけられるさまざまな要求に対して法システムがどのように応えていくかについては，種々の対応の仕方が考えられる。1つは，法システムの所与の構造を前提にした上で，それと相容れる仕方で社会のさまざまな要求に応え，社会的機能を果たすというやり方である。

　たとえば，「利益衡量論」（→ *Column* ㉞〔243頁〕）など，法的決定の結果を考慮に入れた法的思考を行うべきだという主張がその一例である。すでに述べたように，法的思考においては，既存の法規範に依拠して事案を処理することに重きがおかれ，法的判断のもたらす将来的効果は二次的に考慮されるにすぎない。これに対し，利益衡量論は，法的決定が社会に与える影響を法システム内にフィードバックさせることにより，社会からの要求に応える法的思考を実践

3　法の射程と限界

しようと提言するのである。

社会の要求に開かれた法システムを実現するもう1つの方法は，法制度そのものの改革である。わが国では今日，陪審制ないし参審制（2001年6月12日発表の司法制度審議会最終意見書では「裁判員」〔仮称〕制度）の導入によって裁判への市民参加の途を開いたり，あるいは法曹人口を大幅に増やすとともにその養成制度も改革し，社会の要求に応えうる司法システムの実現に向けての動きが活発化している。

現実の制度的枠組みを前提にした上で，さらには司法制度を改革することを通じて，国民の要求に応えうる法システムを実現しようとするこうした試みは，法そのものの運用をその本来の担い手であるべき社会一般の人々の手に取り戻す上で重要であるといえよう。

だが，法がその基本的特質を失わないことが，法が適切に機能する上で重要であることは改めて指摘するまでもなかろう。法が社会の諸要求に開かれたものであるべきことは当然であるとしても，だからといって，何でも法で解決できるとする法万能主義に与することに対しては，一定の構造化された思考を中核とする法システムを適切に作動させる上で，慎重でなければならないであろう。

第3章　法的正義の求めるもの

(中世犯罪博物館所蔵，ドイツ ローテンブルク)

本章および次章では，法価値論，とりわけ正義の問題を論じる。次章では，近代ないし現代に特徴的な法と国家と正義の問題を扱うが，本章はその導入部と考えてよい。以下ではまず，古代から現代にいたる間に登場したさまざまな正義観念を網羅的に概観する。次に，近代，とくに19世紀末から20世紀前半にかけて優勢となった価値相対主義の思想と理論をとりあげる。最後に，正義の問題に対する取り組み方が，倫理学と法哲学とでどう違うかという問題を，リベラリズムの思想に言及しつつ検討する。

1 正義の観念

正義観念の多様性

正義が道徳上の徳目のうちで，とくに法とかかわりの深いものであることは古くから広く認められている。しかし，法と正義がどのような形でかかわりあうのかについては，正義の観念が多様であることもあって，必ずしも広範な一致があるわけではない。とりわけ，法学や法哲学で強調される正義の観念と倫理学や政治学，経済学など他の分野で強調される正義の観念との間に，微妙な相違があることに注意する必要がある。

以下ではまず，以下の諸章でたびたび登場する，法と正義との関係を理解するための準備作業として，古代から現代にいたる，正義の定義に関するさまざまな考え方を整理しておきたい。

戦争の正義

学問的な正義論の文献を別にすれば，「正義」ということばが最もよく登場するのは軍歌である。そこでは，「正義」ということばは，自国が道徳的に正しく，敵国は間違っており，成敗されても仕方がない，ということを強調するために使われているにすぎない。そこには，とりあげるに値する「正義」に関する特段の考え方がそれ以上示されているわけではない。だが，正義ないし正義論への不信は，このような正義の用法からも生じたということは知っておくべきであろう。

もちろん，どのような場合に戦争が許されるかという，多少なりとも学問的な正義論の分野もあり，とくに中世から近世にかけて，自然法論的枠組みの中で「正戦論」として盛んに研究された。そこでは，以下でとりあげるものも含め，さまざまな正義の考え方が援用された。ここでは，正戦論の内容に立ち入ることはせず，戦争と

正義という語の伝統的に密接な結びつきを指摘するにとどめる。

応報としての正義

応報は、いついかなるところにもみられる正義の最も普遍的な観念であるといってよかろう。「やられたらやり返してよい」、「やられたらやり返せ」といった表現は、応報としての正義に対応するものであり、どのような人に対しても、程度の差はあれ、訴えかけるものがあろう。応報は、傷害や殺人など、どこにおいても異論の余地なく犯罪とされる行為がなされた後ではたらくものと考えられている。

応報としての正義は、「やられたらやり返してよい」という表現からわかるように、やられた者の権利であることもあるし、「やられたらやり返せ」という表現に表されているように義務であることもある。義務としての応報の典型的場面は、自分が直接の被害者であるときよりも、同胞が直接の被害者であり、同じ部族の一員として自分にも直接の加害者ないしその部族に対する報復の義務がかかってくるという場合である。したがって、義務としての応報は、一般に部族的生活様式を背景として成立するといってよかろう。

有名なハムラビ法典の「目には目を」「歯には歯を」というフレーズは、加害と報復の等しさを主張し、応報という観念に等しさという観念を付加した同害報復の原理を意味するものと理解することができる。

互恵としての正義

応報としての正義は、他人からうれしくないことをされたときにはたらく正義観であるが、これと対照的に、他人から恩恵を受けたときに、それにふさわしい行為を返すことを要求する正義観は、互恵としての正義とよぶことができる。

たとえば、ロールズの正義論では、他の市民の協力を前提に自分も協力するという形で、互恵性（reciprocity：互酬性）が枢要な地位

をしめている。他人からの恩恵または協力を条件にする点で，互恵としての正義が単なる利他主義と異なることに注意する必要がある。

アリストテレスの正義観

西洋の正義論の歴史において，後代に最も大きな影響を与えたのがアリストテレスによって『ニコマコス倫理学』で展開された正義の観念の定義であることについて異論はない。

だが，現代においてアリストテレスの正義論を理解するにあたっては，その適用がポリスの中でなされることを前提にしていたということ，したがって，同じような定義であっても，それを現代的観点から安易に理解すると誤るおそれがあるということに注意しなければならない。

とりわけ，ポリスが市民と外国人，市民と奴隷，市民の中での貴族と平民，といった異なる階層からなる身分制社会であったこと，また，現代と比べるとポリスでは，政治や行政の組織化および役割分担の程度は低く，立法と司法も未分化で，通常，両者とも公開の場における市民による演説と投票という方式で行われていたということに注意する必要がある。にもかかわらず，正義に関するアリストテレスの説明の多くは，適当な修正を施せば，現在でも十分に通用するものである。以上のような点に留意しながら，以下，アリストテレスの正議論の要点を紹介しよう。

適法，あるいは道徳的正しさとしての正義

アリストテレスは，正義の最も一般的な定義として，正義を適法ないし違法と同一視する。法にかなっていることが正義なのである。しかし，その場合，「法」の観念が現代人の理解するそれとは若干異なっていたことに注意する必要がある。アリストテレスがそこでいう「法」とは，道徳と未分化，あるいは道徳と一体のものであり，その究極の目的は，「ポリスの中で，ポリスの一員として

善く生きる」ような有徳な人格を養成することにあった。

それゆえ、アリストテレスの考える適法的正義を、法律の内容を度外視して、ともかくも現行法に従うことが正義であるとするような近代的な法実証主義的正義観と同一視することは誤りである。

法と道徳が一体であるとすると、適法としての正義と、道徳的に正しいこととを厳密に区別することはできない。今日でも、道徳的に正しいことを正義とする、正義ということばの用法は残っており、その場合、「正義」は、すべての徳目に適用可能な、倫理学上のメタ概念（→ *Column* ⑮）ということになる。

Column ⑮　メ　タ

　メタ概念、メタ理論、メタ学問などの用語に登場する「メタ」という接頭語は、「メタ」の後にくるものの一段上のものであることを示す語である。たとえば、メタ理論は、理論について論じる理論であり、メタ学問は、学問について論じる学問である。論じられるレベルを対象レベル、論じるレベルをメタレベルという。

　メタと対象の区別は、論理学の意味論における、対象言語とメタ言語の区別に由来する。言語について論じるとき、それについて論じられる言語を対象言語といい、論じる際に用いる言語をメタ言語という。対象とメタという区別は相対的なものであり、客体として存在する事物を記述する言語を対象言語というわけではない。また、メタ言語について論じる言語はメタメタ言語とよぶことができる。

法の一般性と衡平　　法がある種の場面を規制するために文言として定式化される場合、法はその文言にあてはまりそうなすべてのケースについて、その特殊性を完全に考慮して定式化されているわけではない。

アリストテレスによれば、法の文言はむしろ、例外的なケースを

捨象したうえで，一般的な形で表現されているものとみるべきである。したがって，その法が予定する典型的なケースでは，文言通り法に従うことが正義であるが，例外的なケースでは遵法は正義を必ずしも意味しない。アリストテレスは，例外的なケースの事情に即した，法の一般的ルールからはずれる取り扱いを個別的事件における「衡平」の観点から正当化した。

等しさとしての正義

適法的正義および衡平が，道徳一般または実定法一般との関係で定義されたのに対し，正義を勇気や正直などと並ぶ道徳上の一徳目とみなす場合，アリストテレスはそれを，「特殊的正義」とよび，ある種の「等しさ」と定義した。彼はさらに，この「等しさ」を2つに分類し，一方を比例的等しさ，他方を算術的等しさとし，それぞれ「配分的正義」，「矯正的正義」に対応させた。

配分的正義

配分的正義は，便益または負担を市民の間で分ける場合に，それを各市民の何らかの意味での「価値」(desert)に比例して配分することを要求する。古代ギリシアのポリスにおいて，配分されるべきものの典型は，戦費と敗戦国からの賠償金とであった。配分の基準となる価値とは，貧富の程度，身分・家柄，貢献の程度，各種の能力などである。

便宜上，2人の市民について説明すれば（丙以下他の市民がいる場合も同様である），幾何学的比例に応じた配分を旨とする配分的正義は，配分を受ける市民，甲，乙の価値(desert)の比がA：Bであるとき，配分される物の価値(value)の比もA：Bであることを要求する。

配分的正義は，「（何らかの）価値に応じて等しく」ということを要求するが，どの価値に応じるべきかは指定しない。応じるべき価値を特定した場合を「実質的」正義という場合がある（ただし，後

述〔→95頁〕するように,「実質的正義」ということばは,他の場面でも用いることがある)。

矯正的正義

矯正的正義は,2人の人の間での不法行為または不当な取引において,算術的な等しさを回復するためのものである。甲が乙へ不法行為によってCという価値 (value) の損害を与えたとき,あるいは,甲乙間の不当な取引によって,甲が利得Cを得,乙が損失Cを被ったとき,矯正的正義は,Cという価値を甲から乙へ返却することを要求する。

矯正的正義が不当取引および不法行為における事後的救済をめざす点に注目して,アリストテレスはそれを,裁判の正義と位置づけている。

交換的正義

アリストテレスは,応報としての正義に触れる文脈で交換的正義にも言及している。交換的正義は,売買や交換,またはそのための契約の場面ではたらく正義であり,給付と反対給付との(金銭的)価値の等しさを要求する。等価交換の要求と言い換えてもよい。

矯正的正義も,事後的な算術的等しさを要求する点である種の等価交換の要求を含んでいるが,交換的正義はむしろ,交換がなぜ起こるかを説明するものである。甲と乙がベッドと靴を交換しようと思っているとき,ベッドが靴の10倍の値打ちだとすれば,ベッド1台と靴10足とが交換される(反比例の関係である)であろうし,それが正義にかなっていることでもあろう。貨幣は,そうした価値を通約し,物々交換を媒介する機能をもつ。

等しき者は等しく

「等しさ」にかかわる正義の定式化として,アリストテレスは,算術的等しさと比例的等しさの他に,「等しきものは等しく,等しからざるものは等しからざるように」というものも挙げている。この定式化は,現代人の

1 正義の観念

目からみれば,「等しき事例は等しく取り扱え」という後述(→95頁)の「形式的正義」の原則と同一のものを意味するようにみえるが,古代ギリシアが身分制社会であったことを考慮すれば,むしろ,配分的正義すなわち比例的等しさの内容の一部に対応するものとみたほうがよい。

価値に応じた等しさを要求する比例的等しさは,同じ価値の者を同じに扱うことを当然に含んでいる。したがって,アリストテレスの「等しきものは等しく,等しからざるものは等しからざるように」という定式は,(とくに身分の)「等しき者」の間では等しい扱いをし,しかも身分の異なる者とは違った扱いをすべきことを原則的に要求するものと理解することができる。

矯正的正義が要求する算術的等しさも,アリストテレスにおいては,同等者の間でのみ成立するものであった。たとえば,市民が奴隷に不法行為をはたらいた場合,被害と賠償の算術的等しさは要求されず,むしろ,市民どうしの不法行為の処理とは異なる扱いをすることが要求されたのである。

アリストテレスの正義観と近代ないし現代の正義観

すでにふれたように,正義という同様のことばでよばれていても,アリストテレスの正義と近代ないし現代の正義とでは,その意味に微妙な違いがあることに注意する必要がある。とりわけ,交換および配分の正義については注意が必要である。

交換の正義の現代的意味

交換的正義という正義観念は,正義の一内容として今日でも十分に通用するものであるが,中世から近代を経て,現代に近づくにつれて,給付と反対給付,または被害と賠償の等価性という点よりも,所有と契約の尊重という点に重点が移行してきた。「他人の占有ないし所有を侵害してはならない」,「契約は守らなければならない」という項目は,ほ

とんどすべての自然法論に含まれており，これらを無視するような実定法もほとんど存在しない。

しかし，等価性の要求については，価値が主観的なものと考えられるようになるにつれて，厳密な形でそれを維持することが難しくなってきた。アリストテレスは，物と物との価値を比較する客観的尺度が存在することを前提していた。確かに，金銭的尺度というものは存在するが，物をどれだけの金銭的価値があると評価するかは人によって異なる。第5章でとりあげる「法と経済学」（→255頁）においては，交換にあたって，両当事者がともに，自分が給付する物と相手方から給付される物とを比べて，後者のほうが価値があると主観的に判断するからこそ，交換が成立すると考えられている。

したがって，今日では等価性の要求は，誰がみても明白に不等価な交換は是正すべきであるという交換的または矯正的正義の要請として現れる場合を除いて，契約遵守の正義に吸収されているとみてよい。交換を約する契約は，交換前に比べて交換後には，お互いに状態が改善されると考えるからこそ成立するのであるが，詐欺や脅迫がないかぎり，それを一種の「等価交換」とみなすことは可能である。したがって，今日では，交換の正義は，「契約を守るべし」という要求およびそれに付随する詐欺・脅迫の禁止とほぼ同じものを指すと理解してよかろう。

分配の正義の現代的意味

社会全体の便益または負担の配分にかかわる，アリストテレスの意味での配分的正義の観念は，現在でも使用されている。たとえば，ロールズが，社会的協働による生産から生じる（社会的協働がない場合と比べた）余剰の配分を正義論のテーマの一部とする場合がそうである。

正義論の多くにおいて，「配分」と「分配」とは区別されていない。どちらも，何かを誰かに分けること，あるいは，その分け前を

指すものとして，大雑把に把握されている。しかし，経済学は，「配分」と「分配」を厳密に区別する。「配分」という用語は，財の生産にあたって，資本や労働，原料といった資源をどこにどれだけ投下するのかということについて用いられる。他方，交換を通じた生産と消費をめぐる経済活動の結果，所得と富の分布に関して一定の状態が生じる。経済学では，それを所得または富の「分配」という。資源配分の結果，所得の分配が生じるのである。

経済活動の結果生じる所得または富の分配は，貧富の差をともない，必ずしも正義にかなったものとはならないだろう。結果として多少の貧富の差が生じること自体はしかたがないとしても，経済活動の結果は初期分配，すなわち経済活動の当初において，各人がどれだけ資源や富を保有しているかに依存しているから，分配が交換の正義にかなった仕方で達成されたものだとしても，それが本当に正義にかなっているかどうかについては疑問の余地があろう。ここから，分配を多少なりとも平等化するために，所得ないし富の再分配の要求が出てくる。これを事後的な，あるいは結果における「分配の正義」の要求という。その代表的な実現手段としては，政府を通じた課税と補助金による方法がある。事後的な分配の正義の要求根拠は，事前の不平等にあるとしても，その直接の目的は結果の平等の実現である。

所得や富など金銭的評価が容易なものについては，「分配」という用語はふさわしい。しかし，分配の不正義は，所得ないし富の初期分配だけでなく，金銭的に評価しにくい各種の権利の「分配」の（実質的）不平等にも依存している。ちなみに，ロールズの正義論は，結果としてえられる所得の平等化よりも，事前における権利の実質的平等化を狙いとするものである。権利に対し「分配」を用いるか「配分」を用いるかについて，現代の正義論文献は一定しない

が，「配分」のほうが適切だろう。いずれにせよ，「配分的正義」，「分配的正義」のいずれのことばを用いるかということよりも，それぞれの文脈で，論者が正義のどの側面を問題にしているかを理解するよう努めることが重要である。

権利・義務としての正義　以下では，アリストテレスによる正義の定義に含まれてない正義の観念をとりあげよう。

ストア派（→ *Column* ⑯〔94頁〕）の影響を受けた，古代ローマの有名な法律家ウルピアヌスは，正義に対して「各人に各人のものを配分する恒常不断の意思」という定義を与えた。

「各人のもの」とは，「各人の当然受けてしかるべきもの」という意味であり，権利と義務の双方を含む観念である。したがって，先の定式は，各人にその権利・義務を配分せよという正義の要求に他ならない。それは，権利・義務の内容を特定するものではないが，正義が個人の権利または義務の観点から把握可能であることを明示した点で注目に値する。

ウルピアヌスの定式をアリストテレスの配分的正義と同視する解釈もあるが，両者が配分にかかわる点では一致するとしても，前者が比例的等しさを含意するものではない点，また，前者は矯正的または交換的正義についても適用可能な定式である点に注意する必要がある。いずれにせよ，ウルピアヌスの定式は，さまざまな正義観念と両立するきわめて一般的な正義観であり，個人の権利・義務という観点から正義をとらえている点に思想史上重要な意義がある。

調和としての正義　古代ないし中世においては，個人の観点から正義を捉える見方と並んで，あるいはそれ以上に，国家または社会全体の観点から正義を捉える見方が存在した。その代表は，プラトンの正義観である。彼は，為政者，軍人，

1 正義の観念

農民・職人という階層化された理想的なポリスの身分秩序の中で，各人がその分を尽くす，つまり，割りあてられた役割を分相応に果たすことによって，ポリス全体の調和が保たれることを正義と考えた。

Column ⑯　ストア派

アレキサンダー大王の遠征後，ギリシアのポリス社会は崩壊し，ヘレニズムの時代に入った。そこでは，不安定な社会秩序にあって，安定を自己の内面世界に求める思想が流行した。

政治や日常の雑事から距離をおいた無関心な心のあり方を理想とするエピクロスの逆説的な快楽主義もその１つであったが，これに対して，ストア派は，理性に従って生きることに心の安定を求めた。

ストア派の思想は，孤立した個人という超然的個人主義の社会思想も生みだしたが，その一方で，個人はみな宇宙の法則に支配されるという考え方とも結びついた。この宇宙の法則こそ，ストア派の考える「自然法」である。この自然法は，個人が属する社会や体制を超越するものであった。そこから，人類の平等を含意するコスモポリタニズム（世界市民主義）の思想も生まれた。宇宙の法則たる自然法はまた，人間だけでなく，生物全般に妥当するものとされた。いうまでもなく，そこではまだ存在と当為は峻別されていない。

こうしたストア派の思想は，やがてローマに伝わり，上流知識階層の間に広まった。そのような者として，キケロ，セネカ，マルクス・アウレリウスが有名である。

共通の正義

社会全体の幸福を正義とみなす見解は，古来有力であり，中世キリスト教世界における「共通善」の思想や，近代ないし現代の「公共の福祉」の思想がその代表である。それらをここでは「共通の正義」の思想と総称し

ておこう。そこで問題となるのは、個人の幸福と全体の幸福との関係である。「共通の正義」は、原則的に、全体の幸福は個人の幸福と一致すると考えるが、その一方で、「社会全体のために尽くせ、自分を犠牲にせよ」といった、博愛主義ないし利他主義の思想をも含むものであった。近代の功利主義（→126頁）も、その個人主義的側面を捨象すれば、「共通の正義」の思想の系譜に属するものである。

形式的正義

「等しき事例は等しく取り扱え」という要請、または「等しき事例は等しく取り扱ってよい」という許容は、法をルールとみなす考え方または法における類推の基礎にある正義観である。これは一般に「形式的正義」とよばれる。どの点で等しいかを特定すれば、実質的なルールを構成することができる。たとえば20歳以上のすべての国民に選挙権を付与するルールは、20歳以上の国民という点での等しさに注目したルールである。形式的正義は、何らかの点で等しいかぎりで、等しい取り扱いを要求するが、どの点に着目すべきかについては言及しない。後者の点は、実質的正義の問題であり、実質的な正当化が要求される。

形式的正義は、ルールの一般性というよりも、その普遍性、すなわち、何らかの観点から同一であるすべての事例に妥当すること、を要求する。一般性ということばは多義的であり、普遍性を意味することもあるが、アリストテレスが法の一般性と衡平との対比で示した「一般性」は、原則と例外の区別にかかわるものであり、形式的正義が含む普遍性の要請とは直接関係がない。

また、衡平が形式的正義と矛盾しないものであることにも注意する必要がある。裁判官が個別事情に即した判決をした場合、形式的正義は、その事件と（判決の根拠となった事実ないし理由に関して）同

種の事件についても同様の判決を下すことを要求する。法の一般性と衡平の対比の背後には，個別ケースで生じるかもしれない細かい事情をすべて考慮して法を制定することはできないし，その必要もない，という考え方がある。

普遍化可能性

道徳的判断について普遍性が要求されることがある。つまり，ある個別事例について，問題になっている行為が善いとか正しいという判断を下す場合，その判断の根拠となった当該事例の事実的特徴と，本質的に同一の特徴を有する他の潜在的事例についても同一の判断を下す用意がなければならないという道徳的要請である。これは，法における形式的正義と実質的に同一のものであるが，道徳判断の「普遍化可能性」の要求とよばれる。

普遍化可能性は，あらゆる道徳的判断に対して適用されうる正義の基準であり，他のすべての正義基準と両立しうるものである。たとえば，アリストテレスの矯正的正義や配分的正義についていえば，算術的等しさにせよ，比例的等しさにせよ，いったんある観点から等しいと認定したものについて，普遍化可能性は，同じ観点からみて等しいものについて，等しい扱いを要求するのである。

普遍化可能性は，道徳判断においても要求されるが，法律家の実際の判断において大きな比重をしめている点で，法的思考とかかわりの深い正義観であるといってよかろう。どの点に着目して同じに扱うかは異論の余地のある問題であるとしても，ある点に着目した場合，その点について同じかどうかの判断は誰でも比較的容易にできる。したがって，紛争の解決をめざす法律家が，先例と同じかどうかに注意を集中しがちであるのには理由がないわけではない。しかし，どの点に注目すべきかという問題を度外視して，形式的に同じかどうかだけを問題にしがちな法律家とその思考については昔か

ら批判も強い。

　また，どのような法的主張であっても，普遍化可能性の要請を満たすように定式化することができる。それをルールの形で述べればよいのである。しかし，その主張が理論的には普遍化可能であっても，実質的には，自分の利害を普遍性の偽装のもとに主張しているにすぎないことも多い。この点でも，どの観点が重要かに関する実質的正義の論争を抜きに，普遍化可能というだけで法律問題について決着をつけることには問題がある。

立場の互換性　　上に述べた意味での普遍化可能性と混同または同視されることが多い正義の考え方として，「立場の互換性」とよぶべきものがある。それは，「相手の立場にたって考える」という，どこにでもみられる道徳観の一形態であるが，正義論の文脈では，「ある主張，とりわけ権利主張をする場合，それと同様の主張を他人にも認めなければならない」という考え方として定式化することができる。

　このような立場の互換性の考え方が，「普遍化可能性」の一種とされることもあるが（→181頁），厳密には区別することができる。立場の互換性は，形式的正義の意味での普遍化可能性を含むが，それ以上の内容をもっているからである。このことは，立場の互換性としての正義とアリストテレスの配分的正義とは対立することがあるが，両者とも普遍化可能性とは両立する，つまりルール化することができる，ということを考えれば明らかであろう。

手続的正義　　法的思考と密接なかかわりがある，形式的正義と並ぶもう１つの正義観として「手続的正義」とよばれるものがある。これは現在では，法学においてだけでなく，後述（→101頁）する社会的正義の理論においても，重要な地位を占めるようになった正義の観念である。

社会的正義論の分野では、手続的正義の考え方は、実質的正義の問題について一致が得にくいという現代的状況を背景に登場した。それは、実質的正義の基準について一致がない場合に、一定の手続を経て出された結論を正義にかなうものとみなすという考え方である。あるいは、一定の手続を経ていないかぎり不正義とみなす、というもっと弱い手続的正義の考え方もある。

　いずれにせよ、そこでは、その手続については合意がある、あるいは少なくとも、合意が得やすいということが前提されている。また、その手続の内容が実質的正義にかなった結論を導く蓋然性が高いものでないと、手続の内容に関する合意を得ることは難しいであろう。したがって、手続的正義においては、形式的正義と異なり、手続の実質内容も問題になるという点に注意する必要がある。

　ちなみに、ロールズが正義原理を導出する際に用いた原初状態における無知のヴェールの下での合意というアイデアは、手続的正義の観念を社会的正義の理論に応用したものである。また、正義原理を満たす背景的制度に従った活動は、その結果がどうであれ正義にかなったものとみなす、というロールズの考え方もそうである。

法における手続的正義　法における手続的正義は、もう少し複雑である。実質的正義の問題について合意が得にくいことを背景として登場した点では、社会的正義論における手続的正義の場合と同様である。

　しかし、法は決定の権限を分散すると同時に組織化したシステムである。したがって、第1に、決定の権限と手続の問題、つまり、誰が何に関してどこまで権限をもち、その権限はどのような手続に則って行使されるべきかという問題、第2に、決定の正統性（→*Column* ⑰〔100頁〕）と事案に対する適合性という問題がシステムの編成にとって決定的に重要となる。実質問題についてしばしば異論

が生じるのは確かであるが，法，とりわけ現代法は，人々の行動を調整し，紛争を解決または予防するために，実質問題をさまざまなレベルに分けて取り扱う。

　出発点にくるのは，私人または私人間の行為であろう。そこでは，一定の手続的要請が満たされているかどうかという観点から，当事者の交渉のみによって事件が解決されることもあろう。その手続的要請は，立法に直接由来する場合もあるし，立法に授権された行政機関が発する場合もあろう。その場合，手続の内容だけでなく，立法と行政の機能的役割分担とその正統性も問題になろう。こうした問題が司法にもたらされた場合，裁判所は，手続的制約の枠内で，みずからの資源および能力と正統性の範囲内で適切な決定を下さなければならない。

　裁判における手続の実体的内容としては，両方の側の意見を十分きくこと，自分が利害関係をもつ事件の裁判官となってはならないことなどが古くから，手続的正義の観点から要請されてきた。そうした手続を満たしていない決定は不正義であると同時に違法であるとするかぎりでは，社会的正義論における手続的正義の考え方と基本的に同一である。

　だが，裁判の場面にかぎっても，法における手続的正義の運用が難しいのは，裁判所は，当該事件に関与した人または機関の機能分担のあり方をその適合性と正統性を考慮しながら検討した上で，実体的ルールと手続的ルールの双方を解釈・運用しつつ，当該事件にみずから決定を下さなければならないからである。そこでは，行政や司法による裁量が問題になるが，それが正統性の観点からだけでなく，事案への適合性と，各機関が有する資源・能力との観点からも問われるがゆえに，それに答えることは容易ではない。にもかかわらず，事件に直面する人または機関は，ともかくも決定を下さな

1　正義の観念

くてはならないのである。

このように，法における手続的正義の実際の運用は相当に複雑であり，従うべき手続が予め存在し，それに従った結論は正義にかなっているといった単純な考え方ではやっていけない。私人を含め，権限を分散された各機関が，みずからの能力と正統性の範囲で，事案にふさわしい解決を追求しなければならない。そこでは，手続的正義という考え方がそれだけで，決定内容の正当性の基準を与えるわけではないが，法を道徳のように，行為と実体的ルールという単純な枠組みで捉えることができないことを明らかにする点で，法における手続的正義の考え方はきわめて重要な現代的意義をもつ。

Column ⑰　正当性と正統性

正当性と正統性は異なる概念である。それぞれ，英語の rightness, legitimacy に対応する。いずれも，規範，または規範に従う根拠にかかわる。ここでは，規範とは，命令，禁止，許可を指示するものと考えておいてよい。

正当性は，規範の内容の正しさにかかわる概念であり，何らかの観点または基準に照らして，問題になっている規範が正当である，あるいは正当でない，という。

正統性とは，規範または規範発令者への服従の根拠にかかわる概念であるが，それは，規範内容の正当性以外の「正しさ」の根拠にかかわるものである。規範が，不服従の場合の制裁を恐れるという動機からのみ服従される場合は，その規範は正統性を欠いている。しかし，それ以外の場合は，規範は，服従者からみた何らかの（規範内容から独立の）「正しさ」の要素を含むものである。

人が規範に従うとき，それが内容的に正しいから従うということもあるが，服従の根拠がそれ以外の要素にあることも多い。たとえば，「そう法律が要求しているから」，「伝統的にそうなっているから」，あるいは「私が信服するあの人の命令だから」従うということがある。ウェー

バーは，こうした服従根拠の問題を「支配の正統性」という視角から分析した。

現代の民主主義的社会において最も重要な正統性は，民主的正統性であり，議会の法律が多くの国民の声を反映して制定されたかどうか，少数派を排除することがなかったかどうか，また，行政や司法は，民主的な立法にどの程度拘束されるのか，ということが問題になる。

社会的正義

「社会的正義」あるいは「社会正義」ということばは，現在の日本では，きわめて多義的で曖昧な仕方で使われている。たとえば，弁護士の使命を規定する弁護士法第1条にいう「社会正義」が，同条に同じく使命として並列されている「基本的人権の擁護」とどのような関係にあるのかは容易に理解しがたい。

そもそも，「正義」は，社会があってはじめて意味をもつ概念であるから，「正義」の他に「社会（的）正義」ということばが果たして必要かどうかということすら問題となろう。しかし，現代の正義論においては，社会的正義の概念が何に関するものかについては広範な一致がある。

それは，社会における権利・義務の配分，あるいは，所得・富の分配にかかわる概念である。そのかぎりで，現代の社会的正義の理論においては，配分ないし分配の正義が問題になっていると考えてよい。だが，それがアリストテレスのいう配分的正義と同じものではないことに注意する必要がある。現代の社会的正義論で使用される「配分的正義」ということばは，どちらかというと問題の所在を示す概念であって，必ずしも，比例的等しさといった配分の基準を含む概念ではないからである。

しかもそこでは，配分ないし分配の役割を多少なりとも，政府ま

1 正義の観念

たは国家が担うべきものであることが前提されている。しかし，何が正義にかなった配分ないし分配であるかは，まさに現代正義論で争われているものであり，社会的正義の概念を，その実質的内容に関して，ここで明確に定義することはできない。

ただし，「社会的正義」という用語を使用する正義論は一般に，自由よりも平等を重視する傾向があるということは指摘しておいてよかろう。というのは，個人の自由を徹底的に重視する場合，政府や国家が対処すべき問題として，「社会的」正義を考える必要がなくなるからである。

社会的正義の指導的理念が平等である場合，社会的正議論の重要な課題は，人々の間の実質的な不平等を是正するために形式的に不平等な取り扱いをしてよいのは，あるいはすべきであるのは，どのような場合であり，また，それはなぜかを明らかにすることにある。

このような社会的正義の実質的内容および基準に関する，より立ち入った内容は次章で扱われる。

2 価値相対主義

価値の主観化

正義の問題を学問として追究することができるか。この問いを中世のキリスト教世界で発すれば，「できる」という回答が返ってこよう。しかし，同じ問いを近代以降の学者に発した場合，同じ回答を必ずしも期待できない。それはなぜか。

近代とは，ひとことでいって，「神が死に」，価値が主観化した時代である。中世にはキリスト教の価値観が厳然と存在し，倫理学は神学の一部として，主として神学者によって担われていた。神学が

学問であるのと同様，倫理学も学問だと考えられていた。正義の問題も，倫理学の1項目として考究された。

「神が死んで」客観的価値への信仰が失われると，何が善いか，正しいかの判断は，各人に任されるようになった。キリスト教の客観的価値の存在が信じられている場合でも，何がそれにかなうかの究極の判断者は，教会ではなく，本人とされるようになった。

価値判断が主観的なものであり，それが人によって異なる場合にどれが正しいかをきめる判定基準がない，とされるところでは，価値判断にかかわる問題について学問が成立しないとされるのは当然であろう。

「価値相対主義」とよばれる思想は，近代における価値の主観化という思想状況を1つの背景として登場した。

価値相対主義の定義　価値相対主義とは，価値または価値判断は，判断する個人に相対的（相関的）であって，どの価値判断が正しいかを，真理の問題として学問的に議論することはできない，という主張である。

この定義については，いくつかの注意が必要である。第1に，価値判断という用語は，「べし」「正しい」「よい」といった述語をともなう当為判断や規範的判断についてだけでなく，「美しい」「醜い」といった美的判断，「うまい」「まずい」といった味覚判断などについても使用される。だが，以下では，考察対象を，倫理や法にかかわる当為判断・規範的判断に限定したい。

第2に，相関性の対象を個人以外にすることによって，他の種類の価値相対主義もありうる。たとえば，価値判断が文化や社会に応じて異なると考えれば，価値に関する文化相対主義や社会相対主義が成立する。以下では，価値に関する個人相対主義のみをとりあげる。

第3に，価値相対主義は，価値判断の真偽を学問的に議論することが無意味であると主張するだけで，学問以外の場で，価値判断をめぐる議論が無意味であると（有意味であるとも）主張するものではない。たとえば，政治の場で，規範的判断の正しさについて議論することに，上に定義された価値相対主義は反対も賛成もしない。

実証主義的学問観

　価値相対主義は，「理論」と称するものが価値判断を含んでいる場合，その学問としての資格に疑問を投げかける。ということは，価値相対主義は，学問の理想に関する何らかの考え方を含んでいるということである。

　価値相対主義は，19世紀後半以降の実証主義的学問観の優勢に対抗して，あるいはむしろ，順応して生まれた思想である。実証主義的学問観とは，学問の対象を経験的に知覚可能な事実に限定し，実験または観察によって真偽を確かめられないような理論は学問すなわち科学の資格なしとするものである（「実証主義」と「経験主義」は同じものと考えてよい）。この基準によれば，倫理学や法学など価値に関係する学問のほとんどは，科学の範囲から放逐されてしまう。

新カント派

　実証主義的学問観からみれば「非科学」とされる，価値にかかわる分野に従事する学者の一部は，みずからの仕事が学問の範囲に入るように学問の定義を広げることを試みた。ドイツでは，この課題は，19世紀後半から20世紀前半にかけて，新カント派とよばれる学者たちによって遂行された。しかし，彼らは，実証主義にもとづく自然科学や社会科学が学問であることを否定したわけでも，規範的理論の真偽が実験や観察によって確かめられることを主張したわけでもない。価値判断が究極的に主観的であることを認めたうえで，実証科学と並ぶ，しかしこれと区別される学問が，価値や規範にかかわる分野でも可能であることを主張したにすぎない。

新カント派によれば，自然科学は事実の因果関係の探求を目的とする。これに対して，価値や規範にかかわる学問は，人間の行為の「意味」，とりわけ価値的または規範的意味を探求の対象とする。人間の行為は，単なる物と同様，因果連関の世界に属すると同時に，その行為に意味や評価を与える文化的または規範的な世界にも属している。そうであるなら，そのような人間の有意味な行為について，自然科学とは別種の学問が可能であるはずだと新カント派の人々は考えた。

価値関係的学問

　価値に関するどのような学問が可能かについては，新カント派の内部で，大きく分けて2つの考え方があった。1つは，ある究極の価値を採用するとした場合，他のさまざまな下位レベルの価値判断がそれと一致するかどうかを探求することは学問として可能であるとする考え方である。それを価値関係的学問という。

　たとえば，ウェーバーは，そのような学問観を採用した。プロテスタントの倫理と資本主義の精神がどのような関係にあるかを探求することは，価値関係的な学問の方法にもとづくものである。別の例を挙げれば，共産主義をとる国で，個々の政策が共産主義の思想と一致するかどうかを論じることも，価値関係的な学問作業に属する。教義学的法律学についても，ある上位の法教義をとる場合に，下位の法命題や解釈がそれと整合するかどうかを確かめる営為は学問として成立するであろう。

純粋法学

　価値に関する学問の可能性に関するもう1つの考え方の代表は，ケルゼンの「純粋法学」で展開された思想である。それは，事実と価値，あるいは「存在」と「当為」を峻別する「方法二元論」の立場にたち，「客観的当為」としての規範を「真理」や「正当性」の観点からではなく，

「妥当性」の観点からのみ考察しようとするものである。「妥当性」は，法規範が法的に有効であり，法的な効力をもつということしか意味しない。したがって，どのような内容の法も妥当な法でありうる，ということになる。

純粋法学の実際の内容は，「客観的当為」という規範の定義から出発して，権利や義務，責任など，法的な基礎概念を説明すること，さらに，規範体系が授権規範と授権された機関による規範定立の連鎖によって成立することを説明することからなっている。法体系の頂点にくる規範は，「根本規範」（→32頁）とよばれるが，それは価値的な内容をもっておらず，どのような内容の下位規範とも両立する。そもそも，規範の定義である「客観的当為」とは，価値判断が主観的であることを当然の前提とした上で，当該当為判断が，先行する規範に則って出されたものであることを意味するにすぎない。

上でとりあげた2つの立場のいずれをとるにせよ，新カント派的な価値相対主義は，価値が主観的であり，究極の価値判断自体の正邪について学問的に論じることができないことを率直に認めるものであった。

メタ倫理学

新カント派は，価値や規範に関する学問の可能性を論じたが，そのような新カント派の方法論的営為自体を，ある種の学問とみなすこともできる。それは，実証主義的学問観からして学問の資格を与えられるわけではないが，実証主義的学問観を含めてさまざまな学問観を考察の対象とするものであるから，実証主義的学問観と直接に対立するものでもない。それは，学問について論じるメタ学問（→*Column* ⑮〔87頁〕）であるといってよい。

そこで論じられる学問については，その命題が真理値をもつかどうかが問われたが，その学問について論じるメタ学問については，

それが提出する命題が，対象となっている学問を正確に記述・説明しているかどうかだけが問題であって，それが事実として真であるか偽であるかが問題であるわけではない。

倫理学についても，これと同様のことがあてはまる。あることが善いとか悪い，正しいとか正しくないと主張する倫理学は，実証主義的学問観と相容れないとしても，倫理学の方法や基礎概念について論じる倫理学は可能であろう。前者を「規範的倫理学」または「実質的倫理学」といい，後者を「メタ倫理学」という。ちなみに，ケルゼンの純粋法学も，これと同一の構図の中に位置づけることができ，実定法ないし実定法学を対象とするメタ法学とみなすことができる。

英米，とくにイギリスの倫理学において，20世紀前半，実質的倫理学の衰退とメタ倫理学の隆盛という現象が生じた。メタ倫理学出現の思想史的背景は，ドイツにおける新カント派的価値相対主義と基本的に同一であり，価値判断の正しさを真理の問題として考究することに対して概して否定的な態度を示す点でも両者は一致している。

認識説と非認識説　　メタ倫理学の主要な課題の1つは，倫理学上のさまざまな立場の分類であった。すでに述べたように，実証主義は，学問の対象が経験的に認識可能な事実であることを，学問の可能性の必要条件としている。メタ倫理学による倫理学の分類は，倫理学と実証主義的科学との異同についてどのように考えるか，ということを焦点として行われた。

メタ倫理学によれば，倫理学が事実に関する科学と同様の仕方で可能であり，倫理的命題は真理値をもちうるとする立場は，「認識主義」（認知主義）または「認識説」とよばれ，倫理的命題が真理値をもちうることを否定し，規範的または実質的倫理学の不可能性を

説く立場は,「非認識主義」(非認知主義)または「非認識説」とよばれる。

自然主義的誤謬

認識主義の代表は功利主義とされる。ベンサムが考えたように,功利が快苦という感覚によって量的に計測されるとすれば,快楽の総計の最大化をめざす功利主義は,一種の経験科学となるからである。倫理的判断を経験的判断に還元する,このような立場を,ケンブリッジの哲学者G. E. ムーアは「自然主義的誤謬」を犯すものとして批判した。

ムーアのいう「自然主義」とは,善や正といった倫理的概念を,欲求・利益などの経験的概念に還元し,価値判断の真偽を経験科学と同様の方法で判定することが可能であるとする立場である。ムーアの「自然主義的誤謬」の批判が,新カント派的な方法二元論の主張と結論的にほとんど同一のものであることは明らかであろう。

直覚主義

ムーア自体の倫理学上の立場は,「直覚主義」とよばれ,倫理的命題が真理値をもちうることを肯定する点で,認識主義に属するとされる。しかし,彼は自然科学の方法の倫理学への応用可能性を否定するのであるから,認識主義に関する上述の定義を,ここで若干修正する必要がある。つまり,認識主義とは,倫理的命題が真理値をもちうることを認める立場を指し,その中には,自然科学の方法の応用可能性を肯定する立場と,これを否定する立場とがある,ということである。ムーアは,後者の立場に属する。

しかし,ムーアは,倫理的判断の真偽は自明であるとするだけで,倫理学に特有の認識方法を提示しているわけではない。彼の「直覚主義」は結局のところ,「何が正しいかは,わかる人にはわかる」と主張するものにすぎず,価値判断の主観化と客観性の喪失という近代に固有の問題状況と正面から対決するものではなかった。

価値情緒説

メタ倫理学上の立場の中で圧倒的に優勢であったのは、非認識主義である。非認識主義の優勢が、倫理学をメタ倫理学へと追いやったといってよい。

非認識主義の代表は、「価値情緒説」または「情動主義」とよばれるものであり、倫理的言明を、話し手の感情や態度の表明とみなす立場である。情緒説によれば、そのような感情または態度が存在するか否かについては、事実の問題として真偽を論じうるが、そうした感情や態度が正しいかどうかについて、学問は何もいうことができない。

情緒説の代表者は、A. J. エアーである。イギリス経験論の流れを引くエアーは、論理実証主義のウィーン学団（→ *Column* ⑱）の影響も受け、倫理的判断が「センス・データ」という経験的知覚の基礎単位に還元不可能であるがゆえに、経験的に無意味であり、倫理的言明は、赤ん坊が泣き喚くのと本質的に同じ性質のものであると主張した。

Column ⑱　論理実証主義

論理経験主義ともよばれる。広義では、イギリスの哲学者 B. ラッセルやポーランドの論理学者 A. タルスキーなども含むことがあるが、狭義では、1920年代から30年代にかけてウィーン大学の哲学教授 M. シュリックのもとに集まった科学者の集団、すなわち論理実証主義のウィーン学団の思想を指す。中心人物としては、シュリックの他に、R. カルナップ、O. ノイラートが有名であり、初期においては、L. ウィットゲンシュタインの『論理哲学論考』からの影響もあった。ウィーン学団は、感覚経験と記号論理を重んじる立場から、旧来の形而上学を否定して、哲学の革新をめざした。

科学的知識を経験的なものに限定する彼らの立場において、第1の課題は、科学的知識を感覚経験からどのようにして基礎づけることができ

るかということであり，学団内の討論を通じ，有名な検証可能性のテーゼが生まれた。このテーゼの解釈をめぐっては，科学理論は，経験的な基礎単位にまで還元できないと無意味だとする強い主張から，経験的なテスト可能性がありさえすればよいという弱い主張までさまざまなものがあったが，この論争に決着をつけることなく，学団の主要な関心は次の課題に移行した。

それは，知識を経験的なものに限定する場合，経験的な基礎づけが不可能と思われる，論理学（および数学）をどのように位置づけるかという問題である。カルナップは，論理を科学的知識と認めた上で，哲学の課題を科学の言語の解明においた。カルナップにとって，科学の言語は，論理的な観点から構成される人工言語（→ *Column* ㉓〔203頁〕）である。

ノイラートは，すべての科学は物理学に還元可能という見地から統一科学の立場を提唱し，類似の立場をとる世界の諸派を糾合しようとしたが，ナチスの勃興とともにメンバーは四散し，ウィーン学団も崩壊した。

ノイラートは，科学理論の地位に関し，それを事態に対応する真理とみなすのではなく，事態を説明するための単なる道具とみなす道具主義の立場をとるとともに，真理の整合説（coherence theory）を提唱した点で注目に値する。

ノイラートにとって，ある命題が「真」とされるかどうかは，その便宜的有用性にある。既存の理論体系に属する命題と矛盾する命題が「真」であるかどうかは，矛盾を除去するために，後者の命題を偽とするのと，それと矛盾する既存の命題を偽とするのと，どちらが科学的説明にとって有用かという観点から判断される。これが「真理の整合説」とよばれるものであり，真理の定義にではなく，理論の正当化にかかわる説であることに注意する必要がある。

政治思想としての価値相対主義

イギリスにおけるメタ倫理学上の非認識主義と，ドイツにおける新カント派的価値相対主義とは，結論的主張についてはもちろん，その出現の背景についても多くの点で一致している。そのかぎりで，両者をあわせて，広義の価値相対主義の思想と位置づけてよかろう。

しかし，イギリス流相対主義とドイツ流相対主義との間には，無視できない相違もある。それは，前者がどちらかというと倫理学という学問内部の思想であったのに対して，後者は，その学問性へのこだわりにもかかわらず，20世紀前半のドイツ（ここではオーストリアも含めて考える）の不安定な政治状況を背景に生まれた思想であるという点である。

当時のドイツの政治はしばしば，革命の可能性が現実的なものと感じられるなかで，リベラル派は左右から挟撃され，国家主義か，共産主義か，中道か，といった選択と決断から無縁ではいられない状況に，学者やインテリを追い込んだ。

ウェーバーやケルゼンなど，ドイツの代表的価値相対主義者の心の奥底にあったのは次のような信念であろう。私は，学問の名において，みずからの主義主張を正当化することはよくないと思うし，自分はそのようなことは決してしない。しかし，私は自分の主義主張が正しいと信じているし，その価値に奉じる決断をしたのだ。私の価値観に反対する国民もいるだろう。私は，その者たちを，学問の名においてでなく，討論によって正々堂々と説得することに努める。結果的に，私の価値観に反する法律ができて，私を拘束するかもしれない。しかし，その法律が民主的手続を経て制定された以上は，法的に有効であるし，遵法義務もある。私の使命は，その法律の反対者が増え，改正されるように説得に努めることであり，自然

法に帰依することではない。

> **強固な人格と決断**

このような価値相対主義は，確固たる決断を基礎にする一方で，他者の思想に対する寛容と思想の自由主義とに結びついている。ケルゼンの場合はとくに，「悪法も法なり」という法実証主義とも結びつく。しかし，自然法に依拠して実定法を批判するような軟弱な姿勢では世の中は変えられない，という確信がケルゼンにはあった。ケルゼンの価値相対主義は，革命の時代に生きる意志強固な個人を前提とする相対主義であって，平和な時代に，価値観が違うからこれ以上議論しても仕方がないといってすますような意志薄弱な人間にとって，容易にたえられるようなものではない。相対主義に立つにもかかわらず，ではなく，それに立つからこそ，決断と寛容が重要になるのである。

> **道徳的潔癖という価値相対主義の実質倫理**

イギリス流の価値相対主義についても，実質的倫理と無関係な思想とわりきることができない側面をもっている。

というのは，道徳的発言を赤ん坊の泣き声や机をドンドン叩くことと同視する情緒説のような立場は，人間の道徳的発言の欺瞞性や偽善に対する否定的評価とも結びつきうるからである。人間が自分の利益を道徳的偽装の下で主張することは，どこにでもみられる普遍的現象である。道徳的に潔癖な人間は，それを許すことができないであろう。

価値相対主義が，学問論の内部の主張をこえて，学問の外でも，行為のよしあしを論じることは無意味だとする無道徳主義に通じやすいことは確かである。だが，価値相対主義は，価値が主観化した時代に，道徳的に潔癖な人間がとりがちな，1つの道徳的立場であることを看過してはならない。客観的価値への信仰が失われた時代にあっては，道徳的潔癖さは，絶対的価値への信仰としての価値絶

対主義よりも，価値相対主義と結びつきやすい。価値相対主義をこのように解釈するかぎり，イギリス流とドイツ流の価値相対主義とは，根底において同一の道徳思想を含むものとみることができる。

3 リベラルな正義論と倫理学

法哲学的正義論と倫理学的正義論

正義論は，アリストテレスにおいてそうであったように，伝統的に倫理学の一部門として考察されてきた。近代以降，倫理学から法学，政治学，経済学等々が分化自立し，法と正義の問題を考究する法哲学も，倫理学とは一応区別される学問分野として成立した。

したがって，法哲学で扱う正義論と倫理学で扱う正義論とが，その対象と方法，観点に関して，どのように異なるのかを予め知っておくことは，現代正義論の視座を理解するために不可欠であろう。

本節では，現代の法哲学で扱われる正義の射程を明らかにするために，倫理学的正義論と法哲学的正義論との関係・異同を考察する。この目的のためには，倫理学と正義論の思想史を手短に振り返ることが有益であろう。なお，本節では「倫理」と「道徳」とを同義語として用いることにする。

包括的な実践哲学としての倫理学

倫理学は西洋において，伝統的に非常に広い事項をカバーしてきた。たとえば，アリストテレスはそれを，さまざまな国制の優劣，また各国制の中での制度のよしあしを扱う政治学（国家学）の下位部門と位置づけたうえで，倫理学を国家（ポリス）の中で市民がもつべき徳性を研究する学問分野とした。また，中世から近世にいたるキリスト教の倫理学は，今日でいう政治学，経済学，法学の

大部分を含み，実践に関する包括的な学であった。

徳の倫理と行為の倫理　こうした近代前の倫理学をその規制対象に着目して特徴づけると，そこに「徳の倫理学」とよぶべきものと，「行為の倫理学」とよぶべきものが含まれていることがわかる。

倫理学は，直接的には，道徳的によい行為もしくは正しい行為を探究するものである。このことから，行為の倫理学が成立する。

その一方で，人が正しく行為するためには，行為者本人の性格がよくなければならない，という考え方も存在する。そこから，徳の倫理学が成立する。そこでは，親切，気前のよさ，勇気といった一連の徳性が，不親切，けち，臆病といった反対の一連の消極的徳性と対比しながら研究された。正義も，人がもつべきそうした性格属性（エートス）の1つとされた。

ルールの倫理　これに対して，近代前の倫理学をその規制のあり方に着目して特徴づけると，「ルールの倫理」とよぶべきものが古来最も有力であった。たとえば，ユダヤ教の律法主義や旧約聖書の十戒には，神との結びつきを度外視すれば，よい行為，正しい行為とは，ルールに従った行為であるという思想が表明されているとみることができよう。

ちなみに，西洋の倫理思想上最も有名なルールは，黄金律であった。その肯定的な形態は，「他人からしてもらいと思うことを，自分も他人にせよ」であり，否定的な形態は「他人からされたくないことを，他人にもするな」である。

いずれにせよ，ルールの倫理学は，行為に適用されるべきルールを問題にするのであるから，行為の倫理学を前提としていることに注意する必要がある。したがって，倫理思想の分類にとっては，徳の倫理と行為の倫理との対比が最も基本的なものであり，ルールの

倫理は行為の倫理に付随するものにすぎない。

徳の倫理とルールの倫理

体系的・包括的な倫理学のほとんどは，徳の倫理学と，（行為の倫理と結びついた）ルールの倫理学の要素を両方とももっている。たとえば，アリストテレスの倫理学は，圧倒的に徳の倫理学であったが，正義の徳に関しては，形式的正義と結びつきうる点でルールの倫理の要素も含んでいた。キリスト教の倫理学も，アリストテレス倫理学と同様，個人の道徳的徳性の完成を目標とした点で徳の倫理学であったが，自然法のルールに従って行為することが正しいとされたかぎりで，ルールの倫理学の要素も多分に含んでいた。

人格と責任の倫理

徳の倫理と行為の倫理という対比は倫理思想の理解にとって基本的なものであるが，キリスト教は，行為の倫理に，上でとりあげたルールの倫理とは別の観点を導入した。それは，「人格と責任の倫理学」とよぶべきものであり，アリストテレスの倫理学にはなかった要素である。

キリスト教倫理の中心にあるのは「良心」に関する教説であり，道徳的に正しい行為が本当に正しいといえるためには，ルールの要求するところと行為が結果的にたまたま一致したということでは不十分で，当該ルールに従うこと自体が正しいと行為者本人が確信して行為したのでなければならない，という考え方である。ここから，行為とその動機を区別し，動機のほうを重視する倫理観が生まれてくる。道徳の内面性，法の外面性という，法と道徳の区別に関する有名な定式（→31頁）も，このような考え方に対応するものである。

このような思想の根底には，人格が自由な意志をもつこと，そして，自由意志にもとづく行為が（自然法の）ルールに違反した場合，（神に対して）責任を負うという考え方がある。

徳論の意味の変容

人格と責任の倫理は、カトリックよりもプロテスタントの倫理学で強調される傾向がある。カトリックの信者は、何が正しいルールであり、また、その正しい解釈・適用であるかについて、教会の指示に従うべきものとされているのに対し、プロテスタントの信者はそれを、神の面前において第一義的に自分で判断すべきものとされているからである。

プロテスタント系の近代初期の哲学者カントは、実践哲学すなわち広義の倫理学を、徳論と法論に二分し、狭義の倫理学を徳論の中で扱っている。徳論は、行為の動機までも問題にする点で、行為の外面性のみを問題にする法論から区別される。

カント倫理学に、人格の完成をめざす徳の倫理学の要素が残存していないわけではない。しかし、注意する必要があるのは、「徳」の概念がカントにおいては、アリストテレスのいうエートスとではなく、むしろ、動機の正しさと密接に結びついているという点である。

以下では、混乱を避けるため、「徳」ということばは原則として、カント的な意味ではなく、アリストテレス的な意味で用いることにする。

倫理学と近代法学

以上のような倫理思想の展開は、法思想に対しても多大の影響を及ぼした。近代における法と道徳の分離、したがって法学の倫理学からの離脱を倫理学との関係で考えると、それは第1に、法および法学における徳の要素の軽視、第2に、ルールの倫理学の優越、第3に、人格と責任の倫理学の限定的転用と結びついている。

つまり、法は、個人の道徳的徳性の完成には第一義的な関心をもつものではなく、個人の行為が実定法のルールに従っているかどうかに主要な関心を向けるのであり、しかも、ルール遵守の動機は原

則的に問わない,とされるようになったのである。

近代法学では,責任の根拠は人格の意志自由にあるとされるものの,動機は必ずしも問わないとする点で,「人格と責任の倫理」も,近代法学には完全な形では入ってこなかった。「道徳の内面性,法の外面性」というテーゼは,エートスとしての徳や強制の要素よりも,むしろこのことに深くかかわっている。

近代社会とリベラリズム　思想面から現実の政治の動向に目を転じると,近代における法と道徳の分離,法学の倫理学からの分化にあずかって大きな力があったのは,いうまでもなく近代における国民国家の成立である。そこでは,国家の主要な役割は,平和の維持・紛争の解決と,市民社会の中での個人の自由な活動,とりわけ経済活動の維持・促進とされ,これらの手段として法は位置づけられた。そこでは,宗教諸派からの中立と,各個人の経済活動に対する中立が要請された。

これをひとことでいえば,個人の生き方には介入しないという要請であり,それは,国家が徳の倫理の実現において主要な役割を担うことを放棄することを求める。このような考えは,アリストテレスのポリス中心の国家思想においても,倫理の指導者を自任するカトリックの教会中心の国家思想においても,夢想だにできないものであった。

このような経緯で,中立的なルールの制定とその執行を国家の主要任務とする,いわゆる「古典的リベラリズム」の思想と実践が成立した。もちろん,こうした近代社会像は,1つのイデオロギー(→ *Column* ㉒〔196頁〕)であって,それは,現実の具体的な近代国家がリベラリズムの理想とする中立性を完全に実現したということを意味しないし,実現できるということをすら意味するものではない。しかし,そうした近代国家の思想と制度の動向が,上に述べた

3　リベラルな正義論と倫理学

倫理学の近代法学への受容の仕方と符合していることは明らかであろう。

リベラリズムと倫理学

正義論との関係で、ここで問う必要があるのは、近代の法思想ないし政治思想としてのリベラリズムと、倫理学とがどのような関係にあるのか、ということである。

すでに何度もふれたように、伝統的な倫理学の究極目的は立派な人格の完成にあり、そのかぎりで徳の倫理の要素が優勢であったといってよい。しかし、ここではむしろ、倫理学の使命が行為の正しさをつねに探究するものと観念されていたという点に注目したい。正義も、本章1（→84頁）で説明したように、倫理的価値の一要素もしくは中心要素である以上、倫理学の一分野としての正義論においても、正義にかなう行為が何であるかをつねに追究することが課題とされていた。

リベラルな倫理学とリベラルでない倫理学

ここで、法哲学の一分野としての正義論と倫理学の一分野としての正義論との違いを際立たせるために、「リベラルな倫理学」と「リベラルでない倫理学」という区別をあえて導入したい。

リベラルな倫理学とは、行為の正しさを、必ずしもつねには追求しない倫理学である。具体例で説明しよう。たとえば、二人の人が溺れている場面に自分が遭遇したとき、一人は自分の親しい人で、他方は赤の他人だったとしよう。この事例に関する倫理学上の問題を、2段階に分けて考えることができる。第1の問題は、そもそも自分は救助すべきか否かということであり、第2の問題は、救助すべきであるとして、いずれの人を優先的に救助すべきかということである。リベラルな倫理学でも、第1の問いには肯定的な答を与えうる。しかし、リベラルな倫理学は、第2の問いに対しては、「ど

ちらでもよい」という答えを許容しうる。つまり，リベラルな倫理学は，どちらを救うべきかは本人に任せる，という解答を場合によっては認めるのである。

リベラルな正義論　要するに，リベラルな倫理学とリベラルでない倫理学との決定的な違いは，少なくともいくつかの実践的問題に対して，どちらでもよいという解答を許容するか否かにある。

もちろん，そうした解答をどのような問題に対して許すかに関する線引き問題については，リベラルな倫理学の内部で争いがありうる。リベラルな倫理学に属するリベラルな正義論は，そうした線引き問題を，「公私の区別」，「公益と私益の区別」，「正と善の区別」などとして表現してきた。その際，どちらでもよいという解答を私の領域に認めても，公の領域では認めなかった。リベラルな正義論は，中立性を標榜しつつも，実際には，公共の利益や公共の福祉に関する問題については，異論がありうるという意味で，必ずしも中立的でない判断を下すのである。

リベラルな倫理学と法学　では，リベラルな法学ないし法哲学と，リベラルな倫理学とはどのように異なるのであろうか。両者の違いは，ひとことでいって，国家権力の行使の範囲を問題にするかしないかにある。

リベラルな倫理学は，ある種の問題を倫理学の射程から除外する。リベラルな法学は，リベラルな倫理学が解答を与えた道徳問題について，さらにその一部を，国家権力による強制をともなう法によって扱うにふさわしくない事柄として，法律問題から除外する。「法は道徳の最小限」という定式（→30頁）は，このような考え方に対応するものである。

近代における倫理と法の役割分担

きわめて広い事項を包括した近代前の倫理学は，たとえば，「支配者はいかに行為すべきか」という問題設定の形で，国家権力の問題をも扱ってきた。だが，政治学や法学の分化にともない，近代の倫理学はもっぱら，一個人の行為がよいかどうか，正しいかどうかを，権力問題を捨象して，徳やルールの観点から考察対象とするようになった。そこでは，リベラルでない倫理学が概して支配的であり，リベラルな倫理学は正義論の文脈でしか登場しない。

そのような近代倫理学のあり方に対して，近代の法哲学は，たとえ行為が倫理的に正しいとしても，それを国家権力によって強制したり，促進したりすることが許されるかどうかを考える使命を担うようになった。これこそ，リベラルな近代法哲学の正義論の避けて通れない課題であるといってよい。

ロールズ正義論の性格

以上で，倫理学と対比して，リベラルな法哲学上の正義論がどのようなものであるかに関するだいたいのイメージはつかめたかと思う。だが，各論者が提出する実際の「正義論」が法哲学に属するのか，倫理学に属するのかは微妙であることが多い。たとえば，第2章3（→70頁）でとりあげたパターナリズムをめぐる論議は，そのような種類のものであろう。

以下では，現代のリベラリズムの代表的論客とされるロールズの『正義論』を素材にして，この問題を考え，それを通じて，法哲学的正義論と倫理学的正義論の異同をいっそう明らかにしたい。

ロールズは，自分の正義論の対象を社会の基本構造に限定するとともに，正と善の区別を提唱した。前者の対象の限定については，彼の正義論がリベラルな倫理学に属すると同時に，国家権力の行使にかかわる社会制度・法制度を対象とする法哲学に属することをも

示唆するものと解釈することができる。これに比べて、彼のいう「正と善の区別」は相当複雑な観念である。

正と善の区別

対象限定との関係では、正（＝正義）は社会の基本構造に対応し、善は個人の生き方に対応するということは明らかである。問題は、そのあとである。

正と善の区別は、公と私の区別、あるいは、公益と私益の区別と言い換えても、リベラリズムの基本特徴を表すかぎりではそれほどの違いはない。しかし、ロールズがあえてその用語を選んだのは、功利主義を、正を善に還元して正と善の区別を認めない思想とみなし、これを批判するために、それとみずからの正義論との違いを際立たせるためであった。このため、そこでは、リベラルな倫理学とリベラルでない倫理学との相違や、国家権力行使と正義との関係に対する関心は、後景に退いている。

ロールズの理解では、功利主義は、社会全体の効用（欲求の満足）の総和を最大にする行為またはルールをよしとする思想であり、ロールズの批判の焦点は、功利主義によると社会全体の効用の最大化のために一部の個人が不当に犠牲にされうるという点にある。ここでは、善＝効用とされており、善を個人の生き方とするもう１つの定義とは異なっている。

しかし、ロールズがこうした混同・混乱と受け取られかねない定義を善に与えていることは、功利主義批判の文脈では十分理解できるものである。というのは、功利主義は、私益の総和を公益とみなす点で、私益を公益に直結させる特殊な近代的正義論であり、個人の生き方も結局、効用という尺度で計られる以上、個人の善＝個人効用＝生き方という図式が成り立つからである。

その一方で、ロールズによる功利主義批判の中には、個人の生き方は、効用といった一元的尺度で計ることができないものであり、

できるだけ自由で多様な生き方を認め，また推奨すべきであるとするリベラルな倫理学の発想も含まれている。

リベラリズムの相対性

ちなみに，功利主義が即リベラルでない倫理学かというと，必ずしもそうではなく，功利計算の範囲をあらゆる行為に広げないかぎりでは，リベラルな功利主義もありうるし，理論上はともかく，現実に存在した功利主義の思想と実践は，概してリベラルな倫理学であったといってよい。

すべての事項に容喙（ようかい）する，完全に「リベラルでない」倫理学は現実にはありえない。この点を考慮すれば，リベラルかリベラルでないかは，相対的な程度問題と考えたほうがよいかもしれない。この観点からみれば，近時，ロールズ的リベラリズムへの批判として登場した共同体論も，伝統的な徳の倫理の系譜に属するかぎりでリベラルでないとしても，その程度は相対的なものにすぎないといってよかろう。

正と人権

ロールズのいう「正」ないし正義は，権利，とりわけ人権の配分にかかわる。ただし，それは実定憲法上の人権ではなく，むしろその基礎にある道徳的な「人権」である。その点では，国家の権力行使という問題設定とは，間接的な結びつきしかない。道徳的な人権を，権力行使をともなう法的な人権として実定化すべきかどうか，また，どのような内容のものとして法制化するかは，ロールズの正議論では深く立ち入って論じられてはいない。

法哲学か倫理学か

ロールズ正義論の以上のような特徴に着目するとき，それが，法哲学に属するのか，それとも，倫理学に属するのかが非常に微妙であることがわかるだろう。実際，彼の正義論は，法哲学者からも倫理学者からも注目されてきた。それが，リベラルな法哲学を含むリベラルな倫理学の系

譜に属することは明白である。また，正義論の対象限定に注目するかぎりでは，法哲学上の正義論だといってよいが，国家の権力行使との関係で，実定法上の人権の具体的な内容を考察していない点では，法哲学的ではなく，むしろ倫理学的な正義論といってよいだろう。

倫理学的正義論と法哲学的正義論との相違点　最後に，倫理学と法哲学的正義論とはどう違うか，という本節の中心的な関心にそって，以上の議論をまとめておきたい。

倫理学には相対的にリベラルなものとリベラルでないものがありうるが，今日でも多くの倫理学は，その射程をできるだけ広げようとするかぎりでは，リベラルでない。これに対して，法哲学的正義論はリベラルな倫理学に属し，後者と同様に射程を限定するが，公共性に無関係と思われる生き方への不介入・最大限の自由の許容というリベラルな倫理学の自己限定をこえて，国家の権力行使の限界問題という観点から射程をさらに限定する。

第4章 法と正義の基本問題

(写真提供:毎日新聞社)

法の価値は正義を実現することにあり,法による正義の実現にはさまざまな側面があるとして,では基本的に,法が実現すべき正義とは何か,正義理念のどのような捉え方にもとづき,どのような法秩序を形成していくのが望ましいか。この章では,公共的利益,自由,市場,平等,共同体,および議論という,法による正義実現のあり方をめぐって近年とくに議論の対象となってきたトピクをとりあげ,それぞれ,問題にかかわる主要な考え方とそれに関する議論の焦点を明らかにしておきたい。

1 公共的利益

公共的利益の確保　公共的利益とは，公の必要にかかわる共通利益のことであるが，それには，平和，治安，秩序維持から，資源，環境，運輸，公衆衛生，医療，教育など，国民の健康で文化的な生活条件を確保することまでさまざまなものが含まれる。

公共的利益が法に関して問題となるのは，具体的な法制度の設立・運用および法制度の下での紛争解決にあたってである。たとえば，公共事業はどのようになされなければならないか。企業活動への規制はどうあるべきか。また，福祉のシステムはどのような仕方で運営されるのが望ましいか。たとえばまた，表現の自由と個人の人格価値の保護あるいは公正な裁判の要請との調整はいかにはかられるべきか。

今日の福祉国家において，法による公共的利益の確保は重要な課題の1つとなっている。しかし，その際にとられるべき基本的な考え方には，個人の人権を重視するものから社会全体の利益を優先させるものまでさまざまある。ここでは，ロールズの正義論（→10頁）とともに福祉国家を基礎づける理論でありながら，ロールズが明確に批判の対象とした功利主義の理論をまずとりあげておきたい。公共的利益についての功利主義の捉え方およびそれを基礎とする正義の理論の特質および問題をみてみることによって，法による公共的利益の確保がどのような根本問題にふれるかを検討してみなければならない。

最大多数の最大幸福　功利主義は「最大多数の最大幸福」を正しさの判断基準とする。より多くの人々によ

り大きな福利をもたらすことを目標とし，法制度や法的決定は，採りうる選択肢の中で最も効用の高いもの，すなわち，社会全体として不利益を上回る最大限の利益が得られるものを正しい選択とするのである。したがって，公共的利益は最大多数の人々の利益と捉えられる。

最大多数の最大幸福の実現を目標とする功利主義の考え方は，公平原則，個人的善の総計化と最大化，および，帰結主義によって特徴づけられる。

正・不正評価のもととなる社会的善（すなわち社会全体にとって善いこと）は，社会構成員の個人的善（すなわち，個々人がそれぞれに善として望むこと）を基礎にして決められるが，その際，「誰をしも一人として数え，何人も一人以上に数えてはならない」という公平原則が，形式的正義の要請を表すものとして重要な位置を占める。社会的善が何であるか，どのような福利を社会は実現すべきなのかをみるとき，社会構成員一人一人の個人的善が平等に考慮に入れられるのである。そして，そのようにして等しいウェイトの与えられる個人的善を社会全体にわたって集積し総計化したものが「社会的善」に他ならない。

また，功利主義では，一定の行為選択ないし制度選択が社会的にどのような帰結をもたらすかを予測し，社会的善に照らして選択のメリット・デメリットを分析・評価することも不可欠の作業になっている。社会的善の最大限の実現こそ功利主義の目的だからである。帰結の分析・評価には，特定の選択をした場合と他の選択をした場合とで効用にどのような差異が生ずるかに関する比較衡量も含まれる。そして，可能な選択肢のそれぞれについて社会的帰結を総合的に評価し，最終的には，マイナス面を上回るプラス面の最も大きな社会的善を実現する選択，すなわち，社会構成員に最大量の福利を

もたらす選択が，功利主義的な意味で正義にかなっているとされるのである。

> **合理的選択・目的論・将来志向**

このような功利主義の考え方の特質は次の点に見出されるであろう。

第1に，そこでは，社会的善をよりよく実現するために合理的な選択が求められている。合理的選択とは，この場合，採りうる選択肢の中から社会的善に関してマイナス面を上回るプラス面の最も大きな選択肢を採ることを意味する。合理的計算によって社会的善の効率的実現をはかり「最大幸福」を追求するわけである。また，その選択は，社会全体にとっての選択であることから，さまざまな個人的善についての合理的計算つまり合理的なやりくりをもともなうことになる。社会全体にとって多数の個人的福利は少数の個人的福利を埋め合わせうると考えることによって「最大多数」の福利の増進をはかろうとするのである。

第2に，功利主義において最も重要であるのは社会全体の福利の増進である。それゆえ，それを追求する思考は目的論としての性格を強く帯びる。いわゆる義務論のように，行為それ自体あるいは制度それ自体を正しいものとはみなさない。正しさは，社会的福利の増進という目的の実現にどれほど貢献するかによって判断される。したがって，社会全体にとっての合理的選択も，その目的をよりよく実現するための手段の選択という意味合いをもつ。また，功利主義では，個人的善を総計して得られるのが社会的善である。個人的善の最大限の実現を社会的に善いこととみなす。ここにおいて，「正しいこと」は，個人的善の最大化をもって論じられ，いわゆる自由主義的な正義論のように，「正」の原理が個々人の「善」とは独立に規定されてそれに一定の制約を課すのではなく，個々人の「善」が社会的「正」を基本的に規定するという論理構造をもつ。

第3に、功利主義の考え方は、将来志向的である。特定の行為や制度が正しいのは、採りうる他の行為・制度に比べてそれが社会の将来によりよい帰結をもたらすからであって、すでに存在する何らかの規準に合致するからではない。既存の規準でさえ、最終的には、社会の人々の福利をどの程度増進するかによって遵守に値するかどうかが決められる。また、具体的な判決も、すでに生じた事件に対する個別的な救済を問題にするのではなく、判決が社会全体の将来に与える影響を重要な関心事とし、社会の全体的福利の増進に最も役立ちうるような内容をもつものでなければならないのである。

功利主義の問題点　以上のような特質をもつ功利主義の考え方に対し、これまでさまざまな批判がなされてきた（→13頁）。

　第1に、功利主義は個々人の別個独立性に真剣な考慮を払っていないといわれる。

　功利主義の方法は公平原則によって個人の善観念に等しい重要性を与えるから、その意味では、個人的善の集積として得られる社会的善も個人主義的な色彩を帯びたものになる。しかし、個人的善は社会的善に移行する過程で融合されて通約・置換が可能なものとして扱われ、損失を利益で埋め合わせる合理的計算の対象になる。個人的福利の総量あるいは平均値として導き出される社会的福利の増大がそれ自体で望ましいものとされるからである。そこでは、社会的善の享有主体は第一次的には社会全体であり、個々人から独立した抽象的実体としての「社会」が仮定されている。善についての個々人の具体的な選択は、社会的善の導出の素材として形式的に平等な配慮が与えられるにすぎず、「社会」の側からみれば、それは効用算定の単位でしかない。「社会」のレベルでは個々人の別個独立性が軽視され、個々人は「効用の単なる受け皿」とみなされるこ

とによって，道徳的な自律的主体としての人格の概念がなおざりにされるのである。

少数者の犠牲　第2に，そのことによって功利主義は，多数者の福利向上のために少数者を犠牲にすることを正当化するものであると批判される。

功利主義のすすめる合理的選択は，将来のより大きな幸福のためにさしあたっての苦難をすすんで受けようとする個人の合理的選択の場合と同様に，将来における社会全体のより大なる福利実現のために一部の諸個人の現在の福利を犠牲にすること，あるいは多数の人々の福利を向上させるために少数の人々の福利を犠牲にすることを正当化する。少なくとも，そのような犠牲を許容する。

たとえば，一部の人々を奴隷として使役する制度が社会全体の福利増進に役立つならば，功利主義では，奴隷制が是認されることになる。たとえ奴隷制が是認されない場合でも，ロールズが述べているように，「そこでは，奴隷所有者にとっての奴隷所有者としての利益が，奴隷にとっての不利益並びに相対的に非効率的な労働制度によって負担を負う社会全体にとっての不利益を埋め合わせないという理由にもとづいて，奴隷制は不正義であると論じることが許される」のである。したがって，「社会的善」とは結局のところ社会的支配者ないし多数者にとっての善であり，功利主義の理論は民主制の下では政治的多数者の支配を正当化するものに他ならない，と批判されるのである。

第3に，功利主義的思考で前提とされる個人的善についても問題点が指摘されている。通約・集積が可能なものとして扱える個人的善はどのようなものでなければならないかという問題があるが，それ以上に批判を招いているのは，個人的善の無批判的受容である。たとえば，原子力発電所やごみ焼却場の設置にかかわる議論におい

て，社会的需要の高まりを前提とし，公共的利益をはかっていく上で設置がぜひとも必要であると説かれる。しかし，まず検討されるべきは，そうした需要を減らすことができないかという点であるのに，個人的善の選択をそのままに受け入れ，前提とすることによって，個人的善へ一定の方向づけないし枠づけを与えるという選択肢が奪われてしまうという批判である。

効用の判断　第4に，帰結主義的思考の目的論的性格についても，義務論の立場から批判がなされる。伝統的な批判は約束の捉え方にかかわっている。

功利主義的な帰結主義において約束は，人々の福利を増進するかぎりで価値が認められる。それゆえ，約束を忠実に遵守するよりも約束を破るほうが一般的福利の増進を実現する場合には，功利主義者は約束を破ることをむしろすすめるのである。たとえば，「無人島の約束」とよばれるよく知られた例がある。無人島で出会った瀕死の人から，ある乗馬クラブに寄贈する約束で多量の金貨を預かった人が，自分一人生き残って本国へ帰った後，たまたま医療設備のきわめて不足しているある病院の実態を知り，預かっていた金貨を約束に反し，乗馬クラブにではなくその病院へ寄贈したという例である。金貨の効用あるいは寄贈行為によって影響を受ける人々の福利の程度という観点からするならば，確かに，約束の不遵守がこの場合は正当化されるように思われる。しかし，そのような場合でも，約束はあくまで約束として守られるべきであると義務論者は主張する。

同様のことは法的権利の場合にもあてはまる。権利を一定程度制限することによって社会的福利の増進がはかられる場合には，功利主義者は基本的に権利の制限を是認する。この論理は，刑罰の意義を応報にではなく将来における犯罪の抑止ないし予防の点に見出す

1　公共的利益　131

考え方をはじめ、法的実践のさまざまな領域において用いられているが、功利主義の批判者はそうした論理の帰結を極端な設例によって示している。すなわち、無実の人に対する処罰の正当化である。

通常、人は責められるべき罪科がなければ罰せられない権利を有しているにもかかわらず、特定の人を処罰することによって大きな社会的混乱を回避しうるような場合に、その人自身はたとえ無実であるとしても社会的利益のために処罰を与えることを功利主義者は正しいこととみなす。しかし、義務論者は人権の観点からそのようなことはあってはならない、端的に不正義だと非難する。その理由は、特定の人を他の人々のために利用し犠牲にすることが自然的正義の観念に反するばかりでなく、もし功利主義者の考えるように社会全体の福利の程度によって権利の地位が左右されるならば、権利を制度的に保障する意味がなくなってしまうからである。

ルール功利主義　もっとも、最後の点に関しては、功利主義理論の中に、権利それ自体の価値をまったく認めないものばかりではなく、その価値を一定程度認めるものもある。つまり、ある権利が制度として一般的福利の向上に役立つと認められる場合には、その権利の存在それ自体を正当化するとともに、具体的状況下で権利の制限が一般的福利を増進するとしてもその制限を認めない、という考え方である。功利主義に義務論の要素を取り入れ、権利を規定する規則それ自体の価値を一般的に認めるこの種の考え方は、「ルール功利主義」(rule-utilitarianism)とよばれ、行為についてそのつど功利主義的考量にかけることを説く「行為功利主義」(act-utilitarianism)と区別されている。功利主義的考量の対象を規則に限定し、個々の行為は規則に従ってなされるべきだと考えるのである。

しかしながら、ルール功利主義が規則遵守を説くのはあくまでそ

の一般的遵守が人々の福利の増進に役立つからであって、それ以外の理由によるのではない。もし、遵守が不徹底で規則を守らない人々がおり、その状態では規則遵守が一般的福利の増進に役立たないような場合についてはどのように考えたらよいのか。そのような場合にでも規則の遵守を義務づけるなら、ルール功利主義は「規則崇拝」という批判を招く。逆に、そのような場合に規則の不遵守を認めるならば、行為功利主義に対してルール功利主義をあえて説く意味がなくなる。折衷的なルール功利主義の存在理由が問われるのである。

多数者利益の限界 以上のように指摘される功利主義理論の問題は、公共的利益を「最大多数」の人々の利益として捉えることの問題性を示している。

個人的選好を出発点とし、方法論的個人主義をとる考え方であるが、個人的選好の集積によって多数者の選好を導き出し、その実現を公共的な利益とみなす。それによって、少数者の選好が無視ないし軽視されるという問題をはらむのである。民主制的な多数決原理の功罪にも関連する点である（→277頁）。

法による正義の実現には、こうした多数者の専制を可能にする方途に一定の制約を課す重要な役割がある。それが、個々人の自由であり平等である基本的な権利の問題になる。

2 自　由

自　由 人々の個別性を尊重し、一人一人がみずからよいと思う価値をそれぞれ自由に追求することができるようにするのが自由権の制度である。自由主義的な

正義の理論は，この自由権制度を法秩序形成の基底にすえ，人権の観念に依拠しながら功利主義理論に対して強い批判を展開する。ロールズの正義論は現代におけるその代表的な理論の1つであった。しかし，ロールズ以上に自由権の重要性を主張し，「公正としての正義」論ほか平等主義的な自由主義理論をさえ批判的に捉える一群の理論がある。リバタリアニズム（libertarianism：自由尊重主義，自由至上主義）である。ここでは次に，リバタリアニズムが提起する「自由」の意義と根拠，自由権を基礎とする法秩序の基本構造，および法の中立性という自由社会の基本的な構造原理について考えてみたい。

自由の権利

自由権にはさまざまなものがある。信教の自由，表現の自由，結社の自由，政治参加の自由，契約の自由，経済活動の自由など。私たちは特定の信仰をもつことを強要されないし，検閲に付されることなく自由に自分の言いたいことを表明できる。また，同志をつのって団体を結成し，企業活動や政治活動に携ることができるし，思い思いの職業に就いて働き，生きがいを見出し，得た収入によって自由にものを買ったり，将来への投資にあてたりすることができる。

こうした自由権は，歴史的にみれば，中世の封建制秩序の下で「身分」に縛られていた人間が，近代の市民革命を経て，またその後の市民社会の発展の中で，平等に保障されるべき基本的な人権として憲法的保障を得るようになってきたものに他ならない。中世から近代への法制度の転換はまさに「身分から契約へ」（メイン）という標語で示される通り，身分制の桎梏を解き，独立対等な自由人として共同の営みに参加することを可能にした自由権の確立によって特徴づけられる。したがって「自由」は，今日の法制度上最も重要な価値の1つであるといってよいであろう。

しかし，自由の権利は，何でも自分のしたいことを何らの制限もなくできることを保障するものではない。事実的自由（freedom）に対して法的自由（liberty）という言葉があるように，法の枠内で自由を保障するのが自由の権利である。それゆえ，法制度上，自由権には通常さまざまな制約がつきまとう。たとえば，「公共の福祉」による制約，「明白かつ現在の危険」を避けるための制約，「公序良俗」を守るための制約，「良好な環境」を保持するための制約，「社会経済的弱者」の生活条件を改善するための制約など。しかしそのように多様な制約が次々にかけられれば，そもそも自由権の主旨がそこなわれることにならないであろうか。

リバタリアニズム　リバタリアニズムはそこに重大な関心をいだく。制約は規制権力の存在を意味し，規制権力の増大にともなう中央集権化と管理化が人々の自由を萎縮させ，ひいては社会の活力まで奪っているのではないか，ということである。

　今日，人権の観念に新しい領域を拓くものとして自己決定権についての議論がさかんである。また，規制緩和への法制度改革，地方自治の強化をはかる分権の推進など，統治の仕組みを変えていく動きもある。さらに国際関係においては，主権国家の枠組みをこえる市場の拡大，企業活動，NGOの運動なども注目される。これらの動向がすべて同じ目標に向かっているとはいえないであろうが，脱管理国家，市場，自治，自己決定という，自由の拡大をめざしていこうとするものである点では，リバタリアニズムと基本的関心を共有していることになる。

　リバタリアニズムとは，そのように，さまざまな規制によって狭められた個々人の自由領域を拡大し，基本的な自由権にもとづいて法秩序の再構築をはかろうとする考え方である。もっとも，リバタ

リアニズムとみなされる理論にもいくつかの点で違いがある。国家の役割に関して、それを、防衛、治安および裁判に限定する最小国家論、加えて教育や医療、貨幣供給、福祉サービスなど、一定の機能まで含めて正当とする古典的リベラリズム論、逆に、最小国家の機能さえ民営化できるしそのほうが望ましいとする無政府資本主義の考え方である。また、リバタリアニズムの基礎づけについても、人間が生まれながらにしてもっている自然権に依拠する自然権論と、自由化ないし民営化がよりよい結果をもたらすと主張する帰結主義論がある。注意を要するのは、リバタリアニズムの中に、現存の市場経済構造とその拡張をよしとする保守的な資本主義者ばかりでなく、権力的な介入・管理を好まない革新的な無政府主義論者が含まれていることである。

Column ⑲ 自生的秩序の法

リバタリアニズムの代表的な論者の1人としてF. A. ハイエクがいる。ハイエクは、計画経済を批判し、自由経済・自由社会を擁護する経済学者として知られるが、『隷従への道』(1944年)、『自由の国制』(1960年)、『法・立法・自由』(1979年) などを通じ、消極的自由と市場機構の保持に法の重要性をみる独自の法哲学を展開した。その特徴は、自生的秩序の法という観念に表されている。

ハイエクによれば、法には、「自生的秩序」の法としての「ノモス」と「組織」の法としての「テシス」の区別がある。テシスは、人間の意図と企画によって特定の目的を実現するために設けられる法である。これは、社会における所得や富の分配結果を一定の企画に基づいて操作することを可能にするものであり、全体主義的な圧政や個々人の創意ある活動の圧殺を招来しかねない。見直されるべきは、本来の法としてのノモスであり、歴史的進化過程における人間の豊富な経験を蓄積し、社会を成り立たせつつ問題を徐々に排除していく形で生成する法である。

ノモスとしての法の観念からハイエクは、公正な市場競争を促進する

条件の確保と社会保障による不平等の一定程度の緩和を是認する考え方を示している。

しかし，見解に種々の変異はあっても，基本的な点ではリバタリアニズムとして一致がみられる。少なくとも次の3点を挙げておくことができるであろう。すなわち，個人的自由の擁護，拡大国家に対する批判，および，市場の有意性の主張である。

個人的自由　まず，リバタリアンは個人の自由を擁護する。権力的強制，管理，介入に異を唱え，あくまでも個人の個人としての行動の自由，決定の自由，選択の自由，幸福追求の自由を重要視する。

個人的自由への権力的介入はできる限り少ないほうがよいと考えるから，介入がたとえ本人自身のためになるとしても，あるいは少なくとも長期的にみればそうなると考えられるとしても肯定されない。すなわち，法的パターナリズム（→74〜79頁）の否定につながる。

たとえば，定年後の生活に備えることを求める年金制度や，万が一の事故や疾病のときに比較的安価で治療が受けられるようにする健康保険制度は，個人の同意を得ることなく一律，強制的に掛け金の徴収が行われるかぎりにおいて正当化されない。また，夫婦同姓を強いる家族制度や，不妊カップルのための代理母契約への規制，被害者なき道徳的犯罪といわれる売春，ポルノに対する規制についても，一定の道徳的価値観を押しつけ，個々人の自由な選択を制約するものとして許されない。

こうしたリバタリアニズムの基礎には価値相対主義と個人主義の考え方がある。価値は主観的なものであり，個人の意欲と目的志向

にかかっている。何が自分の利益になり，何が自分にとって大事なことかは，本人が一番よく知っている。それが尊重されなければならない。個人がなしうる選択を先取りして押しつけたり，伝統によるものであれ多数者の共有感覚によるものであれ，一定の道徳的価値観を強制する法的規制は，個人的自律をそこなうばかりでなく，自律権の侵害にもなっている，と考えるのである。

拡大国家批判 リバタリアンはまた，社会主義国家や現代の福祉国家など，大きな政府をもつ拡大国家を批判する。権力的強制を用いて財の分配・再分配を統制し，個人権に不当な制約を課しているとみられるからである。

たとえば，ロールズの正義論は，福祉国家における財の再分配を是認し，再分配は「社会の最も不利な状況にある人々の利益を最大化する」ように実施されるべきであるとする格差原理を提示している（→16〜19頁）が，リバタリアンはそれを，累進課税制度を介した強制的な財の再分配メカニズムを正当化するものであると批判する。すなわち，そこにおいては，租税制度という権力的な装置を介して，経済的に恵まれた状況にある人々から高い税率で租税を徴収し，相対的に恵まれていない状況にある人々へと財を移転していることになる。それは，自己の努力によって高い収入を得ている人々の働きを社会全体のために手段として用いることを意味し，そうした人々に強制労働を課しているようなものだと批判する。

また，社会的正義を実現するために行われる福祉国家のさまざまな保護政策や優遇政策に対しても反対する。たとえば，米作に対する補助金や税制面での優遇，公共事業への域内業者の優先的取り扱いや大規模店の出店を抑制するための規制など。保護政策は，法の下の平等の要請から保護領域を拡大せざるをえず，保護は保護をよぶ。保護政策は，国家への依存心を強めて自立を遅らせるばかりで

なく，市場に権力的に介入することによって市場機構のスムーズな作動をゆがめることにもなる，というのである。

市場の重視

さらにリバタリアンは，市場を重視する。それは，市場が人間のもつ自然権を最もよく実現しうる場であり，多様な価値の追求を可能にして人間の可能性を引き出し，結果的に人間の社会を豊かにすると考えられるからである。

この市場の有意性については，A. スミスによる古典的な説明がある。利己心からする経済活動であるとしても，市場における自由な競争を通じれば，神の見えざる手に導かれて予定調和にいたる。たとえば，パンを焼いてパンを売るパン屋の仕事が，より多くの利潤を得たいとする利己的な動機からする場合であっても，消費者に喜ばれよく売れるおいしいパンをより安く提供し，それによって市場競争を勝ちぬいてゆこうとする努力が結果的には社会を潤し，人々の福利の向上という公共的な目的に資するという具合に。

また，思想の自由市場論という考え方もある。それによれば，何が真理か，何が真実にかなっているか，あるいは何が社会にとって最も価値を有することであるかは市場における自由競争に委ねればわかる。さまざまな意見がせめぎ合う中で，間違ったこと，良くないことは批判され，淘汰され，最終的に生き残るものが真なるものへの近さを示す。重要なことは，開かれた議論の機会とその継続性を確保することである。

したがって，リバタリアニズムにおいては，市場を適切な仕方で保持しうる法秩序が望ましいとされる。たとえば，最小国家論を説く R. ノージックは，自然状態において人間が有する自然権（これには，生命，自由および所有への権利が含まれる）を最も侵害しない仕方で国家が設立されていく過程を論じ，最小国家が「メタ・ユート

ピア」たる性格を有する国家の最善形態であるとして次のように述べている。最小国家は「複数のユートピアのための枠組みである。そこでは，人々は理想的共同体の中で善き生についての自分自身のビジョンを追求したり，その実現を目指したりするために自発的に結集する自由を有しているけれども，他者に自分のユートピア的ビジョンを押しつけることのできる人間は1人もいない」と。市場における自由な競争とそれを理想的な仕方で保持しうる中立的な法制度——これがリバタリアンの説く法秩序の基本的な特徴である。

個人の尊厳と自己所有

では，以上のようなリバタリアニズムの哲学的基礎は何であるか。所有権の自由を含む個人的自由の権利は何によって基礎づけられるか。

論者によって主張は異なるが，次の2つを主要な論拠として挙げておいてよいであろう。すなわち，個人の尊厳と自己所有の概念である。

個人の尊厳は，カントの「目的としての個人」という観念に由来する。個々人は目的であって単なる手段ではない。それゆえ，何らかの社会的目標達成のために個人が犠牲にされたり，あるいはその手段として利用されるようなことがあってはならない。何人も自己の同意なくしてその生命，自由，財産を損われず，侵害者に対しては補償と処罰を要求する権利をもつ。このような反功利主義的な個人の尊厳によって，リバタリアンは個人的自由の重要性を強調し，同意を経ない権力的強制を否定するのである。

また，「自己所有」は所有権の根拠として，J.ロックの哲学に依拠する。ロックによれば，すべての所有権は自己所有を原因とする。自己の身体については自分が所有者なのであり，その延長として，身体を用い労働を投下することによって自然界の共有物から切り離されるものがその人の所有物になる。したがって，パターナリステ

ィックな介入のように，身体の使用法について他者が制約するのは自然権の侵害になるし，再分配のように，本人の同意を得ないで当人の労働の果実すなわち所得の一部を社会全体のために使用することは，当人の身体について社会が部分所有を強いることになり，そのかぎりにおいて，当人を奴隷化しているのと同等であって正義に反する，というのである。

法の中立性

このような哲学的基礎を引合いに出すリバタリアニズムは，それゆえきわめて個人主義的な理論であり，法秩序の基本的なあり方についても，多様な善を追求する個々人の自由な活動をできるだけ阻害しないような中立的な枠組みの必要性を説く。

どのような意味において中立的であるかは議論のあるところであるが，まず挙げられなければならないのは，先にふれたように，市場の安全とその円滑な作動を確保するための法的ルールである。これには，生命，自由，所有の安全を確保するルールの他，所有権と契約の自由を保障し，詐欺，脅迫などから人々を守る契約法のルール，独占のない経済構造や公害のない環境といった技術的意味で市場の公共的利益にかかわるルールなどが含まれる。

また，分配的正義の問題に関しても，リバタリアニズムは価値中立的な手続的ルールの重要性を説く。たとえば，先に引用したノージックは，功利主義やロールズの格差原理などを，分配の結果を何らかの範型にはめようとするもので，個人の自由を侵害する専制的な再分配になると批判し，「権原理論」(entitlement theory) を提唱している。すなわち，正当な権利は，分配の結果という「最終状態」ではなくて，特定の財を獲得した歴史，財の取得，継承および修復に関する手続的ルール，そしてそれに従うことによって得られる権原にあるとされるのである。

さらに、法の中立性との連関でとりあげておいてよい思われるのは、「危害原理」（→*Column* ⑰〔70頁〕）である。ミルは個人的自由を政治的基本権としつつ次のように規定した。「個人の意思に反して権力が正当に行使される唯一の目的は他人に対する危害を避けること」であり、本人のためになるという理由によってであったとしても強制がなされることは正当ではない、と。他人に対する危害の防止が強制力行使の正当な理由になるということは、他人に対して危害が及ばないかぎり、個人は自由に行動しうるということを意味する。「他人に対する危害」は自由な権利の内在的制約を示す規準であり、その意味において、この危害原理も中立的な性格を有する。

その他、自由社会の構造原理として、法の中立性については、政教分離原則をはじめ、政治、宗教、教育、文化など価値問題にかかわる領域において公共的な枠組みの性格がとくに問題になる。問題領域ごとに中立性の内容は異なりうるが、いかなる意味において中立的であるといえるのかが、つねに議論の対象となるところである。

リバタリアニズムの問題

最後に、リバタリアニズムの問題をこれまでの議論の中から3点とりあげておこう。

第1に、所有権を含む個人の自由権が絶対的といえるまでの強い権利として前提されていることである。先にみた通り、「目的としての個人」および「自己所有」への基礎づけが試みられているが、いずれも、必ずしもリバタリアンのいうような議論が展開されていたわけではなかった。カントは理性法の1つの形式として、つまり実践理性が定立する定言命法の1つの例として個人の目的性を説いたのであり、それ自体が権利として絶対的であるとされたわけではない。また、自己所有概念の場合にも、ロックにあっては、自殺や身売りを禁じる神の法の制約には服さなければならないという留保がつけられていた。自己所有は絶対的とはみなされなかったのであ

る。ノージックもそうであるが，リバタリアンは多くの場合，個々人が自然権を有することを自明の真理であるかのように直感的な議論をなしている。自然権の根拠について，またその強さについて，十分な説明がなされているとはいいがたいのである。

第2に，強い個人権を守るためには強い政府ないし機構が必要である。そのかぎりにおいて，リバタリアニズムがいう最小国家や無政府という主張には一貫性がないといわれる。たとえば，市場における自由な取引それ自体がともなう道徳的問題や，市場競争の結果によって生じる経済的格差の問題，さまざまな自由権の衝突から帰結する紛争の増加に対処する必要性，紛争を解決するために手続的ルールをこえて用いざるをえない実体的規準の中立性の問題など，市場がはらむ問題は多様である。これらの問題に適切に対処するためには，中立的な枠組みとしての市場だけでは不十分であり，強力な監視ないし調整機構を準備する国家の役割が期待される。少なくとも，主要な国家機能を民営化した場合，権力的裏づけのない民間組織がいかにしてその作用の実効性を担保できるのか問題になる。

原始取得と初期格差　第3に，市場における原始取得と初期格差の問題がある。人間社会の歴史をふりかえれば，ロックが述べたような労働の果実としての所有権は，とくに不動産の場合むしろ稀であった。多くの場合には，一方的な囲い込みがなされたり，先住民から土地の強奪によって財産が取得されたのである。そのようにして取得された財産の移転，継承，修復を中立的な手続的ルールに従って公正になしたとしても，すでに一定の問題が含まれているということになる。

また，初期格差の問題もしばしば指摘される。市場における競争がいかに理想的に公正になされるとしても，もしすでに競争に入る前，スタートラインに並んだ時点において相当の格差があるとすれ

ば，その時すでに勝ち負けの大半が決定づけられたり，少なくともそれが競争の結果に少なからぬ影響を与えるのは避けられないであろう。こうした初期格差の問題を考慮しないで自由な競争だけを強調しても問題の解決にはならないといわれるのである。

以上のうち，第2および第3の点については，市場そのものの問題として次節で，また第3の点にかかわる分配的正義の問題については，平等論のところで，それぞれ改めて検討することとしたい。

3 市　場——効率性と倫理

市　場　リバタリアニズムによれば，市場における自由な競争とそれを理想的な仕方で保持しうる中立的な法制度が，望ましい法秩序の形であった。しかし現代の社会では，一方で経済市場の行き過ぎが問題とされ，また他方では，普遍的な市場を見すえた規制緩和論が論議の1つの焦点となっている。経済市場に対する法的規制の基本的な役割は何か。全体社会の中に市場を適切に位置づけるためにはどのような考慮が払われなければならないか。

本節では，リバタリアニズムが提起した問題のうち，とくに経済市場の問題にしぼってその法理論的含意をもう少し掘り下げ，経済的な意味における市場の意義を改めてみてみるとともに，効率性と倫理という2つの側面から，法による市場規制の基本的なあり方について考えてみよう。

市場と法　リバタリアニズムは個人的な自由を確保しうるメカニズムとして市場の有意性を説いた。そこにおける「市場」は，単に商品やサービスを売り買いする

経済的な活動ばかりでなく，政治，文化，教育，科学，宗教など，人間のさまざまな活動が自由に行われる開かれた場として捉えられていた。経済的な意味における市場を，それ以外の社会的な意味における市場から分離せず，一体的にその重要性を指摘するところには，自己決定や自治につながるリバタリアニズムの政治哲学的意味合いが含まれている。

しかし，リバタリアニズムが提示する自由の体系には，その核心部分に所有権が，またその重要な要素として，契約の自由をはじめとする諸種の経済活動の自由が含まれている。また，産業社会の発達にともない，企業の活動は拡大し，私たちの生活においても広範な領域を経済関係が占めるにいたっている。政治的，社会的，文化的な活動でさえ，経済的側面を抜きに語ることはもはや困難になっているといってもよいであろう。ここに，経済活動の場としての市場に着目してその意義と限界を検討し，市場に対する法の基本的な役割について考察しておく意味がある。

経済市場にかかわる法的規制はさまざまである。私的所有権と契約の自由を保障し，紛争解決など諸種の手続を定める法制度だけではない。近年では，市場活動の行き過ぎから消費者を守るためのルールとして，製造物責任法や消費者保護法などが定められているし，活発な経済活動から生じる公害問題についても，それを防止するための法制がしかれている。また，公正な競争を妨げるような独占を禁じたり，市場価格を不当に操作・誘導するような行為に対する規制もある。さらに，商品の安全規準を定める法律や，労働者の労働条件を規定する法律，会社の設立・運営の条件を定めたり，市場参入に監督官庁の許可・認可を求める制度をおくなどして企業活動を規制する法律もある。経済市場を統制するための規制はこのようにさまざまな局面において多様である。

規制緩和

しかしまた他方，近年の法制度改革動向の1つとして，規制緩和の重要性が指摘され，それが実際に推し進められている。特定の産業や一定の業種を保護するような規制を撤廃し，できるだけ自由により広範な企業活動が可能であるようにする。その要因としては，グローバル化の進展とそれにともなう広域市場における経済競争の必要があるであろう。あるいは市場統合の動向や，経済活動ルールの国際的平準化ないし統一化を求める動きが影響している部分もあるであろう。また，低迷する国内経済情勢を立て直し，国民経済をさらに発展させようという政策的考慮もあるであろう。しかし，規制緩和を支える基本理念は，自律型社会への構造改革であり，さまざまな規制による保護主義を避けて，より開放的で自律的な国民経済と経済市場の建設をめざすという点において，まさにリバタリアニズムの考え方にそうものである。

規制の強化と規制の緩和。はたして，市場には何が必要なのか。また，市場に対する法的規制にはどのようなことが基本的に期待されているのか。経済市場の意義から，考え直してみなければならない。

経済市場の意義

経済市場の意義については，市場一般のそれに加え，理論的にこれまで次の3点が指摘されてきた。すなわち，自由，普遍性，そして効率性である。

第1に，経済市場は個々人に自由を得させる。開かれた経済活動の場として，差別なく，誰しも意欲と資源をもつ者は自由に競争に参加することができる。また，身分関係にもとづく財の分配でなくて市場メカニズムを介した分配であるから，いかに経済的に困難な状況にある人も，雇い主に対して人格的隷従を強いられることなく，働きに応じて収入を得ることができる。貨幣によって得られた収入

をどのように使うのもまた自由である。

　第2に，経済市場は普遍性を備えた制度である。市場では価値が貨幣を介して金銭評価され，評価に一定の客観性が与えられる。市場は，スミスの説明にあったように，利己心からする私的な経済活動を最終的には公共的な利益の拡大につなげる。そこにおいて前提となる合理的経済人（homo economicus）は何人にも共通する人間の本性的な部分であり，また，そうした自然な本性を所与のものとしつつ作動する市場は，私的なものを公的なものに転化する普遍的なメカニズムであるともいわれる。さらに，市場を市場として成り立たしめるルールは，スミスの説明では，人間が本来的に有する「共感」（sympathy）のはたらきによって，対立する利害の調整の中から，たとえば，窃盗を禁じるとか，詐欺による契約を取り消しうるものとするといった消極的な意味でのルールがコンセンサスによって自生的に形成されてくるのであり，それらは，市場に必要な正義のミニマムな条件として普遍性をもつにいたるという。

　第3に，経済市場は効率的なシステムである。競争市場がつねに生産性の向上と市場に好感される商品の開発とにインセンティブを与えつづけるため，それによって社会的資源が浪費されることなく，その効率的な利用を可能にする。また，市場における交換は，たとえば財 g を売ろうとするAの g に対する評価よりも，それを買いたいとするBの g に対する評価のほうが大きい場合にのみ成立する。したがって，社会的財としての g はより高い価値づけを得るのであり，より大きな満足をもたらすという意味においても効率的である。しかし，それだけではない。市場は多元的な要素を含む分散的決定のシステムであるがゆえに，理想的な市場においてはつねに最適の均衡が模索され，中央集権的な統制経済に比べてはるかに効率的であるとされるのである。

3　市　　場——効率性と倫理

効率的なシステムとしての市場

経済市場の効率性は、市場機構の大きなメリットとして厚生経済学の基礎となっており、市場論者がしばしば言及する点でもある。法や政治にかかわる含意をもう少し明らかにしておこう。

たとえば、単純なケースとして、Pが自宅に上水道を敷設したいと考えているとしよう。市場にVやWという上水道取り扱い業者があれば、PはVおよびWと交渉して、どれくらいの設備にどれくらいの費用がかかるかを比較検討する。VはWより上質の設備を提供してくれるが費用がWより高い。このようなとき、PがもしWの設備で十分であり、費用の面で安いほうが好都合であると判断するならば、Pは、VではなくてWとの契約を選択することができる。Pにとっては、上水道の敷設をVに依頼するよりもWに依頼するほうが満足度が高いわけであるから、そのような選択の自由を可能にする市場システムは効率的であるといわれる。

これがもし、市場システムを介してではなく、統治機構を介してなされる場合はどうであろうか。Pは、税金を納めているその地域の役所に上水道の敷設を申請する。役所は業者を選定して派遣し、業者が規格に従った工事をやってくれるということになる。Pにとっては交渉の余地も選択の余地もない。しかも、役所では決済がおりるまでにかなりの時間を要し、なかなか工事にとりかかってもらえない。再三役所に足を運んでやっと工事をやってもらったはいいが、派遣された業者の仕事にPは必ずしも満足できない。そういうことはよく指摘されるところである。つまり、手間も時間も費用（税金）もかかり、最終的な満足度も低い。したがって、統治機構による分配は市場システムに比べて非効率的だとされるのである。

「政府の失敗」

この例に示されるような中央集権的な政府機能が効率的でないことを、通常「政府の

失敗」(government failure) という。主要なポイントは3点にわたる。

　まず、官僚機構が非効率であること。集権化された政府機能を果たすために組織運営費用がかかり、各部局の機能は配分される予算によってまかなわれるため、必要以上に予算が費消されることがままある。また、公権力機構は競争にさらされることがないため、コスト削減や、創意工夫、業務改善への努力がなされにくい。

　次に、予算裁量の弊害である。政府機能の遂行は予算の使い方についてある程度裁量に委ねられる。先の例でいえば、どの程度の上水道設備にするか、どの業者を指定するかが、一定の裁量の範囲で決められる。すなわち、分配の権限にかかわる裁量が、利益誘導、官民の癒着、汚職など、不公正行為の温床になり、結果として公費の無駄使いにつながる。

　さらに、たとえば、先のPが上水道の敷設について地元議員にとり入り役所に圧力をかけることがあるかもしれない。利益集団による政府へのはたらきかけが、政治的支持とひきかえに行われ、パイをめぐる争いに特別のエネルギーが費やされる。このような利権追求活動をレント・シーキングという。

　このように、政府機構を介した財の分配は効率的でなく、市場システムに委ねられれば、委ねられた分だけ、効率的になるというわけである。

「市場の失敗」

しかしながら、市場システムにも限界がある。

　PはWという業者のことだけしか知らず、Vのことを知らないかもしれない。あるいは、VとWが同業者同士として結託し、示し合わせて上水道設備工事に高値を設定することがあるかもしれない。あるいはまた、たとえPにとっては満足のいく工事がなされたとしても、敷設工事が近所の人々の通行を遮断して業務の妨げになった

り，工事にともなう騒音によって，Pのもとに思わぬ苦情が寄せられたりするかもしれない。

こうした市場システムのはらむ問題を「市場の失敗」（market failure）という。

市場は多元的な要素を含んだ分散的な決定システムであるから，情報の不均衡が生じやすい。そのため，理想的な仕方で選択の最適性（optimality）が達成されることを保証することはできない。また，需要と供給のバランスによって成り立つ市場が，競争の中で，新たな需要を生み出したり，過剰消費を帰結することがある。さらに，市場における自由な競争は，競争に勝ち残る者の独占ないし寡占をひきおこしたり，競争をきらう同業者間の自由な談合を招来し，結果的に競争関係をゆがめてしまうこともある。競争が十分理想的な仕方で展開されるとはかぎらないことは，市場への参加者が必ずしもつねに経済的合理人として行為するわけではないという事実に帰せられることもある。

また，外部性の問題がある。市場メカニズムの外部性としては，外部経済と外部不経済があるが，たとえば，地下鉄駅の設置によって付近の地価が上がるのが前者の例であり，工場からの煤煙で公害が発生するのが後者の例である。公害被害の救済のためには特別の費用がかかるのであり，とくに予期しがたい外部不経済は，市場が効率的なシステムとして作動する際の阻害要因となる。

公共財の確保

さらに，「市場の失敗」として最も大きな問題は，公共財が市場において十分提供されるとはかぎらないことである。公共財とは，その利用を購入者だけに制限することが不可能であったり困難であるような財・サービスであるから，先の例でいえば，上水道の設置がPだけでなくQもRも望むことであれば（実際にはそうであるが），それは公共財とし

ての性格をもつ。しかしそれが非常に費用のかかることであって、とても個別には購入できず、共同購入の話し合いもつかないような状況があるならば、必要度は高くても誰もあえて費用を負担しようとしないであろうし、そうなればそれを請け負う業者も出てこないであろう。

この公共財の問題は、たとえば、裁判や国の防衛のことを考えてみればよりはっきりする。確かに、裁判を請け負う民間の会社がでてきてもおかしくはない。その場合、紛争の当事者は費用を払って適切な解決策を買うことができるであろう。また、市場で兵士を雇うことはできるであろうし、防衛の仕事に生きがいを感じる強者が傭兵事業のもとに集まることはあるであろう。しかし、紛争の解決や防衛によって得られる平和・安全は当該サービスの購入者だけに限定できない外部効果を生む。また、判決の実効性や傭兵の職務遂行にも問題が残る。

したがって、市場は考えられるほど効率的なシステムであるわけではない、といわれるのである。

商品と格差　さらに、経済市場については、倫理面での問題もいくつか指摘されている。

第1に、市場では貨幣を媒介として商品を売り買いするから、さまざまな人間関係についても「商品」交換関係へと一元化して捉える傾向がある。これが、1つには労働者の人間疎外の問題を生じるとされ、また他方で「生活世界の植民地化」の問題があるとされるのである。

労働者の人間疎外の問題はK.マルクスによって典型的に説かれた。資本制経済システムにおいては、分業により労働が抽象化されるとともに、労働力が賃金によって買われる。労働力の過剰供給によって生じる剰余価値は資本家の手もとにおかれて労働力が「搾

取〔しゅ〕」され、労働者はみずからの労働の果実についていかなる権利も主張できない単なる生産の道具となる。それによって、人格的自己実現のはかれない「人間疎外」の状態におちいるのである、と。

また「生活世界の植民地化」はハーバーマスの議論である。貨幣によっては計れない価値が金銭評価されたり、単に経済的交換関係ではない人間関係が経済の論理によって扱われたり処理されたりする。義務や忠誠、メリット、信頼など、さまざまな要素が入り込んだ人間社会のコミュニケーション関係を、経済関係に一元化する論理が寸断し、植民地のようにして支配するのであるという。

第2に、商品交換に関する第1の点に関連するが、過度の商品化も問題になる。たとえば、売春では人身が売られる。労働力も商品とみなされうる。医療技術の発達によって、人間の臓器や、卵、精子まで売買の対象になってきた。出産を代行する代理母契約がビジネスとして成り立ち、選挙権さえ一票いくらかで買われることがある。すなわち、売り買いされてはならないようなものに値段がつけられ、「商品」として市場に出まわるという問題である。

第3に、市場のはらむ倫理的問題として最もよく指摘されるのは、格差と差別の問題である。市場においては自由な競争が保障されるのであるから、競争の結果に勝者と敗者ができるのは、必然のなりゆきである。勝者は多くの資源を得て、さらに次の競争にも勝てるチャンスが出てくる。そうすると、自由な競争の結果として、社会全体としてみると、経済的な格差が生じることになるであろう。また、先にふれた談合の問題にもかかわるが、自由な競争では、仲間に入れるのも、また仲間に入れないのも自由である。したがって、たとえば雇用において、あるいは商品の売買において、相手を選ぶ差別がなされやすい。それが何らかのハンディキャップと結びつけば、差別と経済的な格差が循環し、社会に構造的な弱者を生み出し

ていくことになる。

市場規制のあり方

以上のように，市場システムには利点もあれば問題点もある。法による市場規制の適切なあり方については，とくに問題点への配慮が必要とされるであろう。

これまで，市場に対する法的規制にはいくつかの考え方が出されてきた。1つは，たとえば行政庁の許認可を必要とする市場参入規制や取り扱い業務内容限定など，経済的なメカニズムとしての市場の作動にかかわる「経済的規制」については，自由競争を促進するため，それをできるだけ緩和し（それによって保護主義的な取り扱いをなくし），たとえば薬事法や製造物責任法，消費者保護法，労働基準法など，人々の健康，安全，自由，その他，福利にかかわる「社会的規制」はむしろ強化していくべきである，とするものである。

また，たとえば独占の禁止や企業情報の公開，登記など，公正な競争を促進するために必要になる，市場メカニズムにとっての「内在的規制」と，自由な競争の結果として生じてくる失業や労働者災害，その他の社会保障関係の問題にかかわる「外在的規制」とを区別し，後者については自由な競争社会における一種のセーフティー・ネットとして別個に考えていくのが適切であり，2つを結びつけ，混同し，後者の問題があるからとやみくもに規制を強化することは間違いである，とする見解もある。

さらに，市場の公正な作動を確保していくためには，市場の「初期条件」（主体，情報，および交換関係にかかわるもの）だけでなく，市場の「過程条件」（交換関係の規律と枠づけや，契約，商取引，会社運営の公正なあり方にかかわるもの）およびその「結果条件」（市場の機能不全や，差別や格差など倫理的問題の是正にかかわるもの）もともに考慮に入れる必要があり，とくに市場の自由競争メカニズムに対する

道徳的な過程制御と結果補正が重要である，とする見解などもある。

要するに，市場のメリットを生かしデメリットを抑制することが必要である。そのために法にどのような役割が期待されているとみるかは，市場システムの評価とその弊害の受け止め方に依存しているところがあるといえるであろう。しかし，デメリットの抑制には，少なくとも「セーフティー・ネット」なり，市場の「結果条件」なりの考慮が不可欠である。この点が，次の平等にかかわる問題となる。

4 平　　等

平等に扱うということ

法の支配は法の下での平等な取り扱いを含意している。「等しきものは等しく」という平等の要請は，正義の基本的な概念内容の1つでもあった。また福祉国家は，法によって，できるだけ平等な福利の条件を創り出していこうとする。

では，法の下で，また法によって，平等に扱うというのはどういうことであるのか。なぜ私たちは平等に扱われなければならないのか。平等には，形式的平等，実質的平等，機会の平等，結果の平等，資源の平等，福利の平等などさまざまな捉え方があるが，それらの意味，違いと関連はどのようになっているのか。

法と正義にかかわる平等の問題について考えるには，まずこれらのことを明らかにしておかなければならない。

平等の理念

私たちは平等ではない。容貌が違い，性格が異なり，体力，知力，芸術的才能，いずれにおいても十人十様である。人種が異なり，性別が異なり，信条

も，価値観も，決して同じとはいえない。職業，地位，収入，家族関係，暮し向きについても，人それぞれに異なり，さまざまな境遇にあるのが実情であろう。このような違いがある中で，なぜ法の下では基本的に平等な取り扱いがめざされているのか。

平等に扱うほうが機能的に管理しやすいという説明もあるであろうが，規範的にはこれまで，近代市民社会が成立して以降の平等原則の歴史的重要性が指摘されてきた。自由の場合と同様，封建制の下で行われていた身分階層による差別的取り扱いから人々を解放し，特権的身分を廃して市民として平等化をはかること，それが近代的平等原則の始まりであった。それがめざすところは，完全な平等化ではない。今日にいたるまで，さまざまな平等問題が論議の対象となってきているが，共通して含まれているのは差別である。差別が問題であるのは，それが人の尊厳を傷つけるからである。したがって，尊厳を傷つけるような差別をなくし，等しい者として扱うところに平等原則の主旨がある。

等しい者として扱うことの哲学的根拠については，まず，人間の自然的条件の平等を挙げる見解がある。みな概ね同じような身体的・精神的機能をもっている，あるいは少なくとも，みな同じように傷つきやすく，みな同じように有限な環境条件の下で生活している。自然的条件においては平等なのであるから，法によって平等に保護する必要があるとされる。また，人間の道徳的人格価値の平等を主張する議論もある。身体的・精神的機能や社会的・文化的環境において差異はあるとしても，人格的存在として（場合によっては，神によって創られた人間として），みな等しい道徳的価値を有している（神の前では平等）。それゆえに，人間として平等な権利を各人が主張しうるのである。さらに，平等な取り扱いの根拠を何らかの等しい属性に求めるのではなく，社会的目的の共有に求めるものもある。

すなわち，共同社会の成員としてその形成・発展に等しい資格で参加しうる協働の条件を創り出していくためにこそ，法による平等な配慮が必要とされるのである。

法の下の平等

では，法の下で平等な者として取り扱うというのはどのようなことか。

完全な平等化は不可能であるし実際的でもないがゆえに，法的平等の要請は，古くから「等しきものは等しく」という形式的正義の概念によって捉えられてきた。「等しい」といえる場合は「等しく」扱うということである。どのような点において「等しい」とするか，またどのような取り扱いを「等しい」取り扱いとするかが問題となる。3つの次元を区別することが必要であろう。

第1に，法の公平な適用という意味での平等化がある。公共的規準としての法が適用されたり適用されなかったり，あるいは法に規定された要件事実が認められるのに規定された法的効果が付与されなかったりすれば，法の支配に反する。したがって，法規にあてはまる場合には法規に定められた通り平等に扱うということである。この意味での平等は，法の支配の要請に本来的に含まれている。

第2に，矯正的正義の概念が意味する平等化がある。ある人の不法行為によって他の人に損害をきたしたり，契約関係にある当事者間の一方の債務不履行によって他方が損害をこうむったりするようなことがあれば，損害を生じさせた側に損害の賠償が命じられる。つまり，利益・不利益のバランスを回復させるという意味での平等化である。

分配的正義

また第3に，法の下での平等には分配的正義の求める平等化もある。「各人に彼のものを」(suum cuique〔tribuere〕)という定式で語られる分配的正義は，法制度の下で，各人に「彼のもの」といえる権利なり，義務なり，

機会, 資源, サービスなりをその人に付与することを要請する。「彼のもの」を彼が得るようにすることが, 等しく扱うということになる。多くの場合, 差別がそうしたものの分配をめぐって問題になるところからすれば, この分配的正義こそ, 法による平等化の最も実質的な部分をなすといっていいかもしれない（→88〜93頁）。

たとえば, 選挙区間での投票価値の不均衡, 雇用ないし家族関係における男女の不平等, 外国人の政治参加権や社会保障の問題, 家族制度上の嫡出子・非嫡出子の法定相続分の違い, 刑事被告人や受刑者に対する取り扱いの問題など, まさに「彼のもの」が何なのか, その人にふさわしいものとは何であるのかが問われている分配的正義の問題である。

これまで分配的正義の求める平等の問題については基本的に次のように考えられてきた。すなわち, 一定の属性によって異なった取り扱いをすることは平等原則に反するが, 異なった取り扱いに合理的な理由があれば, それは平等の要請に反するものではない, と。たとえば, 日本国憲法第14条に, 何人も「人種, 信条, 性別, 社会的身分又は門地によ」って差別されないと規定されている。この条規に照らして, 非嫡出子を嫡出でないからという理由で相続の対象から完全に除外すれば, 確かに憲法違反になる。しかし, 法律上, 嫡出子を非嫡出子より相続において若干有利に扱うことは, 法律婚主義のもとに確立されている現在の家族制度を維持するためには一定の合理性があるといえるから, 憲法の求める平等の要請に反していることにはならない, といったようにである。

したがって, 従来の多くの平等問題とのかかわりでいえば, 分配的正義の要請をいかに理解するかが重要になる。それは, 市場における格差や「セーフティー・ネット」, 福祉国家における社会保障体系のあり方にも関係する。次にその問題を検討してみたい。

分配的正義の考え方

分配的正義は，分配における平等を意味する概念であるから，「各人に彼のものを」という実質的な考慮を多かれ少なかれ含んでいる。そこで重要となるのは，「彼のもの」とは何なのか，何をもってその人にふさわしいものとするか，である。

分配の対象については先にもふれた通り，権利や義務，機会，資源，サービスなどである。厳密にいえば，権利，機会，サービスなどの正財と，義務，刑罰，租税などの負財が分配の対象になる。どのような財がそうした分配の対象になるかは，分配の種類により，あるいはまた問題となる分配の状況により，異なってくるであろう。

問題となるのは，「彼のもの」をどのように確定するか，である。これが最も争われる点であるが，基本的な考え方として，アリストテレスのいう「幾何学的均等」の要請が手がかりになる。すなわち比例的に「彼のもの」を定めるのである。たとえば，戦利品は戦勝への貢献度に応じて分配するという場合のように，何らかの基準を立てて，それに従って一定の財を分配する。

分配の基準としては，「地位に応じて」，「年齢に応じて」，「功績に応じて」，「働きに応じて」，「必要に応じて」など，さまざまな考え方がある。たとえば，共同農地で共同して作った穀物の分配を考えてみればよい。収穫分を，子どもと大人，よく働いた人と働かなかった人を区別することなく頭割りで一律平等に分ける分け方もある。しかし多くの場合には，何らかの実質的な考慮を入れ，分相応になるような分け方をするであろう。共同体内の地位に応じて高い地位の人からより多くを分配する仕方，よく働き収穫に最も貢献した人からより多くを分配する仕方，あるいはまた，必要に応じて，たとえば大人には多く子どもには少なく，大家族には多く小家族には少なく，他に糧を得る手段のない病弱な者には多く，そうでない

健強な者には少なく，などというように。しかし，「地位」はそれ自体功績によって割りあてられることが多く，「年齢」も年功というように功績に関係する概念であり，また「働き」も一種の功績とみなされうるところからすれば，大きな違いは，「功績」（merit/ desert）による分配と「必要」（needs）による分配の間にあるということになる。これら2つが一般的に最も多くみられる分配方式の原型であり，たとえば，コンクールの優勝や資格試験・入試の合格などは功績による分配であり，生活保護や補助金，研究助成金などは必要に応じた分配の例になる。

次に，分配的正義については，財（正財）の分配方式に関して，「機会の平等」と「結果の平等」という相異なる考え方がある。前者は，財を獲得するための機会が平等に保障されることを求め，後者は，機会ではなく結果における財の平等な分配を求める。比喩的に，機会の平等はスタートラインの平等，結果の平等はゴールの平等といわれることもある。つまり，たとえば徒競走において，競争に参加するチャンスが平等に与えられ，スタートラインに平等に立てるということが機会の平等であり，競争の結果，1位，2位，3位の賞品を早くゴールした者から順に与えるのではなく，順位によらず，参加者全員に同じ賞品を与えるようにすることが結果の平等である。

機会の平等と結果の平等は必ずしも両立しないというわけではない。なぜなら，まずは競争させて，ゴールしたあと平等に扱うということもできるからである（しかしその場合には，何のための競争だったのかという疑問を生じるが）。しかし多くの場合には，財の分配方式として，機会の平等によるのか，結果の平等によるのかが選択される。そして，その場合には，機会の平等は功績に応じた分配につながり，結果の平等は必要に応じた分配に結びつく。「結果」はしば

しば，最終的な満足なり利益状態なりを意味するからである。

このような財の分配方式を社会全体にわたってみた場合，「機会の平等」は自由競争を原則とする市場システムを介しての財の分配に，「結果の平等」は再分配を行う福祉国家のような統治機構を介しての財の分配に多くみられることがわかる。分配的正義と平等をめぐり，相対立するさまざまな見解が出てくるのはここからである。市場的分配か，政治的分配か。主として機会の平等によるのがいいのか，結果の平等を基本と考えるべきであるのか。

多様な平等論　平等にかかわる今日の議論は，「機会の平等」論と，限定された「結果の平等」論を左右の極端とするさまざまな見解の間で展開されている。

先述のように，近代的平等の原則は身分階層による区別をとりはらったところから出発した。市場システムにおいては，誰でも基本的に差別されることなく自由に競争に参加できるという意味で，少なくとも機会の平等は保障されなければならない。他方，マルクス主義がかつて説いていたような，完全な結果の平等を説く学説，すなわち，どのような仕事をしても，またどのような責任を果たしても，努力をしようがしまいが，ともかく「揺り籠から墓場まで」，能力に応じて働き，必要に応じて分配を受けるという仕方ですべての人が平等な生活を保障される，そのようなシステムの有意性を主張する議論も今日ではむしろ稀である。

現代のさまざま平等論は，次の3つに大別できるであろう（図4-1）。すなわち，形式的な機会の平等論，実質的な機会の平等論，そして福利の平等論である。

福利の平等論が統治機構による結果の平等の実現を重視するのに対し，形式的にせよ実質的にせよ，機会の平等論は市場システムに基本的に依拠し，自由を重んじる。3つの平等論の違いは，別の視

図4-1 平等化の種類とレベル

才能/努力 ── (3) 福利の平等

資源 ── (2) 実質的な機会の平等

機会 ── (1) 形式的な機会の平等

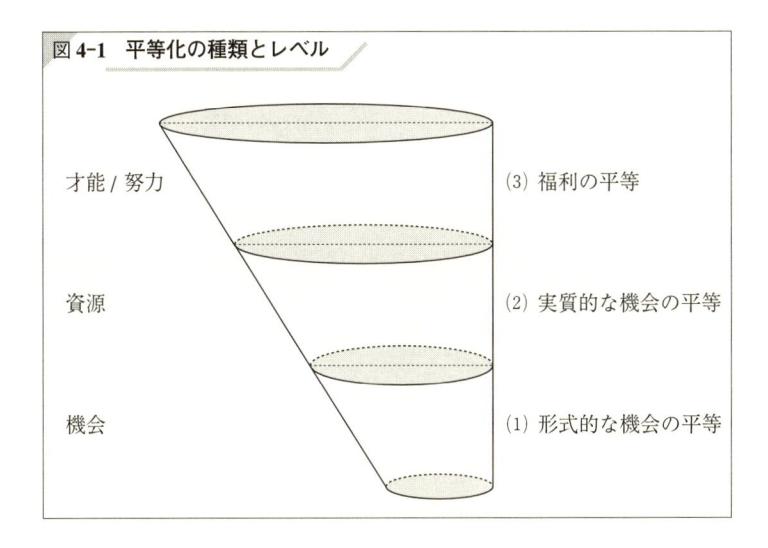

角からみれば，上の図のように，統治機構が市民の生活にどの程度厚い公的支援を行うか，それによってどの程度の差異の補正を行うかによるとみることもできるであろう。

> **機会の平等**

第1に，形式的な機会の平等論は，市場競争に参加する機会を平等に保障することを説く。

先に述べたように，誰しも性別や人種，貧富の差によって差別されることなく自由に競争に参加できるという意味で「スタートラインの平等」論，あるいは，競争で成果を競い合う際に，すでにみずから有するいかなる資源をも動員することができるという意味において「自然的平等」論ともいう。

自由な競争の結果すなわち各人の努力の成果が功績として評価され，それに従った財の分配を正義にかなった分配とするのであるから，この平等論では，競争からの予めの排除をともなう差別および

4 平 等　161

市場競争へのあらゆる参入規制を原則として妥当なものとはしない。競争によって最大限の真価が発揮されること，およびその真価が市場機構において適切に評価されることを重視する。この平等論の説く統治機構の役割が他の理論に比べて最も少ないのは，リバタリアニズムおよび自由市場論のところでふれたように，平等な機会のみを保障し，市場システムの安全とその障害なき作動の確保に重きをおくからである（→139頁，144〜149頁）。

> **資源の平等**

第2に，実質的な機会の平等論は，機会の形式的な平等ではなく，その実質的な平等の保障が必要であると説く。

たとえば，運動競技でも，男女の種目を分けたり，体重別のクラス分けをして，できるだけ平等な条件の下で競わせようとする。それと同じように，競争が公正に行われるためには，単にスタートラインの平等を保障するだけでは不十分であり，身体能力の差，経済的条件の差など，ハンディとなる有形要因を可能なかぎり平等にした上で，競争において個人の純粋な真価が発揮されるようにしなければならない，とする。したがって，障害者に対する施設補助，経済的に困難な状況にある人に対する経済的援助，倒産した企業や失業した者に対する援助措置，給与上の扶養家族手当て，あるいは場合によっては，従来の差別により社会経済的に不利な条件の下におかれてきた特定集団の人々に対する積極的優遇措置（アファーマティブ・アクション，ポジティブ・アクション）など，平等なスタンスで競争にのぞめるよう，資源の面における一定の公的な援助を是認し，またそのかぎりで，財の再分配も正当化する。この平等論が「平等主義的な機会均等論」あるいは「平等主義的な自由主義平等論」といわれるのはそのためである。

ただし，機会の実質的な平等をどの程度保障するか，競争のため

の「資源」としてどこまでを平等化の対象とするかによって，さまざまに見解は分かれる。代表的な理論として，仮想オークションによる初期格差の補正を1つの狙いとする「資源の平等（equality of resources）」論（R. ドゥオーキン）や，初期格差の補正だけでは貧困からの解放に十分でない場合があるとして，さらなる実質的平等化を説く「潜在能力の平等（equality of capabilities）」論（A. K. セン）などがある。

福利の平等 　第3に，福利の平等論は，機会の実質的平等化をはかるだけでは格差問題の根本的な解決になお不十分であるとして，個々人の福利における平等化を説く。結果の平等をめざすがゆえに，統治機構による公的な配慮と援助は実質的な機会の平等論よりはるかに厚いものとなる。

この平等論で問題とされるのは，才能ないし資質である。いかに有形要因においてハンディとなる条件を補い，公正に競争がなされるとしても，競争には勝ち負けの結果がともなう。勝敗を分けるのは才能と努力である。才能と努力を合わせて広義の才能あるいは資質ということもできるであろう。市場では，もって生まれた資質により，ある人はめざましい成果を上げ，ある人は志を遂げられずに満たされない生活を送る。これが社会経済的格差の源であるという。たとえば，ロールズは論じている。才能は個人的な幸運であり，努力は多くの場合幸運な家庭環境・社会環境に依存している。それらは自己の選択や同意をこえた偶然的要因であるから，そうした幸運に対して人は権利を主張することはできないのである，と。したがって，福利の平等論では，結果としての福利を可能なかぎり不平等のないようにしようと提言する。

この平等論には大きく分けて2種類の考え方がある。1つは，格差原理に表れているように，市場システムを重視し個々人の自由を

4 平　等

尊重しながらも，社会の基本構造の「公正」化をはかるために，公的資源の許すかぎり，社会において最も不利な状況にある人々の利益状態を向上させていこうとするもの，もう1つは，社会の基本構造の問題としてではなく，端的に個々人の福利の可能なかぎりの平等化を求めるもの，である。いずれにしても，一人一人の福利をできるだけ平等にすることをめざす点で，福利の平等論は「民主主義的平等」論といわれることもある（→*Column* ㊵〔286頁〕）。

「平等化」批判論

平等論は以上のように多様であるが，平等の理念そのものは法の本質的部分にかかわり，平等の実現は法による正義実現の重要な課題になっている。平等の問題について考える際には，それらのことを理解し，その上でまた，次のような平等化に反対する議論のあることも考慮する必要があるであろう。

まずとりあげておかなければならないのは，とくに福利の平等論に対する批判である。福利の平等論は，スタートラインの平等ではなくゴールの平等をめざす点で機会の平等論とは根本的に異なる。初期格差としてのハンディキャップの埋め合わせや，各人の生活および活動に共通して必要となる一定のミニマムな財の保障ではなく，一人一人の必要，選好，満足を同じレベルで満たそうとする。しかし，供給される財の量の面で「同じレベル」であるならば，職業も，責任も，志も，その他さまざまな点で異なる個々人の必要に適切に応じることができないであろう。他方，各人の異なる必要を質的に「同じレベル」にまで満たそうとするならば，どこまでが「同じレベル」といえるのかがきわめて曖昧で確定しにくいこととなる（この批判は，格差原理にはあてはまらないように思われる。しかし，「最も不利な状況にある人々」とは誰のことか，またどのような意味においてかが争われる場合には，同じような問題に直面することとなる）。

次に、平等化についてよく指摘されるのは、自己実現へのインセンティブの欠如である。市場システムでは努力して成果を上げた分がそれとして評価され財の分配に反映される。その評価が適切に行われるかどうかが市場にとっての問題であるとしても、基本的な仕組みとしてはそのようになっている。もし福利の平等論のように、成果や努力にかかわりなく分配が同じであるとするならば、創意や努力を引き出すインセンティブに欠けることになるであろう。格差原理による平等論や実質的な機会の平等論の場合でも、権力的な統治の機構を用いての再分配は、その規模が大きくなればなるほど、インセンティブ効果を減じることになると批判されるのである。

優遇措置の問題 さらに、メリット原理との不整合およびいわゆる逆差別につながる可能性もしばしば問題にされる。「各人に彼のものを」分配するのが法的平等の要請であり、その分配の仕方に、「功績」すなわちメリットに応じた分配と「必要」すなわちニーズに応じた分配の区別があった。実質的平等化論や福利の平等化論は、たとえば一定の優遇措置(つまり差別是正策として女性や民族的少数者などを雇用や入試の面で優遇する措置)を「必要」(過去の差別への償い、あるいは現在の不利な状況の是正、あるいは将来の多元的共生への布石といったような)にもとづいて正当化しようとする。

しかし、そのような形での平等化はメリット原理に反し、逆差別を引き起こすものであると批判される。優遇措置がメリット原理に反するのは、雇用であれ入試であれ、制度の本来の趣旨を熟慮することなく、制度の趣旨にそったメリット基準によってではなくて、制度に外在的な必要のみによって分配するからであり、それが逆差別につながるというのは、メリットによれば当然分配を受けることのできる人を優遇されるべき集団に属していないという理由で排除

することによって，自分ではどうすることもできない自然的属性による差別を行うことになるからである。また，優遇措置は，そうした措置がなければ分配を受けられない，つまりは実質的にはメリットを欠いた存在なのだという差別的な意識を社会に生じさせ，優遇措置を受ける側の自尊心をも傷つけて，不平等化を助長することになりかねないとも批判される。

5 共同体と関係性

共同体論

自由と平等は，立憲民主制下の法制度がさまざまな領域で具体化している基本的な法価値である。それは，基本的人権の内容として，法の中立性および寛容とともに自由主義的な法秩序を最もよく特徴づけるものともなっている。

しかしここに，自由社会の病弊を指摘し，平等な自由への権利を基本原理とする法秩序のあり方そのものに疑問を投げかけ，それを支える自由主義的な正義の理論に対して根本的な批判を展開する考え方がある。共同体論である。共同体論は，自由主義理論の拠って立つ基盤とその前提を鋭く摘示しながら，とかく見失われがちな法的・政治的実践の，もう1つの重要な次元に私たちの目を向けさせる。

自由社会の病弊

共同体と共同体的関係を重視する共同体論（communitarianism）は，自由社会を次のように批判する。すなわち，個人を尊重し，個人の個人としての自由・平等を重んじる社会は共同体を衰退させ，歴史や伝統に培われた共同体の価値を失わせるだけでなく，人間関係の希薄化を招き，

本来は豊かであるはずの個々人のアイデンティティを浅薄なものにしてしまって，共同体の事柄ないし公共的な問題に対する真に主体的な取り組みを難しくするような状況を作り出してきているのではないか，と。

共同体論がみる自由社会の病的な状況はおよそ次のようである。

市場においては，自由競争を通じ，力をもった大きな企業が小規模の経営体を次々に併合ないし駆逐して，その勢力を拡大していく。他方，弱者を守り，平等化を推進しようとする福祉国家は，そのためにますます官僚機構とその権力を増大させる。個人は，あたかも市場権力によって翻弄され，国家的庇護の下で無力化されるかのようである。私的，公的，いずれの場合においても，強力な権力の前にバラバラの個々人はよるべなく受動的にならざるをえない。権力の集中が，個々人における対抗力の弱まりと主体性の喪失を招くのである。

また，共有価値の拡散・消失と一元化もそのような病的状況の一つとして挙げられる。市場では，需要と供給による貨幣的価値が基準となり，経済的な効率性ないし富の追求が支配原理となるために，売れるものはポルノであろうと臓器であろうと人の名誉を傷つけるものであろうと次々に出まわるのに対し，特定の共同体と結びついた文化や伝統あるいはそれらにもとづく功績など，市場価値になかなか変換できないような共有の価値がしだいに廃れていく。共同体における地域的人間関係に支えられた相互扶助的なシステムも簡便な市場サービスにとって替えられ，医師や大工など専門職業人の使命感や気概，誇り，あるいは公民的徳としての信頼や勇気，誠意といったものも維持されなくなる。市場の自由競争は，価値の多元化ではなく，価値の一元化を招きやすい。また他方，平等化を推進する福祉国家も，たとえば同化政策にみられるように，差別の解消と

ひきかえに，特殊な伝統・文化を有する共同体を解体してしまう。国民が等しく一定の福利を享受できるシステムが，共同体内の支え合いを不要にし，人々を効率的・普遍的な管理システムの下におくからである。

共同体の崩壊　さらに，共同体論者によれば，共同体的な関係がなくなり，共同体そのものが崩壊する傾向もある。地域共同体や民族共同体における人間関係が市場システムないし福祉国家システムの下で希薄になるのはもちろん，基本共同体である家族にまでそれは及ぶ。家族の一員であるとしても，個人として尊重され，平等かつ自由に幸福を追求できるとされるがゆえに，まちまちの幸福追求が離婚を招く。思い通りにならない子に対する虐待や，自由な幸福追求の妨げになる老親の遺棄も増えるであろう。公的な福祉に依存できれば，子どもの保育や老親の世話から解放されることにはなるが，それによって次第に家族としての責任感は弱まり，結びつきも薄くなる。

家族関係が崩壊すれば，それは，子どもから家庭という「繭」，家庭という「社会化の場」を奪ってしまうことにもなりかねない。私的な生活領域における個人的な自由と公共的なものへの関心の薄れが，差別を助長するとともに，窃盗，麻薬，暴力など，少年にまで及ぶ犯罪と非行の増加にもつながっていく。

自由主義正義論批判　このような自由社会の病弊は，共同体論によれば，他でもない平等な自由を保障する自由主義的な法秩序の1つの帰結なのであり，その根本原因は，そうした秩序を支える自由主義的な正義の理論によるところが大きいとして，それが批判される。正と善の区別，「負荷なき自我」の観念，関係性の欠如という3つの点について，批判論の要旨をみておきたい。

正と善の区別　自由主義的な正義論では，功利主義理論によるのであれ，リバタリアニズムによるのであれ，あるいはまた平等主義的な福祉国家論によるのであれ，自由・平等の権利（基礎となる考え方によってその内容は異なるが）を保障する公共的な法の枠組みの下で，各人は自由にみずからの幸福を追求できるとされる。すなわち，理論的にいえば，公共的な枠組みとしての「正」の原理が多様な「善」の追求を可能にする基礎的な条件を提供するということになる。ここには，正と善の関係について次のような3つの想定が含まれている。すなわち，正は善から区別されること，正は善に優先すること，そして，正はいかなる特定の善の観念にも依存せず独立かつ中立的に規定できる，ということである。

たとえば，ロールズの正義論（→10頁）はそのことをよく表しているといえるであろう。個々人の個別性と善追求の多様性を保障するために，社会の公正な基本構造を定めるものとして正義の2原理が提示された。正義原理は，どのような善の追求にも必要となる社会的基本善の配置にかかわり，特定の善に関係する自然的・社会的偶然がその内容に影響することを防ぐため，無知のヴェールなど公正な判断状況を確保する手続的条件を満たした上で導かれる。したがって，いかなる善き生活のビジョンをも促進したり抑制したり，肯定したり否定したりすることがないという意味でそれは中立的なものだとされる。正義原理は，自由と平等の権利の体系であり，公的な領域における社会関係を規律する秩序原理として公正な社会を形づくるものとなるのである。

しかしながら，これに対して共同体論は批判する。いかなる善の観念にも依存せず中立的な正の原理を定めることができるか，と。自由，平等，公正，寛容はそれら自体，「善」すなわち善き生活を

Column ⑳ 政治的リベラリズム

　必ずしも共同体論による批判の直接的な結果ではないが，善の社会的重要性にかかわる主張がロールズのリベラルな正義論に無視できない変化をもたらした。

　『政治的リベラリズム』（1993年）においてロールズは，一定の善の観念に基づく包括的ドクトリンが相互に対立する状況の中で，「公正としての正義」は，形而上学的な基礎づけを与える道徳哲学的な教説としてではなく，あくまでも，異なる価値観をもつ人々の間に社会的協働の公正な条件を確保することをめざす政治的な正義概念に基づくものであることを明確にした。たとえば「社会的基本善」のリストは，特定の秩序構想の下にある平均人の必要から原理的に定められるのでなく，異なる包括的ドクトリン間の「重合的合意」に委ねるべきだとされる。ロールズによれば，正義に適った秩序の形成は「公共的理性」によるのであり，秩序の核には「憲法エッセンシャル」が位置するという。

　正義原理のための方法論的基礎を基本的には維持しながら，多元主義的状況に対応して社会的統合と秩序の安定性に現実的な関心を払いつつ，理性的多元主義の立場に立って，立憲民主制的リベラリズムの新しい可能性を開こうとする考え方になっているといってよいであろう。

実現していくための価値であり，その意味からすれば，一定の善が正と捉えられていることになる。正が善と結びついているとすれば，正と善の区別という自由主義理論の基本テーゼはそもそも成り立たなくなる。

　また，選択の自由や公正な手続以外の他の価値が重要な問題となっているときにも，それら「正」と捉えられる自由主義的な価値が維持されるべきであるのか。たとえば，表現の自由は最大限保障されるべきであり，場所や態様について公共的な必要から規制できる部分があるとしても，表現内容の良し悪しを理由とする規制はすべ

きでない，その意味で法の中立性は維持されるべきである，とされる。内容に踏み込んだ判断は，特定内容の表現を促進したり抑制したりすることによって，特定の善の是認ないし否定にかかわってしまうからである。しかし，そうした中立性は，たとえば特定の民族を蔑むような差別的言論が問題となる場合でも維持されうるかどうか。もし差別的言論の規制を正当化するならば，中立性の原則は維持できない。差別的言論でも言論の自由によって許容するなら，平等の要請に反することになる。

その他，経済活動の自由に関する倫理的規制や，個人的な選択ないし同意によらない団体責任の問題についても，正の原理では説明がつかないし，正の原理だけで適切な対処がなされうるものとも考えられないと批判される。

「負荷なき自我」 共同体論によれば，自由主義的な正義の理論は，何ものにも拘束されない選択主体を前提にしている。たとえば，契約論的なリバタリアンは，個々人を，自然状態で有する自然権の保有主体と捉え，それによって自由権の最大限の尊重とその最小限の制約を説く。また，平等主義的なロールズの正義論においても，正義原理は，特定の善の追求につながりうるような属性については知らないという「無知のヴェール」の想定の下に，原初状態の当事者の合意によって採択するものとされる。それによって，自由に関しては，他の人の同様の自由と両立しうるかぎり最大限の平等な自由への権利を，また平等に関しては，機会の平等原理および格差原理が求める広い範囲の平等の権利を導き出すのである。

こうした理論の前提になっている人格概念を，M. サンデルは，「負荷なき自我」(unencumbered self) あるいは「主意主義的自我」(voluntarist self) とよんでいる。実際上のいかなる制約からも自由

な，純粋な選択主体，原子論的自我である。しかし，私たちは，A. マッキンタイアが述べているように，すでに誰かの子であり，どこかの国の国民である。家族，地域共同体，国，民族，宗教など，特定の属性をもつものとして私たちはある。歴史，文化，伝統など，それぞれの属性にともなう正の遺産・負の遺産を共有しつつ，特定の刻印をおびた存在として私たちはある。したがって，人間の本来的なあり方は負荷のない自我ではなく，「位置づけられた自我」（situated self）あるいは「物語的自我」（narrative self）というべきであるとされる。

「負荷なき自我」の観念が問題であるのは，実際のあり方にそぐわないだけでなく，人間をそのように捉えると，私たちがたとえば家族の成員として，会社の一員として，また特定の国民として，通常負うている広い範囲の道徳的・政治的責務の意味を理解できなくなるからである。「負荷なき自我」は，一切の責務の根拠をみずからの選択ないし同意に求め，それ以外のいかなるものにも自己拘束の根拠を見出さないような自我である。それが確立するアイデンティティは希薄であり，それが享受する自由は空虚である。自律の基盤になるどころか，かえって環境条件や移ろいやすい感情に左右されてむしろ他律的な自我であるといわざるをえない。それゆえ，「位置づけられた自我」「物語的自我」こそ，私たちのアイデンティティの実質的な基礎となり，真に豊かな人間的主体性が確立される基盤となりうるものである，とされるのである。

関係性の欠如　自由主義的正義の理論は，正の原理が権利を記述し，前提となる人格概念が「負荷」のない自我であるから，基本的に権利基底的理論であるという性格をもつ。権利は個別化された政治的目的として相当の重みをもち，安易に公共的な利益との比較衡量に付されてはならない。したがっ

て，多くの場合には権利が権利として優先されるということになる。

たとえば，表現の自由は，表現内容にかかわらず，権利として広い範囲で保障されなければならない。身体に障害をもつ者への補助措置についても，ハンディキャップを埋め合わせる平等への権利として原則的に保障されなければならない。

しかし，先にふれたように差別的な言論が問題になる場合，あるいは，ゴルフの試合において，障害を負う選手にのみルールに反してでもゴルフ・カートの利用を認めることが問題になる場合，いずれにおいても権利を権利として保障することがほんとうに適切であるといえるのかが問われる。

共同体論によれば，そのような場合に重要であるのは，前者のケースでは，自由な表現行為とその行為（つまり差別的表現）が対象としている相手方との関係，また後者のケースでは，ゴルフ・カートの利用とゴルフというゲームあるいはその試合の基本的な性格との関係を考慮する必要があるという。表現の対象とされている人々が差別的表現によってどれほど傷つくか，それを社会がどの程度重要な問題として受け止めるか，が重要である。また，ゴルフ・カートがどの程度必要とされるか，基本的ルールへの例外としてカートの利用を認めることがゲームの性格を変えてしまうことにならないか，慎重な考慮が必要である。そうした関係性にかかわる実質的な考量を抜きに，権利を権利として保障しなければならないとするのは問題が多いというわけである。

共同善

したがって，以上のような批判をもとに共同体論が主張するのは，善と区別される正の秩序ではなく共同善の秩序であり，中立的に規定された権利ではなく，関係性を視野に入れた実質的な考慮にもとづいた秩序づけである。また，個々人の人格の捉え方についても，自由主義理論のよ

うに負荷のないものと捉えるのではなく，特定の歴史的・文化的な刻印をおび，「共同体の物語」の中にはめ込まれているがために倫理的な固有性をもつ，「位置づけられた」存在として捉える。

さらに，規範的な判断の根拠としては，自由主義理論のように，個々人の自由意志・選択意思によるのではなくて，共同体論は，共同体関係の中で歴史的に形成され受け継がれてきている実質的な善，すなわち倫理的な共有価値を重視するのであり，その結果，個々の規範も，基本的に，個々人のさまざまな善の追求の間で中立的なものと考えられるのではなく，人々のよりよい生き方，よりよい社会のあり方を推進できるもの，つまり，共同善を考慮し，目的論的考慮に裏打ちされた実質的に妥当なものであるべきだとする。こうした考え方の相違が表れるのは，自由主義理論が個人主義，主意主義を，共同体論が共和主義，歴史主義をそれぞれ重要な思想的拠り所としていることによると考えてよいであろう（表4-1）。

注意を要するのは，こうした共同体論の考え方にも，「共同善」の捉え方によって2つの相異なる傾向があることである。1つは，共同善を特定の共同体の歴史と伝統のうちに埋め込まれた所与のものとして捉え，その維持と発展を重視する保守的な歴史主義的傾向であり，もう1つは，そうではなく，共同善は相対的なものであり，共同して見出していける，あるいは創り上げていけるものだと捉え，公共の事柄への共同参加と民主的自己統治に共同性の絆を求め，関係性の中で公民としての徳が陶冶されることを重視する参加民主主義的な公民的共和主義の傾向である。前者は一般に基礎づけ主義（foundationalism），後者は非基礎づけ主義（non-foundationalism）として区別されている。

共同体論への反論　最後に，共同体論に対し自由主義理論の側からなされる反論でよく指摘される点を3

表 4-1　自由主義理論と共同体論

	自由主義理論	共同体論
秩序原理	正 権　利	共同善 関係性
基幹価値	自　由	善
人格概念	負荷なき自我 主意主義的自我	位置ある自我 物語的自我
規範根拠	選択・同意 意　思	歴史・文化 コンテクスト
法的規準	中立的	目的論的
思想基盤	個人主義 主意主義	共和主義 歴史主義

つ挙げておきたい。

　第1に，道徳的固有性をもち結びつきが強い共同体にありがちな偏見と不寛容の問題がある。共同体の歴史あるいは伝統に内在している価値が優越的なものとされると，それを標準として，他のそれとは異なる価値を否定したり排除することにつながりやすい。少なくとも他の価値に対する寛容はなくなる。なぜなら共同体の基礎にかかわるからである。また，共同体では，共同体の紐帯や共同体内の連帯それ自体を維持するために，共同体の価値を用いた共同への強制が行われやすい。共同体の一体性と安定を保つために，対外的ないし対内的な規制がはたらくのである。

　この点に関連して，共同体論は全体主義への危険をはらむともいわれる。特定の歴史，文化，伝統に培われた価値を標榜し，国民にそれを強制することによって有機体的・実体的な国家のあり方を進めれば，個々人は全体の部分とみられ，国策遂行の道具にされかねない。共同体と共同体的関係を重視する共同体論には，そうした全体主義への危険な誘惑があるという。

共同体と多元的社会 　第2に、共同体が共有する価値を相対的なものと捉える非基礎づけ主義の場合には、倫理的な多元主義になりかねないという問題がある。つまり、共同体の価値について拘束的な権威を認めないということになると、共同体が維持すべき実質的な価値が何であるのかについて意見の対立が出てくるのは必至であり、対立する場合に誰がどのようにして共同体の価値を決めるのかが問題になる。規範的な判断にかかわる考慮が実質的に倫理的なものになればなるほど、意見が多元的に対立することになるであろう。参加民主主義的な議論だけでは秩序づけの方法として不十分である、とされる。

　第3に、共同体の復権と共同体的な関係および価値の再生を求めることは、今日の時代状況にそぐわないと批判される。現代の国民国家は古代ギリシアのような都市国家ではない。規模が大きいばかりでなく、内部に複雑で多様かつ多元的な要素を抱えている。それは、人類史の展開の中で、平等な自由という基本的人権が国家の基本制度として取り入れられてきたからである。比較的同質的で安定したまとまりとしての共同体の意義を説くことは、今日の状況では非現実的であり、せいぜい共同体が生き生きとした生命力ももちえた過去の時代へのノスタルジアでしかありえない、といわれるのである。

6　議　論

議論によって 　議論は、法によって実現されるべき正義の意味内容について意見が対立するとき、調整をはかる1つの手段として重要な意味合いをもっている。とりわ

け，現代社会のように，価値観が多様化し，実質的価値について意見の一致が見出しがたいような状況においてはなおさらである。しかし，単に議論をすればよいということにはならない。相互了解と合意の形成をめざして議論をすることが大切である。では，相互了解をはかり，合意が得られるようにするにはどのように議論をしたらよいのか。

議論の理論はそのための条件を提示する。「理想的発話状況」，「原理整合性」，「普遍化可能性」など，議論を公正に行い，できるだけ誰もが納得できるような合意に達しうるための理性的議論の条件である。

手続化が現代法の重要な動向の1つとなっている今日，そうした条件の意味を明らかにし，法的議論の基礎にあるものを改めて確かめておく必要がある。

手続的アプローチと議論

異論が出て争いの原因になっている，またなりそうな事柄を決着させようとする場合，決定の方法としてはいくつかの選択肢がある。たとえば，次の首長を誰にするかを決める場合に，くじ引きをするやり方があり，演説の能力によってということもあり，また誰か信頼のおける権威者に決めてもらうこともできようし，公式な方式としてよく用いられる成員の投票によってということもあるであろう。しかし，社会的実践において通常最もよく行われるのは話し合いで決めるということである。投票で決める場合にも投票にいたるまでのさまざまなレベルで話し合いが行われる。話し合いでは，決定の仕方そのものも論題にすることができる。

同じようなことは，たとえば空港の設置を認可する条例が争われる場合でも，あるいは女性や外国人への差別的な言論を規制することが問題になる場合でもいえるであろう。もちろん，公共事業や言

論規制の問題にくじ引きという方法を用いることは適切でないであろうが。

したがって、法的正義の意味内容について争いがある場合に、私たちはよく話し合いを試みる。話し合って、十分納得し合って1つのことを決めようとする。「正しい」ことが別にあるのかもしれないし、ないのかもしれない。しかし、ともかく「正しい」といえることを見出していく共同の試みとして、私たちは話し合いをするのである。

正義への接近方法には、正しいことは何であるのかを直接の検討対象とし、正義判断の基準を確定していこうとする実体的アプローチに対して、結論の正しさよりも結論を得るにいたる過程の重要性を強調する手続的アプローチがある（→97頁）。話し合い、すなわち議論による解決の試みこそ、この手続的アプローチに属するものに他ならない。

議論の重要性　手続的アプローチとしての「議論」の重要性は次のような点に見出される。第1に、公共的決定においては利害が対立し意見が異なることがしばしばある。そのような場合に、決定の正しさを独立の基準によって判断するのでなく、できるだけ公正な仕方で議論を尽くし、共同して得られた結論としての合意内容を暫定的に正しいこととして受け入れていく。それは、価値観が多様化し、実体的な価値判断の基準について一致が得られにくい現代社会においてはとりわけ、平和的な問題解決の方法として意義あることだとされる。

対立　──────→　合意＝「正」

第2に、議論のダイナミクスもよく指摘される。議論は、説得の

試みであり，特定の決定の良し悪しが，実体的な価値判断の基準を引き合いに出して，またその解釈を展開することによって論じられる。さまざまな問題点について，さまざまな次元で，相手方ないし聴衆が納得しうるような努力がなされるのである。したがってまた，議論には実体的考慮が入ってくるわけであり，議論が尽くされて合意にいたれば，それが実体的規範体系に新しい要素をつけ加えることになる。合意による暫定的な「正しさ」は，さらに，状況の変化により，あるいは同種の別のケースにおいて形を変えながら，引き続きくりかえし議論の俎上に上がってくることもあるであろう。

第3に，共同体論のところで問題にされた実質的考慮が議論においては十分に尽くされうるということもある。とくに法的な議論において倫理的な問題が議論の対象になるときには，原則に対する例外であれ，原則そのものの見直しであれ，主張の根拠が問われることによって原理的判断として実質的な理由づけが共同して探求されることになる。議論は，相対立する見解が共有できる理念なり正義観なりにまで下り立って一致できる点を探し求める過程であり，そこには，架橋しがたい溝を埋め，克服しがたい対立を克服する可能性が秘められているといえよう。

議論プロセスの公正さ

しかし，いかに実体的かつ実質的な考慮にもとづき相手方を説得する試みとして議論が展開されるとしても，ただ話し合えばよい，議論すれば合意にいたれるという保証はない。合意に到達したとしても，権力的に一方向的な合意が取り決められた場合には，議論が尽くされたとはいえず，十分な納得も相互了解もなく，真の合意とはいえない。そこで，本当の意味での合意にいたれるように議論の過程をできるだけ公正にするという要請が出てくる。

そうした議論プロセスの公正さについて，ハーバーマスは「理想

的発話状況」(ideale Sprechsituation) の理論を提示している。「討議倫理」(Diskursethik) として，倫理的でもある理性的な条件を満たして議論をするところに，相互了解をめざすコミュニケーション的行為の合理性が見出されるとされる。理性的議論のための理想的な条件とは次のようなものである。

> ① いつでも討論を開始したり継続したりできること。
> ② 主張について説明や正当化，あるいは異議の申立てや反対論証がなされること。
> ③ 各人がみずから正しいと思うことを偽りなく誠実に述べること。
> ④ 主張と反論の完全に対等な機会が保障されていること。

　これらの条件は，議論参加者の限定のない対等性を保障することと，主張が理由を示して展開されるなど議論内容の実質性が確保されることとを求めている。議論による相互の意思疎通が障害なくスムーズに行われることを規定するものであるから，外部からの作用によって議論が妨げられたり，内部的に強制があるなど議論参加の対等性を損なうような，外的・内的な障害から自由であることを含意している。また，議論への参加という点において完全な相互性・対称性を求めるものであるので，議論参加者が各々独自の利害関心なり人生目標をもっていること，それぞれが等しい判断能力・責任能力を有する自律的人格の主体であることを，相互に認め合い尊重し合うということをもともなっている。

　したがって，理想的発話の条件には，予め議論の手続を決め，それに従ってフェアに主張をやり合うという単なる手続的公正さ以上のものが含意されていることになる。それは，議論を通して相互了解にいたれるような「討議倫理」の要請内容としてそれが提示されているためである。

原理整合性

公正に議論がなされ，相互了解と合意が得られるようにする条件として，そうした手続的なプロセス条件に加え，主張内容の実体にかかわる形式的要請が説かれることがある。原理整合性と普遍化可能性である。

原理整合性とは，主張を展開する場合に，その主張をできる限り共通の論拠ないし共有の知にもとづいて正当化するということであり，法的議論など規範的な内容にかかわる主張の場合には，実定法や判例など，これまでの法的判断の基礎にある法原理すなわち実質的な価値判断の基準に可能なかぎり整合するような仕方で議論を組み立てるということである。たとえば，差別的な言論でも言論の自由として許されてしかるべきだ，という主張の根拠として，憲法第21条を挙げ，その基礎にある，精神的自由の優越性や思想の自由市場論，政府規制の中立性などといった法原理を引き合いに出すような場合がこれにあたる。もっとも，どのような原理にどのような意味において整合させるかが問題になるが，ともかくも共通論拠としての原理に依拠することにより，議論に共通の地盤ができ，その解釈に争点が絞り込まれることによって，合意に向けて，議論の前進がはかられうるのである。

普遍化可能性

また，普遍化可能性とは，みずからの主張が単に自己中心的な主張ではなく，また特定の利害関係にのみかかわる主張でもなく，普遍化が可能である，つまり何らかの普遍性を備えたものになっているということである。普遍化が可能であれば，理性的な議論として，相手にそれを受け入れることを求めうるような一定の倫理的力をもつということになる。

ただし，普遍化可能性にはそれ自体さまざまな捉え方がある（→96〜97頁）。たとえば，「他の人からしてもらいたいと思うことを他の人にしてあげなさい」という黄金律，あるいはその逆命法として

の「自分がしてほしくないと思うことは他の人に対してしてはいけません」という格律である。普遍化可能性のこの種の捉え方は、相手の立場にたった場合でも受け入れることができるという意味で「立場の互換性」といわれることもある。

また、功利主義的な捉え方として、普遍化が可能であるというのは、多くの人々が受け入れることができるということである、とする見解がある（R. M. ヘアーなど）。最大多数の最大幸福を正しさの基準とする考え方の1つの表現である。多くの人が受け入れることができるようなことでなければ普遍性をもちえない、とされる。

あるいはまた、普遍化可能性の義務論的な捉え方もある。代表的であるのは、カントの定言命法である。カントは実践理性の普遍的な要請は次のような定式で示されるとした。すなわち、「あなた自身の意思の格律がつねに同時に普遍的立法となりうるように行動しなさい」ということである。ここには、相手の立場に立つことも、多くの人々の幸福や受容にかかわることも含まれていない。純粋に形式的な要請である。「普遍的立法」とはどのようなことかが問われるが、形式的な要請として一定の規制力を備えている。

普遍化可能性についてはこのように、捉え方に異なる見解があるが、しかしいずれにしても、普遍性を有しうるような主張を展開することは、理性的な合意を可能にする条件の1つにはなるであろう。

法的議論

以上のように、相互了解と合意の形成に向けて理性的に議論がなされるためには、議論プロセスを公正にするということと議論内容をより合意に近づけうるものにするということが、必要条件として説かれていることになる。こうした理性的議論の条件、そしてその背後にある手続的アプローチの考え方、これらは、法に関する私たちの理解にどのような視野を開くであろうか（→ *Column* ㉟〔245頁〕）。

まず，法制度がさまざまな議論のルールを定め，理性的議論の制度化をはかってきていることは事実である。立法や裁判の手続，行政上の政策決定の手続など，手続的な規範はもちろんそうであるが，憲法，民法，刑法などの実体的な法規範も議論の拠り所として，また，国会法や裁判所法など，いわゆる組織規範も議論の場と機会を定めるものとして，等しく議論のためのルールであるとみなすことができる。手続的なルールは，法の支配の下で，権力的な歪曲にさらされることなく可能なかぎり，議論に参加する当事者の対等性を保障しようとする。実定法とその解釈論は，法原理を明らかにすることによって，法原理という共通の基盤の上に公共的な議論を成り立たしめると同時にそうした議論に重要な資源を提供している。また，法的議論の機会を定める組織規範は，たとえば議会や裁判にみられるように，公に対して開かれた公式の公共的議論の場を設定し，理性的議論がなされうる環境条件を創出しているといえるであろう。

　しかし，法的議論は制度化によって，一定の限界をもっていることも明らかである。理想的議論状況のように十分な合意が得られるまでどこまでも限度なく議論を続けることはできないし，議論の過程でどのような主張ないし反論をしても，またどのようなことを問題にしてもよいということにはなっていない。参加者の限定，主題の限定，多数決，あるいは，公判期日，事実認定，一事不再理や既判力の及びうる範囲など，制度的限定がある。あくまでも法が許すかぎりでの議論であり，法が与える枠内での取り扱いである。しかし，他面ではそれが具体的な問題を1つ1つ決着させ，次の議論につないでいくという法的議論のメリットにもなっている。法的議論が「実践的議論の特殊事例」であるといわれる理由はそこにある。

| 議論と法 |

　また，法がさまざまな形で議論の制度化をはかっているということをこえて，法がそ

もそも議論的なものであるということまでいえるかもしれない。法が議論的なものであるというのは、手続的規範にせよ実体的規範にせよ、本来、利害が対立し討議が行われる議論状況の中から形成されてきたものであり、異論のありうるところに合意の上で一定の線を引いてきたものに他ならないからである。法規の修正なり改廃が必要となる場合は、法規の基礎にある法原理に関する議論によって、社会的必要があり新たな合意が確認されれば、線の引き直しができる。基本的な人権として、自律的人格に対する公正な配慮と尊重が定められているのは法的過程に参加しうる主体の確保を目的としている。また、判決理由にみられるような法的議論の形式も、重要な争点について相対立する主張を整理し、一定の判断に異議を唱えている、あるいは唱えると思われる主張に対して法的に基礎づけられた説得的議論の試みと理解することができる。これらのことは、法が本来議論的なものであるからだといってもよいであろう。

議論プロセスとしての法 本来議論的なものである法は、法秩序全体の捉え方についても一定のビジョンを示す。法が議論的なものであれば、法システムそのものを議論の過程にあるものと捉えることができるのである。すなわち、議論プロセスとしての法である。

たとえば、裁判を公共的な議論フォーラムと位置づけ、法システム全体を、議論、手続および合意からなる「対話的合理性」が制度化されたものだとみる見解がある（田中成明）。その際の「対話的合理性」とは、「実践的問題をめぐる規範的言明の正当化に関する基準であり、その基本的な特徴は、基礎的な背景的合意に依拠しつつ公正な手続に従った討議・対話などの議論を通じて形成された理性的な合意を合理性・正当性識別の核心的基準とすること」（田中成明『法理学講義』〔有斐閣、1994年〕42頁）であるとされる。つまり、裁

判では，公開の法廷において，公正な手続に則り，公共的関心の高い争点について，当事者が対等に，背景的合意としての法規範ないし法原理に依拠しつつ議論を展開する。裁判官は両当事者の主張にもとづき，同様に背景的合意に依拠しながら，当事者および公衆一般に対して，理性的合意（公正な議論とともに原理整合性および普遍化可能性もその要素とされる）として納得してもらえるような内容の判決を下す。判決は合意の所産として，法システムに新たな要素をつけ加えることになる。このような，理想的な議論の要素を構造化している裁判を法システムの核心部分に位置づけることによって，法システム全体を「対話的合理性」が制度化されたものとみるのである。

　法を本質的に合意によるものとし，法システムを理性的な合意を促進しうる議論の制度とみるこのような考え方が含意しているのは，まさに議論のダイナミクスにもとづく議論プロセスとしての法という見方である。法は議論の過程にある。法的議論は理性的合意にいたりうるために公正な手続によって進められなければならない。議論に参加する法の主体は，合意の所産としての法に関する議論の中に入ることによって，法システムに同一性を見出し，共同体的資源を入れながら法システムを動かしていく。法システムの統合性が保たれるのは，そこで展開される議論が法的合意を共通の基盤とするものだからである。法にかかわる公共的な議論が法システムの中でたたかわされるとともに，法システムにおいて次々に形成される合意が法と法システムそのものをしだいに変容させていく。法は本来的に議論的なものであると同時に議論の過程の中にあるものでもある。そのように捉えられうるのである。

なお残る問題　　最後に，法にかかわる理性的な議論の問題について，2つの点にふれておきたい。

第1は，法的制度化の問題である。理論的にいかに理想的な議論の状況が描き出されるとしても，実際上それをどのように制度化できるかが大きな問題になる。たとえば，理想的発話状況で規定されたような当事者の立場の完全な対称性はいかにして確保されうるか。単に主張と反論，論証と反証の機会が等しく与えられるだけではその条件は満たされない。弁護人依頼権，証明責任の公平分配など，議論能力の平等化と議論にともなう責任分担の平等化が必要になる。また議論の資源の面でいうならば，情報が公開されることが理性的な議論の不可欠の条件になるであろう。

　あるいはまた，議論が理想的に展開されるためには，外的・内的な障害から自由でなければならない。しかし，裁判の独立保障，裁判手続の保障など，制度化によって外的な強制力による障害をとり除くことはある程度できるとしても，内的な障害から自由にすることは難しい。たとえば，議論の中に入り込む社会的権力関係や権力構造の影響，同調圧力や異質なものを排除する傾向，あるいは恨みや恥ずかしさなど人間の情念の影響などである。そうした影響が理想的な議論を歪め，本当の意味での合意が得られにくいような状況を作り出すことをどのように防ぐことができるのかが問題になる。

　第2に，議論の理論にとってより重要であるのは，手続による正当化の問題である。先に述べたように，法的正義の問題を議論プロセスの問題として考えるところに議論の理論の特徴があった。判断や決定の正しさを実体的かつ直接に問題とするのではなく，議論の過程を公正にすることによって，得られた合意を暫定的ながら正しいこととみなすという，正義問題への手続的アプローチであった。したがって，手続あるいは議論のプロセスが定められた通り公正に行われたことをもって，結果の正しさを推認させる。つまり，結果の正当性の問題を全面的に手続の充足の問題に転換し，結果として

の合意内容の良し悪しを不問に付し，批判を免れるという可能性があって問題になるのである。

　手続の正しさが結果の正しさを保証する純粋な手続的正義のケースはある。たとえば，ケーキを2人で分ける場合に，2つに切った人に後の残りをとらせるといった場合である。しかし，法的議論においては，第1の制度化の問題とも関連し，必ずしも完全に公正といえる過程条件を制度化することは不可能である。理性的な議論の制度化が不完全である場合には，結果として得られる「理性的合意」の理性性ないし正しさそのものが，手続の問題とは別個に問われなければならない。手続の正しさは結果の正しさの必要条件ではあっても十分条件とは決してなりえないのである。したがって，結果の正しさを問題にする実体的議論が改めて必要になるであろう。

第5章 法的思考

(立命館大学末川記念会館内)

本章では，裁判で現れる法的思考を法的思考の中心事例として，そのさまざまな側面について考察する。まず，近代的な法治国家を念頭において，第2章（→24頁）でもふれた法的思考と裁判の関係について再確認し，次いで，法の解釈および適用の技法を比較的詳細に説明し，最後に，「法と経済学」の動向について批判的に検討する。本章で扱う法律学の方法論は，これまでの諸章でとりあげた法の一般理論と正義論の応用部門でもある。したがって，他の分野でとりあげた法哲学上の諸論点と本質的に同じものが，法的思考という局面で再び現れることになる。

1 法的思考とは何か

1　考察対象の限定

「法的思考」をもし，法を参照してなされるすべての思考と定義すれば，法的思考をめぐる考察対象はきわめて広いものとなろう。その場合，裁判における法律家の思考や法学者の思考だけでなく，行為規範（→53頁）に従う一般市民の思考も法的思考の範囲に含まれることになる。本章の考察対象は，もっと限定されたものである。以下まず，これについて説明しよう。

法的思考と裁判　法に関してさまざまな見方があるのと同様，法的思考に関してもさまざまな見方がありえよう。しかし，現代の法律家が「法的思考」という場合，裁判との結びつきを強く意識していることが多い。

もちろん，法は裁判の場ではたらくだけではない。裁判を通じた紛争解決機能は，法が果たす機能のごく一部にすぎないし，裁判規範も法規範の一部にすぎない（→53頁，65頁）。法に関するすべての事柄が裁判所にもたらされたなら，裁判所は「訴訟の洪水」にみまわれ，裁判は機能しなくなるであろう。裁判はむしろ法の病理現象であり，法の正常な機能は，裁判前もしくは裁判外の場で発揮されるものと考えるべきである。

にもかかわらず，法に特有な思考は，裁判における，あるいは裁判に照準をあわせた法的思考に現れると一応考えてよい。というのは，法的思考は，その担い手の面から定義すれば，法律家の思考であり，法律家は一般に，裁判に照準をあわせて思考するからである。あるいは少なくとも，法律家とは，裁判に専門家として参与する法

的思考の技能をもっている者と考えられる。

ただし，法律家，とくに弁護士が，行政や企業の内部に深く入り込んで，各プロジェクトの立案段階からそれに参加することが一般的なアメリカのような社会では，どのような場合に狭義の法的思考を用いるのが適切かという判断を含めて，法的に思考し，また交渉する能力が求められる。そこでは，単なる法律の知識だけでなく，その適切な活用ないし運用の能力をも併せもつジェネラリストとしての法律家が求められているのである。しかし，そのような広い意味での法的思考にあっても，その不可欠の構成要素が，裁判に照準をあわせた狭義の法的思考であることに変わりはない。

以上のような理由から，以下では，狭義の法的思考に考察対象を限定したい。

法的思考の担い手としての法律家

裁判と法的思考が究極的には市民全般に奉仕すべきものだとしても，近代的な法制度の下では，法的思考の直接の担い手は職業的な法律家である。法律家は，裁判官，検察官，弁護士，そして法学者からなる。このうち前3者は，わが国では法曹三者とよばれ，裁判に直接かかわる専門家である。彼らは，裁判に照準をあわせて活動する。

裁判の機能と法的思考

裁判の機能は，民事上または刑事上の争いに対して決定を下すことにあり，近代的な裁判ではとくに，決定に理由が付されることが要求される（刑事訴訟法第44条，民事訴訟法第312条第2項第6号参照）。

わが国のように，裁判が法律の適用という方式で行われることを原則とするところでは，理由づけに対する最小限の要請は，適用条文を示すということである。だが，これに加えて，当該条文をなぜ，どのように解釈して適用するのかに関する理由づけも必要であろう。

1 法的思考とは何か

また，条文が適用されるべき事件の事実の認定に関しても，それを理由づけることが必要となる。裁判における判決理由とは，このように，法律問題と事実問題の両方に関し，その理由を述べるものである。

法的思考の現れとしての判決理由

したがって，裁判における法的思考については，判決理由に表明されている法的思考をその基本的な現象形態と考えてよい。判決理由は直接には，裁判官の思考の表現であるが，弁護士も検察官も勝訴を当面の目的とするかぎりで，裁判官に理解可能な形で主張を理由づけなければならない。そこには，法曹三者に共通の思考様式というものがおのずから存在する。

発見と正当化

判決が理由づけられなければならないのと同様，学説を含め，法的な主張は一般に，理由づけられる必要がある。理由づけのことを「正当化」(justification) という。

論理実証主義者（→*Column* ⑱〔109頁〕）の一部は，自然科学上の理論に関し，その発見と正当化とを区別した。そして，科学の方法論において問われるのは，理論をどのようにして発見したかではなく，どのようにして正当化できるかであると主張した。たとえば，ニュートンがりんごが木から落ちるのをみて万有引力の法則を発見したかどうかは科学にとって重要ではなく，その法則が実験によって確かめられるかどうかだけが問題だというのである。

法学においても，判決その他の法的主張を，どのようにして発見したかではなく，それをどのようにして正当化できるかだけが重要であるという見方がある。これと対照的に，アメリカのリアリズム法学（→*Column* ㉑〔193頁〕）の一部は，判決の発見過程のほうに注目し，判決形成にとって，法のルールがほとんど役割を果たさない

という見解を提出した。

両者とも，事柄の一面を強調しているにすぎず，実際には，法における発見の過程と正当化の過程とが密接にからみあっていることは否定できない。しかし，どのようにして判決その他の法的主張に達したかに関する心理プロセスないし認知プロセスは，判決理由のみを手がかりにして解明することはできない。判決理由に明示されていない要素が，判決発見の過程に影響を与えているからである。

本章では，判決理由や法学上の著作など，言語として明示化された法的思考を主たる考察対象とし，そのかぎりで，正当化のプロセスに比重をおいた説明を行う。

だが，ある意味では，判決理由に明示されていない思考，とりわけ発見の思考のほうが法的思考にとって重要であるかもしれないということにも注意しなければならない。たとえば，事件に法を適用するためには，まず，どの法規範を適用すべきかという判断が先行しなければならないが，それは発見の過程に属するものであり，判決理由には明示されていないのが普通である。

Column ㉑　リアリズム法学

1930年代から50年代にかけて有力となったアメリカの法学革新運動である。

中心的な理論家は，K. ルウェリンとJ. N. フランクである。ともに，判決形成過程においては，判決に明言されない主観的な好みや政治的イデオロギーと比べると法のルールの役割は低いという事実を強調し，ルール懐疑主義とよばれる見方を広めた。

フランクはさらに，ルールの問題すなわち法律問題を扱う上級審の判決のみを研究対象にすべきではなく，事実審にも注目すべきことを説き，弁護士による陪審の感情的説得に依存する，裁判における事実の決定がいかにいいかげんであるかを強調し，改善がなされないかぎり陪審制に

1 法的思考とは何か

反対するとともに、事実認定の研究の重要性を説いた。このような思想は、事実懐疑主義とよばれる。

リアリズム法学に与する者は一般に、ニューディール期の社会改革立法を支持する立場にたっていた。その背景には、19世紀末から20世紀はじめにかけて、保守的な裁判官からなるアメリカ連邦最高裁が、伝統的な所有権絶対と契約の自由を盾に、進歩的な立法に次々と違憲判断を下したという事情があり、リアリズム法学派に属する者の多くは、法による社会改革を司法によってではなく、立法によって進めるべきであるという信念をもっていた。

法学教育

法的思考様式は法学教育によって培われる。法的思考の内容は、各国の法学教育のあり方に相当程度依存している。

中世から近世にかけてイギリスの大学での法学教育は、イギリス法ではなくローマ法の教育であったが、ここでは、そのような事例は無視し、法学教育を現行法の教授に照準をあわせるものに限定して考えることにする。

イギリスの法学教育は伝統的に、「法曹学院」とよばれる法曹の自治的組織によって担われてきた。これに対して、ドイツや日本、あるいはアメリカでは、法学教育は主として、大学の法学部またはロー・スクールで行われてきた。わが国の大学における法学教育の特色の1つは、学生の大半が将来職業的法律家になることを必ずしも予定していないという点にある。

ドイツや日本では司法修習という制度があり、司法試験に合格後、原則として、司法研修所での実務教育を経てはじめて法曹資格が付与されることになっている。わが国では近時、司法試験の難関化もあり、司法試験予備校も、司法試験合格に特化した法学教育を提供

している。ごく最近では，司法制度改革をめぐる提案の1つとして，大学での法学教育の中心を学部から大学院に移す動向もみられる。

このように現在のわが国では，さまざまな機関で法学教育が行われているが，「法的思考」の養成という観点からは，大学（または大学院）が中心的な役割を担うことが期待されていると考えてよかろう。法学者とは，大学において法学の教育と研究に携わる者，または，それをめざす者という定義を与えることができる。

わが国の大学における法学教育の中心が「法解釈学」とよばれる分野からなっていることは周知のことであろう。これは，憲法，刑法，民法，行政法など現行の各種法律条文の解釈を，判例の動向も視野に入れつつ説明または提案することを主要な課題としている。

法制度・法学教育・法的思考　法的思考は法学教育に依存している。さらに，法学教育は法制度の現実に依存している。その一方で，法学教育に携わる法学者の側が，現行の法制度運用の実態を批判的に検討した上で，法制度の規範的内容や運用のあり方に改革を迫ることもある。

そもそも，法は社会の中で存立するものである。それゆえ，社会の変化が法制度の変化と，それにともなう法学教育ないし法的思考の変化を要求する一方で，法的思考の変化が，法制度の内容または運用の変更を通じた社会の変化を要求する。

法的思考について考察するにあたっては，社会の中での，このような法制度・法学教育・法的思考の間の相互依存関係に留意する必要がある。

法的思考の共通性　法的思考の内容は，社会に応じて変わってくる。各国の法制度の実態に応じて，法学教育および法的思考の内容は異なる。したがって，「法的思考一般」というものを抽象的に想定するのは誤りであろう。

1　法的思考とは何か

にもかかわらず,「法律家」という職業または階層が存在する社会では,彼らの思考に一定の共通性がみられることも事実である。とりわけ,近代的な法制度および裁判制度を採用している諸国では,裁判をめぐる法律家の思考の基本的な特徴はだいたいにおいて一致している。というのは,そこには,第2章で解説したような,近代的な法と裁判のあり方に関する共通の理解,あるいはイデオロギー（→*Column* ㉒）が存在しているからである。

Column ㉒　イデオロギー

「イデオロギー」は一般に,真理と利益の対比によって定義される。自己の主張が真理ではないのに,自己または自己の属する集団の利益のために,それを真理だと主張する場合,その主張はイデオロギーとなる。

科学的な主張も,イデオロギーとなりうる。たとえば,原発反対派の質問に答えて,電力会社の技術者が,「この原発では事故は起こりえません」といえば,その主張はイデオロギー的なものであろう。「事故の起こる確率は何パーセントで,計算上の誤差は何パーセントです」という答え方をすれば,イデオロギー的ではなくなる。

非認識主義（→107頁）の立場で道徳を考えた場合,すべての道徳的主張は真理値を有しないことになるから,真理を標榜して道徳的主張を行えば,それはイデオロギー的だということになる。道徳的主張を真理としてではなく,提案または勧告として行えば,それはイデオロギーとならない。

認識主義の立場をとって道徳的主張に真理値を認める場合も,道徳的主張を,真理を標榜しつつも自己の利益のためにする場合,それはイデオロギーとなりうる。

法的な主張についても,道徳について述べたのと同様なことがあてはまる。価値相対主義的で法実証主義的な立場は,法学上の非認識主義に属し,これに対し,自然法論は法学上の認識主義に属する。

法におけるイデオロギー　「イデオロギー」ということばには，自己の利益を真理の偽装のもとに提出するものとして，一般に否定的な評価がつきまとう。しかし，イデオロギーは，集団構成員の思想と行動を背後から規制するものとして，集団内部の相互行為を円滑かつ容易にするという重要な機能をも果たしうるものである。法的なイデオロギーも，この意味で，法律家集団の内部で積極的な機能を果たしている。

　法的なイデオロギーは，実質的なものと形式的なものとに一応区分することができる。「実質的イデオロギー」は，実定法学で教えられる実定法の内容に直接かかわるものである。わが国の憲法学から例をとれば，法の下の平等や人権の尊重などの価値観が実質的イデオロギーに相当しよう。

　「形式的イデオロギー」に属するものとしては，たとえば，法の適用および解釈はどのようにして行うべきかという問題に対する法律家の考え方，あるいは，ルールに依拠して思考するとか，権利・義務の存否のみを問題にし，割合的な権利・義務というものをあまり考えないという法律家の傾向などが挙げられよう。「形式的」とはいっても，まったく内容がないという意味ではなく，実定法上の結論に直結しないというほどの意味である。

　形式的イデオロギーは，実質的イデオロギーに比べて，法律家各人の正義観や倫理観に依存するところが少ないから，法律家の間での共有の程度は相対的に大きい。本章で「法的思考」をとりあげる場合，原則として，「形式的イデオロギー」に焦点をあわせる。

2　法による裁判

法による裁判　法における形式的イデオロギーの最たるものは，「裁判は予め存在する実定法に従っ

て行われなければならない」という要請である。何を実定法とするかについては，制定法主義をとる諸国と判例法主義をとる諸国とで若干の違いがあるが，「法による裁判」という理念を奉じる点では一致している。

「法による裁判」という考え方は，必ずしも近代に特有なものではない。だが，近代以降の法システムが「法による裁判」を強調する狙いは，第1に，国家権力による恣意専断の防止，第2に，予測可能性・法的安定性の確保にある。この2つの目的は，実定法への準拠によって同時に実現されると通常考えられている。

「法による裁判」はまた，近代的な法治国家のもとでとくに強調されるものである。だが，「法治国家」という用語は，とくに国家権力による恣意専断の防止という目的のほうを強調することばである。

法治国家

近代において，国家は，市民による暴力や実力の行使を原則として禁止しており，物理的実力行使の正統性が認められるのは国家だけである。とりわけ，自衛や自然権の実行，あるいは矯正的正義の実現のための実力行使であっても，それが個々の市民に対しては禁止されているという点が重要である。権利もしくは正義の実現のために実力行使が必要な場合，それは，国家が当該市民になり代わって行うべきものとされているのである。

国家が正統な実力行使の権限を独占している以上，国家による恣意的な権力行使のおそれに対する防御策が必要となる。その1つが，国家権力が予め存在する実定法に従って行使されることを要求する「法治国家」の理念である。裁判所も，国家による権力行使の一翼を担う以上，「法による裁判」が要請されることになる。

これに加え，司法が立法および行政から多少なりとも独立した地

位をもっているところでは，裁判所は，立法部および行政部による「法に従った」とされる権力行使が，本当に実定法（実定憲法を含む）に従っているかどうかを審査する機能をももっている。

予測可能性

他人の行動もしくは国家の権力行使の予測可能性は，私人や公機関が実定法に従って行動することによって高められる。そのためには，法が公布などの手段を通じて予め周知されているだけでなく，法に従う行動を促進し，法に違反する行動を抑止する仕組みが必要である。違反に対する刑罰や損害賠償などの制裁という方式は，その代表例である。

もちろん，法規範の遵守と活用は，その内容がそれなりに理にかなったものであり，他の多くの人々もそれに従うという事実がある以上自分も従うという，互恵的な正義感にも支えられているということを忘れてはならない。サンクションをともなう法規範がありさえすれば，予測可能性が確保されると考えるのは誤りである。

法的安定性

法的安定性ということばには，法が安定しているという意味と，法によって予測ないし期待の安全性が確保されるという意味とがある。ここでは，後者の意味をとり，法による予測可能性と同義と理解したい。確かに，法が，頻繁な変更がないという意味で安定していると，そうでない場合に比べて，人々の行動予測は容易になるであろう。しかし，ここで定義した予測可能性の保障にとって重要なのは，法の変更の頻度や程度ではなく，変更された際の周知と遵守促進の方法である。

裁判と予測可能性

裁判も，それが「法による裁判」であるかぎりで，予め公示された法に従って行われなければならない。しかし，予め存在する法による予測可能性が完全に確保されていれば，刑事事件は別として，民事の訴訟は，事実に関する争いがなく，争点が法律問題にかぎられている場合，ほと

1　法的思考とは何か

んど提起されなくなるであろう。それゆえ，訴訟は，両当事者の法に準拠した予測が結果的に異なっていたという意味で，法による予測可能性の保障が不十分であったからこそ提起される，と考えることができる。

その一方で，判決が一旦出されたならば，将来の同種の事件も，同様の法規範にもとづいて判決が下されねばならない。この形式的正義あるいは普遍化可能性の要求（→95～96頁）に裁判が応えるかぎりで，将来に向けての予測可能性は確保されるだろう。

これらの点に注目すれば，裁判は，事前の予測可能性が少ないところで，事後の予測可能性の増大という機能を果たす，ということができよう。

③　判決三段論法

判決三段論法の構造

法による裁判は，制定法の条文などの中に一般的抽象的な文言で表現された法規範を，個々の事件に適用するという方式で行われる。このことから，法的三段論法または判決三段論法とよばれる，独特の法的思考の様式が成立する。それは，裁判における法的判断の基本的な形式的構造を示すものである。

法律家の間では，法規範の標準型は，要件と効果からなるルールの構造をもつと考えられている。それは，法準則，法規則とよばれることもあるが（→54頁），以下では「法ルール」に用語を統一する。

判決三段論法は，法ルールを大前提とし，法ルールの要件に，事実をあてはめることによって，結論を導くという構造をとる。法ルールを大前提，認定された事実を小前提という。

たとえば，原告Aが被告Bを，不法行為にもとづく損害賠償を求めて裁判に訴えたとしよう。原告側主張によると，Bは自動車の運

転中に携帯電話のベルに気をとられて、Aが運転するA所有の自動車に衝突し、その結果、Aの自動車が損傷を受け、また、A自身もむち打ち症になった。事柄を単純にするために、裁判所が当事者の弁論と証拠にもとづき、この事実を認定したとしよう。その場合、裁判官は、「故意または過失によりて他人の権利を侵害したる者は之によりて生じたる損害を賠償する責めに任ず」という民法第709条のルールを大前提として、この事実を709条所定の要件にあてはめなければならない。この事件では、Bが運転中に携帯電話を使用して注意を欠いたのは過失であり、その結果、Aの身体および自動車という権利の客体を侵害し、損害を発生させた、という形で説明される。裁判官は、この事件では要件が充足されているのでAに対する損害賠償の債務がBに生じるという法律効果を導出し、さらに損害額を評定した上で、BはAに金何円を支払えという判決を出すことになる。

要件の一部に関する三段論法

判決三段論法は、このように判決に直結する仕方で用いられるだけでなく、法ルールの要件の一構成要素を定義または具体化する命題が下位ルールとなり、これを大前提として同様の推論が展開されるということもある。たとえば、民法第709条にいう「権利」には、所有権などの狭義の権利だけでなく、「法的な保護に値する利益」も含まれるとする解釈命題は、そのようなルールである。また、不法行為と損害の因果関係についても、どのような場合に因果関係の存在が法的に認められるかに関する下位ルールが必要となろう。

判決三段論法の性格をめぐる論争

判決三段論法は、法律家の間では一般に、論理的な演繹とみなされている。だが、異論も有力である。

1 法的思考とは何か　201

それを論理的な推論とみなす場合には、判決三段論法における普遍的前提（大前提）および個別的前提（事実）から個別的結論（判決）への導出過程において、すべてにあてはまることはその1つについてもあてはまるという論理法則がはたらいている、という説明が可能である。

　これに対して、判決三段論法の演繹的説明を拒否する立場の根拠は、法的思考において、論理的な意味での普遍的前提、すなわち全称命題はありえず、法的思考に登場する「普遍的」と称する法規範は、例外を許容する「一般的な」ルール、あるいは、だいたいにおいて妥当する蓋然的な規範にすぎないということにある。

　正義論（→87頁，95頁）との関係でいえば、判決三段論法の演繹的性格を肯定する立場は、形式的正義ないし普遍化可能性の要請に対応し、その演繹的性格を否定する立場は、法の一般性と衡平との関係に対応している。

　判決三段論法の論理的性格をめぐる論争の真の争点は、現実に存在する実定法上の法ルールの性格づけにある。現実の法ルールを普遍的・全称的なものだとみなせば、判決三段論法は演繹的に説明できるし、単に一般的なものにすぎないと考えれば、それを演繹的に説明することは不適切となる。

　判決三段論法を演繹的に説明する場合でも、論理は、大前提と小前提という2つの前提から結論への移行にかかわるだけであり、大前提および小前提の確定は論理の領分ではなく、論理と区別される法的思考の領分であるということに注意する必要がある。

　他方、法規範を一般的なものにすぎないと考える場合でも、個々の事件に応じて普遍化可能な判断をするかぎりで、その内容を普遍的ルールの形で定式化することができるから、そのあとでは、演繹的な説明が可能である。このように考えれば、法的三段論法の論理

的性格をめぐる論争は消滅する。

　以上のような点を考慮すれば，法規範の性格をめぐる問題については，自然言語によって表現されたルールは例外を許容する一般的なルールであり，裁判官の役割は，それを個々の事件に応じて普遍化可能な形で具体化することにあると考えればよいと思われる。ルールは，自然言語（→*Column* ㉓）で表現されているかぎりでは一般的なものであるが，普遍化可能性にとくに着目する場合は，普遍的なものとみなすこともできる，ということである。以下本章で，「ルール」ということばを使用する場合，原則として，このような二重の性格をもつものとしてそれを用いることにする。

Column ㉓　自然言語と人工言語

　われわれが普通に用いる日本語，英語などの言語は，自然言語とよばれる。これに対し，論理学や数学で用いる言語やコンピューターのプログラム言語などは人工言語とよばれる。人工言語と自然言語との違いは，言語の規則（文法と語彙）を人間が自覚的に作ったか，それとも，言語を使用する人々の間で言語規則が自然に成立したかにある。

　「日常言語」ということばはもともと，哲学史において「日常言語学派」ということばがあるように，「論理的言語」に対立することばであったが，普通の人々の間で普通に使われる言語という意味もあり，「自然言語」に比べると定義は不明確である。だが，「日常言語」とは，外延的には，自然言語と同義であるか，または，それから特殊な専門分野だけで使用される自然言語を除いたものを指すと考えてよかろう。

　人工言語は，特定の目的に特化したもので，そこで使用される記号について，原則として解釈の余地はない。別の言い方をすれば，ある人工言語で使用される記号の解釈を変更する場合は，それを自覚的に行い，記号使用者の間で解釈に差が出ないようする。これに対して，自然言語は，日常会話や文学でも用いられ，話し手または書き手の意図を受け手が正確に理解することは保証されていない。自然言語は，語の意味や文

法に関しても自然に発展するものである。法律学で用いられる言語は自然言語であり，解釈および無自覚的変化の余地がある。

事実問題と法律問題の交錯

判決三段論法の構造からわかるように，法的判断は，法規範の確定にかかわる法律問題と，事実の確定にかかわる事実問題とに分けて考えることができる。裁判においては，まず事実問題の決定が先立ち，事実が確定した後に，適用すべき法規範の選択と解釈の確定がなされる，と一応いうことができる。陪審制が採用される場合も，事実問題と法律問題との分離が可能であることが前提となっている。陪審は通常，事実問題についてのみ決定権限を有するからである。

しかし，実際の法的判断においては，とりわけ，それを発見の過程の観点からみれば，事実問題と法律問題とを完全に切り離すことは難しい。その理由は，事実認定の側からも，法律問題の側からも説明することができる。

裁判における事実認定に関していえば，それは，生じた事実をあらゆる観点から正確に再現することを目的にしているわけではなく，法的に重要な事実，すなわち法規範の要件とされる事実のみを明らかにすることを目的としているから，事実認定の前提として，適用可能な法規範の内容がある程度明確になっている必要がある。裁判における事実は，法規範を参照して，法的な視点からみられた事実であり，非法的な視点からみた事実ではない。

法律問題についていえば，第1に，適用すべき法規範の選択は，法適用以前の段階で事実がある程度固まっていないと行うことができない。第2に，法規範を適用するにあたって，それをどのように

解釈すべきかという問題は，裁判においては純粋の法律問題というよりも，当該事件の事実に大いに依存している（→ *Column* ㉔）。

この問題を，もう少し具体的に説明しよう。たとえば，先と同様の自動車事故の事件でAが，愛玩していた飼い犬を同乗させており，事故の結果犬が死亡し，Aが大変な精神的ショックを受けたとしよう。Aが，物的損害に加えて，この精神的損害に対する損害賠償をも求めた場合，裁判官はそれが「法的な保護に値する利益」であるかないかの判断をしなければならないだろう。裁判官がそれを認めた場合，過失による自動車事故の結果惹起された同乗動物の死亡による精神的損害の救済を民法第709条は認めるものであるという解釈をしていることになろう。

あるいはまた，同一の事件について裁判官は，Aの精神的損害と事故との（科学的な）因果関係はあるかもしれないが，被告Bの側からみれば，それは予測可能性の範囲をこえており，法的な救済に値する因果関係ではないという判断を下すかもしれない。これは法規範に関する判断ではあるが，事件の事実に関する判断とも密接にからみあっている。

Column ㉔　視線の往復と法律学的ヘルメノイティク

ドイツの刑法学と法哲学の大家 K. エンギッシュは，1930年代から，判決三段論法における事実が，適用されるべき法規範と，「なまの事実」の間で視線を往復させることを通じて決定されるということを指摘していた。

この考え方は，後代のドイツの法解釈方法論に多大な影響を及ぼした。憲法学者 M. クリーレは，その発想を応用して，制定法規範と，その解釈案としての規範仮説の間で視線を往復させることを通じて採用すべき解釈が決定されると主張した。

クリーレは，民法学者 J. エッサーとともに，1960年代から西ドイツ

1 法的思考とは何か

で有力となった「法律学的ヘルメノイティク」(juristische Hermeneutik) の陣営に属する代表的な法学者である。「法律学的ヘルメノイティク」は，ハイデガーや H.-G. ガーダマーの「哲学的ヘルメノイティク（解釈学）」の影響を受けた法解釈方法論上の立場とされる。だがそれは，後者の主張する「解釈学的循環」や「地平融合」という発想を忠実に法学に応用するものとは思われない。むしろ，制定法に従いつつ，具体的事件で正義を実現するにはどうしたらよいか，という法解釈学の伝統的な問題に，哲学的解釈学から示唆を受けつつも，法学内部の視点から取り組んだものとみるべきであろう。正当化と発見とを峻別せず，どちらかというと発見の過程を重視するところに，法律学的ヘルメノイティクの特徴がある。

④ 事実認定

事実認定　事実認定は，裁判において法的思考がはたらく重要な局面である。しかし，わが国の大学の法学教育は法律問題に集中しており，事実認定の教育・訓練はほとんどなきに等しい。司法修習でも，その点に関する教育は不十分であり，裁判官は，任官後に実地に事実認定を学ぶといってよかろう。

だが，実際の裁判では，法律問題の決定が判決の帰趨にとって決定的である場合よりも，事実問題が決定的である場合のほうが多い。また，下級審の事実認定を上級審で覆すことは概して困難である。

裁判における事実認定の決定主体は裁判官であり，そのための証拠を提出する責任は，弁論主義の下では当事者に，職権探知主義の下では裁判所にある。証拠の評価や証拠から事実を推理する際の判断は，ドイツや日本のように自由心証主義を採用する場合，原則的に裁判官に委ねられている。

法学者は、裁判官によって認定された事実にもとづいて判決を批評することがあるが、事実認定そのものは行わない。この点が、両者の最大の違いであるとともに、大学の法学教育において事実認定の教育が軽視されてきた原因の1つである。

事実認定が法的思考の重要な一部を構成するにもかかわらず、法学教育において軽視されてきた理由は他にも多々ある。事実認定そのものは、それが法的な観点から行われる点を除けば、一般の事実の発見または証明と異なるところはないから、とくに法学教育でとりたてて問題とするほどのものではない、という考え方の存在もその1つであろう。

しかし、いわゆる「経験則」については、民事訴訟において、経験則違背が法律問題として上告理由とされることから、訴訟法学者もこれについて論じてきた。以下では、訴訟法学者の見解に必ずしもこだわらず、経験則との関係で事実認定がどのようなものなのか、多少なりとも論理的に考えてみたい。

経験則

事実に関する完璧な証明は不可能である。たとえば、殺人事件に関し、「AがBをある鈍器を使って殺した」という事実を証明するために、「その鈍器にAの指紋が残っている」という事実が提出され、かつそれが真実であったとしても、「AがBをその鈍器を使って殺した」という事実が必然的に真実であるということにはならない。というのは、「AがBをその鈍器で殺したとしたら、鈍器にはAの指紋が残るはずだ」といえるだけであって、その逆は必ずしも成立しないからである。

「容疑者の指紋が残っているならば、その者は犯人に違いなかろう」といった蓋然的な命題を経験則という。「蓋然的」とは、だいたいにおいて真であるが、偽であることもある、ということを意味

する。完全な証明が論理的に不可能である以上，裁判官は各種の経験則に依拠して，事実から事実への推理ないし推測を行わざるをえない。

経験則が有する蓋然性の程度はさまざまである。たとえば，「殺人の動機を有する者は殺人するであろう」という経験則は，上述の経験則よりも蓋然性の程度が低いだろうし，「殺人現場に居あわせた者は殺人するであろう」といった経験則の蓋然性の程度はさらに低いだろう。科学法則の蓋然性の程度は相当高いが，科学法則も経験則の一種であることに変わりはない（→ *Column* ㉕）。

経験則は定義上，必ずしも真ではない命題であるが，裁判官がある蓋然的命題を経験則として採用した場合は，その経験則の適用によって認定されうる事実を否定しようとする側が，事実上，証明責任を負うことになる。その際，反証に要求される証明度は，その経験則の蓋然性の程度に比例する。

Column ㉕　反証可能性

K. R. ポパーは，論理実証主義者（→ *Column* ⑱〔109頁〕）が，帰納原理を科学の方法として認めることに反対して，反証可能性を科学と非科学との境界を設定する基準として提唱した。

帰納原理は，問題となっている理論または法則を，実験または観測によっていくつかの個別事例に適用した結果が，その理論による予測と一致することを，科学理論が真であることの証明と認める。

これに対して，ポパーは，科学理論は法則，すなわち普遍的命題からなるから，個別事例をいくら積み重ねても，理論の真であることの証明にはならず，科学理論についてはただ，その誤っていることの証明ができるだけだと主張した。

その根拠は論理的なものであり，たとえば，「すべてのカラスは黒い」という普遍的命題は，黒いカラスの観察結果をいくら集めても証明にはならないが，ただ1つの黒くないカラスを観察すれば，その命題が

誤っていることの証明, すなわち反証になる。反証の根拠となる個別命題, 上の例でいえば「あるカラスは黒くなかった」は, 基礎命題あるいは基礎言明とよばれる。

ポパーによれば, どのような条件の下で, どのような結果が出れば理論が誤っていることになるかという問いに答えることができないような理論は, 反証可能性を欠いているので科学的なものではない。彼は, 社会科学の分野にもこの原理を応用し, プラトン, ヘーゲル, マルクスらの理論を「歴史法則主義」に属する, 反証可能性を欠く有害なイデオロギーとして批判した。

ポパーは, 実は, 論理と実証を重んじる点で論理実証主義のウィーン学団と近い関係にある。だが, 反証主義を奉じる点, 道具主義ではなく科学的実在論に立つ点などでそれとは異なる。ポパーは, そのような自己の立場を「批判的合理主義」とよんだ。

アリバイによる反証

一般に, 事実を積極的に証明するよりも, それを反証するほうが容易である。たとえば, 「AがBを殺した」という事実を証明するよりも, Aにアリバイがあるという事実によって, それを否定するほうが容易である。Aにアリバイがあるとすれば, 殺人の事実は論理必然的に否定されるから, ここで用いられているのは蓋然的な経験則ではない。しかし, そのアリバイの事実は, たとえば目撃者Cの証言によって「証明」されるのであり, その証言の証拠能力は裁判官によって判断され, そのために, CはAと利害関係があるとかないとか, Cは正直であるとかよく嘘をつくといったことを示す証拠がさらに提出され, これをさらに裁判官が経験則に照らして評価するのである。

1 法的思考とは何か

④ 制定法主義と判例法主義

法源制度　裁判は，実定法の適用という方式で行われる。すでにふれたように (→197頁)，何が裁判において適用されるべき実定法かに関しては，制定法主義をとる諸国と判例法主義をとる諸国とがある。制定法，慣習法，裁判先例，学説，条理等，実定法の存在形式を法源という。

ここで，制定法とは，わが国についていえば，国会によって制定された「法律」（ここでは憲法も含めて考えることにする），法律の授権にもとづき内閣および省庁によって出された「命令」（政令・省令・規則など），および条例を指す。「法律」ということばが，この意味での制定法と同義に使われることもある。

一般に，ドイツやフランス，日本など大陸法系（ローマ法系）の諸国は制定法主義を採用し，イギリスやアメリカなど英米法系（コモン・ロー系）の諸国は判例法主義を採用している。しかし，法の内容的系譜にかかわる法系の区別と法源制度の区別とは別のものであり，インドのように英米法系に属しつつも，制定法主義を採用する国もあることに注意する必要がある。

制定法主義　制定法主義の下では，裁判で適用を許されるのは制定法のみであるとされるか，あるいは，第一次的に適用すべき法は制定法であり，例外的に他の法形式の援用も許されるとされる。わが国の法源制度が制定法主義に立つことは明らかであるが，前者の形態か後者の形態かの判断は難しい。わが国の実定法学者は，制定法以外の法源を原則として認めないが，例外的に他の法源を認める場合も，制定法の条文に根拠を求めることが多い。制定法が認めるかぎりで他の法源も認めるということであるならば，それは，前者の厳格な制定法主義と実質的に同

一である。

判例法主義

判例法主義の下では、過去の裁判の先例が第一次的な法源とされる。この「第一次的」ということは、優先順位が一番高いという意味ではない。近代的な議会制民主主義の下では、議会による制定法が裁判先例に優位するのは当然である。「先例が第一次的法源である」とは、制定法がある場合でも、法は本来、それを裁判で解釈・適用した先例として存在するという思想の表現である。したがってそこでは、裁判における制定法の解釈は、あくまで先例の考慮を通じてなされるべきものとされる。

このような考え方は、古くから法律家階層が国家から相当程度独立して存在し、法曹一元制のもとで裁判官を供給してきたイギリスのような国ではじめて成立するものである。このような「司法権の優位」の思想は、今日ではイギリスよりもアメリカの法曹の間で相対的に強くなっている。

これに比べると、大陸法系の裁判官は、国家の役人としての裁判官という側面が相対的に強い。たとえば、日本の裁判官は、高級官僚と同様、原則としてキャリア・システムで養成されるから、アメリカの裁判官にみられるような、大統領および議会と少なくとも同等の地位にあるという意識は弱いと思われる。

制定法主義の下における法の解釈・適用に関する立ち入った考察は次節に譲り、以下では、判例法における法的思考の特徴を、制定法主義における法的思考との異同に留意しながら概説する。

先　例

判例法主義で第一次的法源とされる「先例」が、わが国でいう「判例」とは、意味の点でも、地位や役割の点でも若干異なるということに注意する必要がある。

日本語の「判例」には,「確立された判例」という言い方に典型的に現れているように,いくつかの先例が積み重なってできる法規範という意味もある。だが,これと異なり,英米法の「先例」は,過去の1つの事件で採用された法規範を指す。また,日本語の「判例」は,最高裁判例を指すことが多いが,判例法主義において「先例」とは,後述(→213頁)の先例拘束法理と結びつけて考えられる場合,同一の裁判所の先例を指す。「先例」が審級制度とは独立に定義されるという点に注意すべきである。

このこととも関連するが,英米法においては,先例の引用は,従うべき法規範を探すという観点よりも,現在の事件にとって参考となる例を探すという観点からなされる傾向が強い。そこでは,審級上の上下関係や裁判所の管轄は問題にならず,もっぱら内容上の近さと説得力を考慮して,先例の引用が比較的自由に行われる。アメリカでは,ある州の裁判所が別の州の裁判所の先例を参考例として引用することや,外国の裁判所の先例を引用することすらある。

先例はルールかケースか　「参考例としての先例」という側面をひとまずおけば,「先例」とは,「同一裁判所の過去の事件において採用された法規範である」という一応の定義を与えることができる。そこでは,その「法規範」がルールの性格をもつことが暗黙のうちに仮定されている。しかし,このように先例をルールとみる見解に対しては異論もある。

それは,判例法思考の特徴を,制定法主義におけるのと同様,ルールに準拠する思考にみるのではなく,あくまで個々の事件の具体的事実に着目するところにみる。そのような思考を「ケース準拠型思考」とよぶことにしよう。

もちろん,判決は,一定の事実に関して下されるのであるから,その事実を何らかの観点から一般化または普遍化すれば,ルールが

構成されることになる。そのかぎりでケース準拠型思考は,「ルール準拠型思考」と両立する。

判決理由のスタイル

ルール準拠型思考との相違を強調し, ケース準拠型思考としての判例法思考の独自性を主張する見解は, 判例法主義における実際の判決理由の書き方, とくに先例のとりあげ方の技術に注目すると理解が容易になろう。

英米法の判決理由の標準的なタイプにおいては, 当該事件と関連する過去のさまざまな先例をとりあげ, (実質的理由の説明を時にともないつつも) この点が同じでこの点が違うという説明を延々と行うことがしばしばある。

これは, 英米法に, 同種の事件については先例と同じ扱いを要求する「先例拘束の法理」が存在することとも密接に関係している。それゆえ, 現在の事件について, 一見類似する先例と異なる判決を裁判官が下そうと思えば, とくに類似の先例を現在の事件と「区別」する技術が, 判決の正当化にとって重要となる。もちろん,「先例拘束の法理」は絶対ではなく, 場合によっては先例を「廃棄」する, すなわち, 実定法としての効力を喪失させることもできる。いずれにせよ, 過去の先例との異同を細かく論じるという判決理由のスタイルの点では変わらない。

このようなスタイルは, 制定法主義における一般的抽象的な法ルールの解釈という手法と一見異なる印象を与える。しかし, わが国のような制定法主義の裁判においても, 判決理由に「先例」, とくに最高裁判決を引用することはよくあり, 英米法の判決理由とのスタイル上の違いは, 現在の事件に適用できない先例よりも, 現在の事件が準拠すべき先例を引用する傾向が強いという点にある。

先例の解釈

英米法の判決理由において, 先例を援用して判決を下す場合, その先例は, その過去

1 法的思考とは何か 213

の事件を審理した裁判官からみたものではなく，あくまで現在の事件の裁判官からみた先例であることに注意する必要がある。

判決は，事実に対応して下される。事柄を単純化するために，先例の事件の事実がaとbという2つの要素のみからなっているものとしよう。さらに，先例の担当裁判官は，aという事実を重視して，判決を下したとしよう。先例を援用する裁判官は，先例についてこれと同じ解釈をするかもしれないが，違う解釈をするかもしれない。たとえばbという事実，あるいはaプラスbという事実を重視して，先例と外見上同様の判決を下すかもしれない。英米法では，いずれの解釈をとっても先例拘束法理には反さず，先例に従った解釈とされる。

イギリスの最高裁である貴族院は，1966年にいたるまで先例の廃棄を認めなかった。だが，先例解釈が上述のような構造をもつがゆえに，先例拘束法理のもとでの，先例の実質的変更は比較的容易である。先例が，あくまで現在の裁判官が解釈する先例であるかぎりでは，先例拘束法理は，判例法の発展にとって，実はそれほど障害にならない。

日本における判例の地位

日本法でいう「判例」は通例，最高裁の判決理由のうち，制定法の解釈をルールとして定式化したものを指す。後の裁判官が，最高裁判例を援用する場合，英米法におけるように，先例における事実と判決の関係を綿密に再検討した上で，先例拘束を標榜しつつも先例ルールの解釈を実質的に変更するというテクニックを使用することは少ない。判例ルールの再解釈を行う場合も，あたかもそれを制定法の条文とみなして，制定法解釈と同様の仕方で行うことが多い。

判例の法源性に関しては，「事実上の拘束力はあるが，法的な拘束力はない」という説明がなされることが多い。これは，多くの裁

判官は，上告された場合に自己の判決が破棄されないことを望むから，最高裁判例を実際上考慮するが，最高裁判例に反する判断を下しても，それだけで違法となるわけではない，ということを意味する。というのは，最高裁の判断が間違っていることもあるし，最高裁自身が判例を変更することもあるからである。また，形式的にいえば，憲法（第76条第3項）には，裁判官は「憲法および法律にのみ拘束される」とあるだけであり，「最高裁判例に拘束される」とは書いてないからである。

これに対して，法律については，裁判官が法律に反する判断をすれば，その法律が違憲の法律でないかぎり，違法となろう。しかし，法律に解釈の余地があるかぎり，「法律に従う」とは，自分が正しいと考える「法律の解釈に従う」ことに他ならない。この点で，法律の（規範的）「拘束力」も，判例の拘束力と同様，相対的なものであることに注意する必要がある。

最高裁判例の地位に関しては，法源制度との関連で考えるだけでなく，後にとりあげるように（→247〜249頁），判決の正当化との関連でも考察し，法律の可能な解釈のうちで他の解釈に優先するもの，したがって，それを覆すにはそれ相応の強い理由づけが必要なものと位置づけるのが適切であろう。

Column ㉖　判決理由と傍論

英米法では，判決理由のうち，判決主文に直接かかわる理由をレイシオ・デシデンダイ（ratio decidendi），付随的にかかわる意見をオービタ・ディクタ（obiter dicta）とよんで両者を区別する。そして，先例としての規範的拘束力を有するのは前者だけか，それとも後者にもそれがあるのか，ということが法理学上の問題として論議されることがある。レイシオ・デシデンダイを「（狭義の）判決理由」，オービタ・ディクタを「傍論」と訳しておこう。

1　法的思考とは何か

傍論は,「もしこれこれの事情があったなら別だが,本件にはその種の事情が存在しないので・・・」という表現で述べられることが多い。「本件にはこれこれの事情があるから,こうなるのだ」という狭義の判決理由が存在すれば,傍論は判決を正当化するために必ずしも必要でない。

　狭義の判決理由と傍論との区別は,先例の法源性または規範的拘束力が認められるところではじめて意味をもつ。しかも,先例をルールとみる見方よりも,先例を事実あるいは,事実と判決の対応関係にみる見方をとった場合に,この区別の意義はいっそう大きくなる。その場合,先例としての拘束力をもつのは,先例の事実と直接かかわる部分,つまり,狭義の判決理由のみであるという結論につながりやすいからである。

　わが国でも,裁判官が判決の中で上述のような形式の傍論的理由を述べることがしばしばある。日本の法学者も,英米法における狭義の判決理由と傍論の区別と一見同様の問題について言及することがある。しかし,わが国おいて,英米法と同じ意味で,判決理由と傍論の区別を論じることに意味はない。

　まず,判例に法源性を認めない立場に立つなら,規範的拘束力をめぐる判決理由と傍論の区別という問題がそもそも生じない。他方,判例の事実的拘束力ということのみを主張するのであれば,狭義の判決理由と傍論の影響力は,事実の問題であり程度問題である。実際には,狭義の判決理由か傍論かで事実的影響力に有意な差は認められないように思われる。

ルール,一般基準,原理　　アメリカ法学ではニューディール期以降,法規範の種類には,要件・効果が比較的明確なルールの他に,「一般基準」(standard)や「原理」(principle)があることが強調されるようになった。これは,国家が法を用いて積極的に社会政策に乗り出す際に必要な,柔軟な処置に対する法学面での対応であった。

「一般基準」とは，当該問題に関して法的判断を下す際に考慮すべき一連の観点は列挙するが，それぞれの観点の比重をどうするかは，個々の事例に応じて，その問題に関して処理する権限を有する人または機関の裁量に任すような規範である。各種の規制を行う行政法規範には，そのような種類のものが数多く含まれている。

　「原理」とは，要件・効果が明確でない点では，一般基準と同様であるが，一般基準よりももっと抽象的で，他の考慮すべき事情がなければ，どのような取り扱いをすべきかを指示する規範である。逆にいえば，他の考慮すべき事情があれば，具体的取り扱いは，それらの事情を比較衡量して判断しなければならないということである。したがって，原理は，「できるだけ何々せよ」という構造をもつ規範だと考えてよい。原理の例としては，（他の事情が等しければ）「何人も自己の不正から利益を得てはならない」とか，（他の事情が等しければ）「危険な製造物の生産者は，その製品の消費者または使用者に対して特別の責任を有する」といったものが挙げられる。

　これらのルール以外の規範は，判例法の中にも，制定法の中にも見出すことができる。また，現在では，英米法においてだけでなく，大陸法においても，その役割が強調されるようになっている。わが国では，法の一般原則とよばれるものや，制定法上の一般条項（→ *Column* ㉗），あるいは，憲法の人権規定などが原理の構造をもつ規範に相当しよう。

Column ㉗　一般条項

　一般条項という概念は，わが国の法律家の間でも頻繁に用いられ，そのだいたいの概念については一致があるが，その厳密な定義となると容易ではない。

　民法学の例でいえば，信義則（民法第1条第2項）と権利濫用法理（同第1条第3項）とが一般条項であることに異論はない。しかし，公

1 法的思考とは何か

序良俗違反（同第90条）や不法行為（同第709条）の規定となると，それが一般条項であるかどうかについては完全な一致は存在しない。その理由の1つは，後2者が，前2者と同様，適用範囲の非常に広い条文であるが，前2者と異なり，要件と効果がはっきり定められているルールの構造をもっているということである。信義則と権利濫用の条文は，すべての私法関係に適用されうるから，私法の中で最も一般性の高い規範だとはいえるが，ほとんどすべての条文は抽象的一般的な文言で表現されているから，一般性の程度や適用範囲の広さのみに注目して，一般条項を明確に定義することはできない。

しかし，要件効果の構造をもっているか，あるいは少なくとも，その構造の一部を構成するものであるかどうか，という点のみを基準に，普通の法ルールから一般条項を区別することができるであろうか。もちろん，それだけでは，一般条項と原理を区別できない。だが，それは一般条項が，本文に定義した意味で原理であることもあるというだけで，それほど本質的な問題ではない。

わが国の民法学に射程を限定してではあるが，広中俊雄は，一般条項に関し注目すべき見解を提出している。それによると，一般条項は本来，明確な要件効果の構造をもつ他の条文も適用できる状況において，その条文の適用から導かれる結論を逆転するために用いられるべきものとされる。広中によると，信義則や権利濫用法理という一般条項は，そのような形で裁判所によって実際に適用されることもあるが，他の理由で基礎づけられる規範命題を権威づけるためにのみ援用されることもある。

なお，本文中で説明した「一般基準」という概念は，条文の文言形式上は一般条項と類似しているかに思われるが，それは，公衆や労働者の福利に配慮する規制立法や税法など，各種の行政法規で主として用いられる規範形態であり，機能的には，一般的な目的・方針を示した上位立法のもとで，実施にあたる行政機関が発する「命令」と同種のものである。

原理と政策　アメリカの代表的な法哲学者ドゥオーキンは，1970年代に入って，上述のようなルールと原理の規範構造上の相違を強調するとともに，従来明確に区別されていなかった原理と政策（policy）との内容上の区別を，広義の原理の下位区分として新たに提唱した。

彼によると，狭義の原理とは，個人の権利の擁護を狙いとする広義の原理であり，政策とは，社会全体の目標の実現を狙いとする広義の原理である。ドゥオーキンは，裁判において（狭義の）原理と政策が競合する場合，原理が優先すること，そして，裁判が（狭義の）原理にもとづいて行われるべきものである以上，裁判官に裁量の余地はないこと，この2点を強調した。

もともと，原理や政策というルール以外の規範は，積極国家の成立とともに，行政官や裁判官の裁量を許容すると同時に制約するために注目されるようになったものである。だが，ドゥオーキンは裁判に関し裁量を否定するという，この文脈からは理解しがたい理論を提出している。だが，ドゥオーキンの意図は，規範にもとづく判断の余地を一切否定することにあるのではなく，裁判官の法的判断において，理由づけの整合性と正当性を強調することにあり，また，正義論の文脈では，積極国家を支える功利主義的思想に反対し，個人の人権の優位を説くことにあった。

2　制定法の適用と解釈

本節では，制定法主義をとる大陸法，なかでも，わが国の法制度を念頭におきながら，制定法の解釈と適用に関する諸問題について説明する。

1　法の解釈とは何か

法的推論と法の解釈　法律問題に関する法的思考については，それを法的推論の問題と，法の解釈の問題に分けて考えることができる。事実認定で用いられる推論も，法的観点からなされるかぎりで「法的推論」であるが，以下では法律問題に関する法的推論に焦点をあわせる。

「法的推論」ということばは，法的な主張を論拠から導くこと，または，そのやり方を指す。法的推論は，それが「法的な」推論である以上，他の種類の推論にはない1つの要請がある。それは，法的結論にいたるための論拠の少なくとも1つが法規範またはその解釈命題でなければならないという要請である。これに対して，制定法の解釈は，そのような種類の論拠を提出する際に必要となる作業であり，ひとことでいえば，条文を読むということにかかわる。

判決三段論法は法的推論の代表例であり，そこでは大前提の提出のために通常，法の解釈が必要となる。また逆に，法の解釈命題に到達するために，ある種の「法的推論」が用いられることもある。しかし，その種の法的推論もまた「解釈」とよばれることがあり，紛らわしい。混乱を避けるため，「法的推論」と「解釈」という用語について，もう少し詳しく説明しておこう。

法的推論　裁判や法律学において，主張に疑義が出された場合，主張者はそれを「これこれである」から「こうなのだ」という形で正当化する必要がある。「これこれである」に相当する部分を理由または論拠といい，「こうなのだ」に相当する部分を結論という。

論拠は，1つとはかぎらない。論拠から結論を導くことを推論という。論拠から結論への移行の形式的構造をとくに，推論方式あ

いは論法という。

　推論が論理的なものである場合，論拠のことをとくに「前提」という。判決三段論法に関しすでにふれたように，法的推論を論理的推論とみなす説もあるが，裁判や法律学で使用される推論は概して，論理必然的なものではない。論理的推論とは，前提がすべて真であれば結論も必ず真となる推論である。これに対して，法的推論では，論拠に関しても，論拠から結論への移行に関しても，蓋然的なものであると考えたほうがよい。

　そのかぎりで，法的推論は，論理的には「いい加減な」推論であるが，別の観点からは「よい加減の」推論を追求するものであるということもできる。法的思考には，昔から何らかの意味で「合理性」（reasonableness）が求められてきたが，それはまさに「よい加減」，「リーズナブル」を意味するものと理解することができよう。

　いずれにせよ，法的な結論が，推論方式という形式的側面と，その論拠または前提を構成するものの実質的内容という側面とに依存しており，法的結論の正当化に対する批判は，この両面に関して可能である，ということに留意する必要がある。

Column ㉘　帰謬法

　法的推論において，論理的な推論が用いられることもある。その代表は，「帰謬法」または「背理法」とよばれる論法であり，他の分野でも，相手の主張を反駁するためによく用いられる。そこでは，ある前提から，偽なる結論が論理的に導かれる場合，その前提も偽であるという論理法則が使用されている。結論が前提と矛盾する場合は，その結論は論理的に偽であり，最も厳格な意味で背理といってよいが，結論が論理的背理でなくても，主張者が偽と認めざるをえないようなものであれば，帰謬法を使うことができる。

　法的推論で使用される帰謬法の例としては，「ある解釈を採用すると

2　制定法の適用と解釈　　221

矛盾または不合理な結論，たとえば明文の規定や判例・学説によって確立された法理に反する結論が出る。よって，その解釈は採用できない」という論法や，「ある解釈を採用すると悪い結果を招く，よって，その解釈は採用できない」という論法が挙げられる。また，事実問題，法律問題のいかんを問わず，相手方主張の矛盾をつくという作業は，弁護活動に不可欠のものであろう。

帰謬法と同様，他の分野でも用いられる推論方式として，類推または類推解釈，反対解釈，勿論解釈とよばれるものがある（→235～238頁）。「解釈」という語尾がついているが，推論方式であるから「論法」というほうが正確であろう。

しかし，注意する必要があるのは，類推，反対解釈，勿論解釈は，帰謬法と異なり，論理的な推論ではないということである。それらは，アリストテレス以来，伝統的に修辞学上の技法と位置づけられてきた。

法の解釈の定義

「法の解釈」とは，法文を読んでその意味を明らかにすること，あるいは，「意味」という不明確なことばを使わずにいえば，法文の表現を別の表現で言い換えることを指す。それは，法解釈学の中心をなす営為である。「解釈に争いがある」とは，ある文Aが別の表現B，C，Dなどに言い換えられ，しかも，B，C，Dの意味が互いに異なるとされている状態のことである。

19世紀ドイツ法学に最も影響を与えた法学者といってよいサヴィニーは，法の解釈を「立法者の考えたことの再現（復元）」と定義した。これは，解釈の目標（→223頁）にもかかわる定義であり，上述の定義より内包（→*Column* ㉙）が大きい。

「解釈」という語は多義的であって，解釈という営為自体を指すことも，その方法または論法を指すことも，解釈の結果出てきた命題（解釈命題）を指すこともある。だが，どれを指すかは文脈上明

らかなことが多い。

Column ㉙　内包と外延

概念を定義するのに，その内容を説明するやり方と，その概念に属する下位概念を枚挙するやり方とがある。前者を内包的定義，後者を外延的定義という。こうした定義論は，アリストテレスの論理学および存在論に対応している。

たとえば，内包に注目すれば，動物は感覚をもつ生物であり，植物は感覚をもたない生物である。また，動物の外延は，牛，馬，人間，等々であり，植物の外延は，オリーブ，松，芝，等々である。内包が大きければ外延が小さく，内包が小さければ外延が大きいという関係がある。

有名な類と種差による定義は，上の例を用いれば，次のようになされる。すなわち，生物という類は，動物と植物という種に外延的に二分され，動物と植物の内包的種差は感覚をもっているかいないかということである。

アリストテレスの論理学は，個物をとりあげないので，たとえば「人間」の外延として，個々の人間は含まれない。概念の外延を個物とする見方もあるが，それは，概念を普遍名辞としてではなく，個物の集合とみる近代的論理学の発想である。

解釈の必要性　「法の解釈」が必要になるのは，法文の意味が必ずしも明白でないからである。法文の意味を知るには，まず，法文に登場する用語や表現が法律家の間で一般的にどのように理解されているか，当該法文は他の法文とどう関連するか，いかなる意図でその法文が作られたのかなどに留意する必要がある。こうした解釈方法の詳細については後述（→232頁）する。

解釈の対象と目標　何を解釈するかということ，つまり，法の解釈の対象が何かということについては，

解釈の定義から明らかであろう。法の解釈の対象は，制定法の文章すなわち法文である。

しかし，法文を手がかりにして何を明らかにするのかということ，この意味での解釈の目標についてはそれほど明らかでない。解釈の目標については，それを立法者の意思におくものと，法律の客観的意味におくものとの間で対立がある。前者を立法者意思説または主観説，後者を法律意思説または客観説という。

立法者意思説　立法者意思説における「立法者」が何を指すかについては，それを立法権者と同一視する見解から，実際の法案起草者を含め，立法に関与したすべての人を立法者に含ませる立場までさまざまなものがある。

誰またはどの機関が立法権者かを法制度から特定することは容易であるが，立法機関が複数の人間から構成されている場合には，立法者の意思がどの人間の意思を指すのかは不分明である。官僚などが起草した法案が議会に提出され可決された場合，法文に対する官僚の理解と議員の理解が一致するとはかぎらないし，個々の議員については，所属政党の方針に従って投票するだけで法文をまったくみないということもありえよう。これらの点を考慮すれば，「立法者」とは，法文の擬制的作成主体と考える他なかろう。

いずれにせよ，立法者の意思を明らかにするには，まずは法文を読み，次いで法案起草者の理由書や立法過程の議事録などを参照し，さらに立法当時の社会的・政治的・経済的状況を調査し，その中で立法者がとくに何を問題にし，過去の法律に何をつけ加え，何を変更しようとしたのかを十分に解明する必要がある。したがって，立法者意思説は，立法の沿革や歴史的状況を考慮する沿革解釈または歴史的解釈（→239頁）ととくに結びつけて考えられることが多い。だが，文理解釈（→232頁）抜きに立法者意思を明らかにすることは

できない。

法律意思説

サヴィニーにあっては，法律の意思とは立法者の意思のことだとされ，主観説と客観説との対立はありえなかった。しかし，その後，立法者の心理的意図の解明を解釈の目標とする立場が立法者意思説とみなされ，その一方で，解釈の目標は法律そのものの客観的意味の解明にあり，それは立法者の心理を度外視して発見すべきものだという説が有力になるに及んで，立法者意思説と法律意思説とが対立的に捉えられるようになった。

だが，今日において立法者意思説と法律意思説をあえて区別する意味は，法律の解釈を，立法時を基準にして行うか，適用時を基準にして行うかという点にある。

制定時客観説と適用時客観説

これに対して，法律意思説にもとづく解釈の基準時も立法時であるという見解も存在する。確かに，法律を契約とパラレルなものと捉えれば，適用時を解釈の基準とするという考え方は理解に苦しむものに思われよう。したがって，解釈の基準時を法律制定時におく法律意思説は，意思表示の解釈をめぐる意思説と表示説との対立に類似した発想を応用し，主観説を意思説に，客観説を表示説に対応させるものである。この意味での客観説を，「制定時客観説」とよび，先に説明した本来の客観説を「適用時客観説」とよぶことにしよう。

「制定時客観説」とは，法律の解釈は，制定時の文言の客観的解釈によるべきであり，それをこえて立法者の意思を探求すべきでないという見解と考えてよい（客観説にはもう1つの理解があるが→239頁）。そのような思想の裏には，成立した法律と立法理由や法案審議過程とは区別すべきであり，また，たとえ出来上がった法律文言

2 制定法の適用と解釈

と立法者の意思の間に齟齬があるとしても，その責任は立法者にあるのであり，解釈においてそのような事情を考慮すべきでないという考え方がある。しかし，そのように理解されるかぎり，法律意思説は結局，解釈の目標を立法者の意思においた上で，その唯一最大の手がかりを法律文言の客観的意味に求める種類の立法者意思説と実質的に区別することができない。

主観説と客観説の実質的異同

したがって以下では，立法者意思説を，法律制定時の（擬制的）立法者の意思の解明を解釈の目標とする立場と理解し，法律意思説を，特段の断りがないかぎり，法律適用時における法文の合理的意味の探求を解釈の目標とする立場，すなわち適用時客観説として理解することにしたい。

上の定義を一見しただけでは，両説で法律問題に関し相当異なる結論が出てくるかのような印象を受けるかもしれない。しかし，制定法の解釈の照準を適用時点に合わせるのは，立法と適用，あるいは議会と裁判所との役割分担やその機能的正統性を考慮すれば，ある意味で当然であり，立法者意思説に立っても，立法者が想定していなかった事件が生じれば，適用時にはじめて明らかとなった「法の欠缺」（→228頁）の事例として，裁判官が法を継続形成することができるのである。

これに対して，法律意思説は，立法者意思説からみて法の欠缺がある場合に，裁判官による実際上の法創造を法律の意思に帰するから，法創造の事実を隠蔽する作用をもつ。いずれにせよ，立法者意思説をとるか，法律意思説をとるかで，法律問題に関する最終的結論がそれほど異なるとはかぎらないということに注意する必要がある。

法文の意味が素人にとって難解な理由

法文の意味が, とくに非法律家からみて難解な理由にはいくつかのものが考えられる。

第1に, 法文に, 独特の専門用語や表現が用いられていること。たとえば, 「善意」というのは, 法律上は, 単に「知らない」ことを意味するにすぎない。

第2に, 多くの現行法典が総則・各則という編成方式を採用していること。たとえば, 売買に関する規制を知るには, 民法典にかぎっても, 売買の条文だけでなく, 契約一般に関する条文, 債権一般に関する条文, さらには, 法律行為一般に関する条文なども参照する必要がある。

第3に, 法律家にとって自明のこと, あるいは, 立法以前の法状態からして当然のことは, 必ずしも規定されていないということ。たとえば, あらゆる私的契約を禁止する法体制も理論上はありうるが, わが民法典には「契約を結んでよい」などということは書かれていない。

以上の第1ないし第3点は, 法律の文章の専門技術的性格に由来するが, 同様のことは, 他の分野の専門的・技術的な文章についても多かれ少なかれあてはまることである。そのような専門的用語法には, 簡潔で正確な表現が可能になるとか, いったんマスターすると, かえって正確で迅速な理解が可能になるという利点もある。法律の文章は素人にもわかるように書くべきであるという主張もあるが, このような点を考えると, 問題はそう簡単ではない。

解釈と継続形成

法文が難解である第4の理由, そして, 法律専門家にとっても法の解釈が必要となる最大の理由は, 個別具体的な実際の裁判にとって必要なすべてのことが法律に書いてあるわけではないということにある。その原因と考えられるものを以下に列挙する。

① 立法者が若干の具体的な事件または事件類型を念頭においていたとしても、立法技術上、条文を一般的抽象的な形で表現し、その具体的適用・解釈は、最初から判例の展開、ないしはそれを支援する法学の展開に委ねていることがある。
② ある条文の適用がその文言上は可能であるかにみえるが、実際には立法者が念頭においていなかった事件が裁判所に提起されることがある。
③ 立法者がまったく予想しておらず、しかも、該当する法律規定がないようにみえる事件が実際におこる。

これらの場合、「解釈とは立法者が考えたことの再現」という法解釈の伝統的な定義に照らすと、それに「解釈」で対応できるのか、それとも「法の欠缺」であって、裁判官自身による法創造あるいは法の継続形成を行うべき場合であるのか、という問題が生じる。前者の「解釈」を狭義の解釈といい、それに欠缺補充的継続形成を加えたものを広義の解釈という場合がある。もっとも、解釈はすべて法創造であるという立場から、解釈と継続形成とをとくに区別しない考え方もある。

法の欠缺

「法の欠缺」とは、事件が裁判所に提起されたのに、適用すべき法規範が既存の法源、とくに制定法の中に見出せない場合を指す、法解釈学上の専門用語である。制定法の欠缺の場合、罪刑法定主義をとる近代的な刑事裁判では被告人は無罪となる。

民事裁判でも刑事裁判と同様、欠缺の場合原告敗訴というやり方もありうる。だが、近代的な民事裁判では、制定法の欠缺の場合、擬制や類推などの欠缺補充の技術を用いて、適用すべき法規を創造または発見するのが普通である。以下、主として民事裁判を念頭において説明する。

すでにふれたように，どのような場合に欠缺が存在するかについては争いがある。上述の①の場合が，欠缺不存在で，狭義の解釈によって対応できる場合であることについては争いがない。だが，「正当」「相当」などの評価的な不確定概念を含む規定や一般条項（→ *Column* ㉗〔217頁〕）などは，当初から立法者が裁判官に法創造の余地を残したもの，つまり，意図的に欠缺を作ったものと解することもできる。

これに対して，欠缺が存在し，裁判官による法の継続形成が必要となるのはどのような場合かということについては，それを②および③の場合であるとする立場と，③の場合のみであるとする立場とがある。前者の立場は立法者意思説と，後者の立場は（文言を重視する種類の）法律意思説と結びつきやすい。

いずれにせよ，狭義の解釈と欠缺補充との境界は曖昧である。一般的にいえば，法律規定の適用範囲を，その制定にあたって立法者が念頭においた事案のみに限定すれば，欠缺の領域は広がる。逆に，一般的抽象的に規定されている法律規定を，立法者の意図のいかんにかかわらず，文字通り普遍的・全称的なものと解釈すれば，欠缺の領域は狭まる。また，法源を制定法に限定せず，判例法・慣習法・条理などにまで拡大すれば，欠缺の領域は一般に狭まる。

Column ㉚　有権解釈

公権的解釈ともいう。もともとは立法権者自身による法律の解釈を指した。学理的解釈，すなわち裁判官や法学者による解釈と対立する概念である。ユスティニアーヌス帝やナポレオンは，自己の制定した法律の解釈や註釈を原則として禁じ，自己または自己の授権した者による解釈のみを有権解釈として許容した。今日，有権解釈とよばれるものは，統治制度の変容にともなって，こうした歴史的意味が転用されたものである。いずれにせよ，有権解釈とは（学理的解釈も），解釈の内容や方法

に関する概念ではなく，解釈の権限に関する概念であることに注意する必要がある。

注目すべきことに，ケルゼンは，有権解釈を法規範によって定まる規範的な概念ではなく，誰の解釈が事実上実効性をもっているかに依存する事実的概念と考えた。たとえば，日本政府が憲法や法律に根拠がないようにみえる「内閣総理大臣臨時代理」という職務を創設した場合，あるいは，内閣法第9条に根拠があるとしても，その指定手続に瑕疵があるようにみえる場合，それを無効にするための手続と機関があって，実際にその権限が行使されるということがないかぎり，「（その）内閣総理大臣臨時代理は法的に有効である」という政府解釈が法律規定のいかんにかかわらず有効な有権解釈であるということになる。

狭義の解釈と欠缺補充との区別

近代的な法制度のもとで，裁判官の使命が法，とくに立法部が制定した法を適用することにあることについては異論がない。制定法の適用に際して，裁判官がそれを解釈する権限をもつことについてもほとんど異論はない。裁判官は，制定法の解釈について，有権解釈（→*Column* ㉚〔229頁〕）の権限をもっているのである。

これに対して，欠缺補充の場合は，裁判官の権限行使の正統性が，「立法に従うべき裁判官」という観点からは危うくなる一方で，衡平の実現という裁判に求められる要請の観点からは正当化される。国家の官吏としての裁判官という像に縛られる傾向の強い大陸法系の裁判官は，一般に前者の観点を重視するので，実際には衡平の要請にも配慮しつつも，欠缺を認めたがらない傾向がある。（狭義の）解釈ということであれば，正統な権限行使の範囲に明白に入るからである。

これに関連していえば，官吏型裁判官は，できるならば制定法に

従った判決という外観を作りたがり，制定法がない場合も，何らかの先行する，それなりに正統性のある権威に従ったという外観を求める傾向がある。

たとえば，制定法や慣習法が尽きたときに援用されるべき法源として，「条理」というものが挙げられることがある。「条理」には，自然法という意味もあるが，裁判における法源としてそれが果たす機能は，制定法も慣習法も判例もない場合に，何らかの正統な権威に従っているのであって，自己の恣意的判断ではないということを標榜することにある。注意すべきことに，このような官吏型裁判官の傾向は，民主制やアメリカ型三権分立とは独立のものである。というのは，そのような傾向は，民主的権力分立が成立する前から存在したからである。

衡平の実現の観点から欠缺補充の正統性が正当化されうる場合も，当該の事件，もしくはそれと同種の事件に関し，欠缺が存在するという判断に対しては，つねに異論がありうるということに注意する必要がある。欠缺があると主張する者は通常同時に，原告（または被告）に有利になるような規範を補充すべきだということを少なくとも暗黙裡に主張しており，他方，欠缺が存在しないと主張する者は同様に，そのような原告（または被告）を救済しないということが立法者または法律の真意であると暗黙裡に主張しているのである。

Column ㉛　反制定法的解釈

法律解釈の限界事例として，「反制定法的解釈」とよばれるものがある。これは，本文（→228頁）で述べた①ないし③のいずれにも該当せず，したがって，狭義の解釈とも欠缺補充とも区別される。

「反制定法的解釈」とは，欠缺が存在しないのに，条文の（主観説の意味で）歴史的意味内容または（制定時客観説の意味で）客観的意味内容に反する解釈を行うものである。要するに，それと反対または矛盾す

る規定がすでに存在するのに、その意味に明らかに反する解釈をあえてする場合、これを「反制定法的解釈」という。そのような解釈は、適用時客観説をとる場合にのみ、しかも、例外的に許される解釈といってよいであろう。

「反制定法的解釈」が、解釈者による法創造であることはいうまでもない。「反制定法的解釈」は、裁判の機能的正統性の限界事例でもある。刑法の分野でそのような解釈が許されないのはいうまでもないが、私法その他の分野でそれが許されるのは、狭義の解釈に従って当該法規を適用することが著しく妥当性を欠く場合や、社会や経済の状況の変化にともない法規の改廃をしてしかるべきであったのに、立法部がそれを怠った場合などにかぎられるであろう。

わが国での「反制定法的解釈」の事例としては、1968年11月13日の最高裁大法廷判決（民集22巻12号2526頁）における利息制限法の解釈が有名である。

2　解釈の技法

以下では、伝統的に解釈の方法とされてきたさまざまな技法を、多少なりとも統一的な視点から整理し、それらの間の関係、各種技法の内容などについて概説したい。

文理解釈　　当然ながら、法の解釈は法文を読むことから始まる。この作業を文理解釈または文言解釈ということがある。この意味での文理解釈は、解釈の手法や根拠に関する概念というより、解釈の対象に関する概念と考えたほうがよい。

しかし、ローマ法を継受した地域でそうであったように、非常に古い時代の法文を現行法として解釈する場合は、解釈は相当困難であり、「文理解釈」ということにもそれなりの理由があった。この

ことは，民法典など，わが国の古い法典のように外国法の継受により成立し，翻訳語や法律学に特有の表現が多く含まれる現行法の解釈にもある程度あてはまる。

文理解釈がさらに，文字解釈と文法的解釈とに二分されることもあるが，あまり意味がない。

今日，文理解釈ということが特別の意味をもつのは，解釈は可能な語義の範囲に留まらなければならないとか，できるだけ文字通り解釈すべきである，といった要請をそれが含むときである。しかし，可能な語義や文字通りの意味について争われることも多い。また，法律の目的など，他の根拠を援用して，この意味での文理解釈に反する（あるいは従う）解釈が行われることもある。

法の解釈は，法文を読むことと不可分であるから，論理的解釈や目的論的解釈などの通常は文理解釈と区別される解釈技法もすべて，文理解釈に帰属する解釈技法だとみなすことすらできる。

だが，以下でとりあげる拡張解釈および縮小解釈は，文言の読み方に直接かかわる点で，文理解釈に明白に帰属する解釈方法と位置づけることができる。類推解釈や反対解釈についても，それが文言の読み方にかかわるかぎりで，同様の位置づけが可能であろう。

以下でとりあげる解釈技法と文理解釈との関係について，予め言及すれば，拡張解釈および縮小解釈は，文言の読み方に直接かかわる点で文理解釈上のルールとみるべきものであり，類推解釈，反対解釈，勿論解釈についても，見方によっては同様の理解が可能であり，論理的解釈，目的論的解釈についても，個々の文言や条文よりも当該法律全体，あるいはそれを含む全法体系の文章を読むことにもかかわるという点で若干の違いがあるが，基本的には同様の見方が可能である。歴史的解釈は，法文以外のものを研究する作業が大半を占めるから，文理解釈との結びつきが最も少ないものである。

2 制定法の適用と解釈

拡張解釈と縮小解釈　法令に登場する文や用語を，その「通常の」意味より広く理解して読むことを拡張解釈または拡大解釈といい，これと反対に，狭く理解して読むことを縮小解釈または限定解釈という。「通常の意味」とは，一般人の間で普通に通用している意味を指すこともあるが，むしろ，法律家の間で「通常」と考えられている意味を指すことが多い。

　拡張解釈の例としては，「共同正犯」（刑法第60条）の中に共謀しただけで実行に直接加わっていない者も含ませる場合，不法行為によって侵害される「権利」（民法第709条）を「救済に値する利益」と解する場合などがある。

　縮小解釈の例としては，不動産の物権変動において登記なくして対抗できない「第三者」（民法第177条）の範囲から背信的悪意者を除く場合などがある。なお，この場合，登記がない権利者の立場からみれば，対抗できる者の範囲は拡大している。

　拡張解釈および縮小解釈は，法文の「真の意味」と表現の間の齟齬にかかわるものであり，法文に使用されている表現が「真の意味」より狭い場合には拡張解釈が，広い場合には縮小解釈がなされるべきである。

　法文の「真の意味」の確定は，立法者意思説または法律意思説にたって，目的論的・論理的・歴史的解釈などの解釈方法，類推・反対解釈などの推論方法などにより，解釈者の判断によってなされる。

　拡張または縮小解釈は，解釈の結果にかかわる概念であり，解釈の根拠や推論方法にかかわる概念ではないということに注意する必要がある。

　なお，「刑法では厳格解釈が原則である」といわれるときの「厳格解釈」は，縮小解釈と表面的には似ているが，それは，法文の真の意味とそれを表すために使用された文言表現との間の齟齬という

観点から定義されるのではなく，法文の真の意味が何であるかはひとまずおき，国家権力の恣意専断を防ぎ，被告人の不利にならないために，文言表現はできるだけ狭く解釈すべきであるという思想を含意している点で縮小解釈とは異なる。

類推

ある事項にあてはまることは，それと類似の事項にもあてはまると考えることを類推という。法律学に特有の思考様式ではなく，伝統的な修辞学上の技術である。法律の解釈に応用されるときは，「類推解釈」とよばれることもある。

たとえば，法文に一連の類似したことばが列挙されている場合に，それらは単なる例示にすぎず，それ以外の類似した事項も含む趣旨であるという読み方は類推解釈の例であろう。

しかし，このような法文の読み方に直接かかわる類推解釈の理解と並んで，類推解釈を推論方法とみる理解もあり，その場合，類推論法とよぶのが適切であろう。理論的には，後者のほうが重要であり，その場合，類推は推論方法として，単なる文理解釈から区別することができる。

類推解釈を推論方法とみる場合，その推論図式は，(i)「pであればq」(pは要件，qは効果)，(ii)「pとp′は類似している」，ゆえに(iii)「p′の場合もq」というものである。注意すべきことに，(i)および(ii)から(iii)への移行は，論理必然的なものではない。法的な類推論法では，(i)には既存の法規範がくる。

類推の許容性は，(ii)の命題が正当化されるかどうか，すなわち，両事項が類似しているかどうかにかかっているが，むしろ正確には，類似していると解釈して両者に同じ法律効果を与えるべきかどうかが決定的というべきであり，それを判断するために法律の目的や体系的連関，そしてさらには，法的な正義の考え方が参照されるので

ある。

ちなみに，擬制（フィクション）とは，類似していないものを，あえて同一視することをいう。

Column ㉜　類推適用

裁判や法律学では，本文中に述べた意味で本来の類推解釈が明示的に行われる場合は実際には少ない。むしろ，問題となっている事項に適用すべき条文が見当たらないとき，すなわち欠缺の場合に，当該事項に適用すべき法規範を既存の法規から借用することを「類推解釈」あるいは「類推適用」とよぶことが多い。

たとえば，不法行為にもとづく損害賠償の範囲に関して，条文（民法第709条）に規定がないので，債務不履行の規定（民法第416条）を類推適用する場合である。この例では，不法行為と債務不履行との類似性はあまり問題とされておらず，部分的に同じ扱いをすべきかどうかだけが問われている。この意味での類推は，「準用する」という明文がない場合に，その文言を補うことに等しい。

「類推適用」ということばは，「帰納的一般化」とでもよぶべき，上と若干異なる意味でも用いられる。たとえば，「相手方と通じてなした意思表示の無効は善意の第三者に対抗できない」という「通謀虚偽表示」の規定（民法第94条第2項）がさまざまな事案に「類推適用」される場合は，その規定および他の規定（民法第93条，第96条第3項，第109～112条など）から外観法理に関する一般的規範が帰納的に形成され，これを「適用する」という代わりに，それよりも適用範囲は狭いが法律に明文のある規定を「類推適用する」といわれているとみることもできる。

反対解釈

反対解釈とは、類推解釈も可能な状況において、その適用を否定する論法である。たとえば、「賄賂を受け取った公務員が懲戒免職になる（という法規範が妥当する）のなら、賄賂を受け取ったが後に返却した公務員も懲戒免職になる」とするのが類推解釈であり、「賄賂を受け取った公務員が懲戒免職になるとしても、賄賂を受け取ったが後に返却した公務員は懲戒免職にならない」とするのが反対解釈である。

反対解釈は、「pであればqである」という法規範があるときに、そこから「pでなければqでない」を非論理的に導く推論方式である。その根拠づけに関しては、類推の項目で述べたのと同様のことがあてはまる。

だが、類推解釈の場合と同様、反対解釈を条文の読み方に関する一連のルールとみる理解もよく知られている。そのようなルールの代表として、「のみ」「にかぎり」といった限定語句がついた文言について、その文言以外の事項については、述語の否定を結びつけるべきであるという文理解釈上のルールがある。たとえば、「裁判官はこの憲法及び法律にのみ拘束される」（憲法第76条第3項）という条文は、「裁判官は判例には拘束されない」というふうに反対解釈されるのが普通である。

また、条文に一連の類似した事項が列挙されている場合も、列挙されてない事項については、その条文の法律効果は与えられないというルールも、文理解釈上の反対解釈ルールである。先に類推について論じたところ（→235頁）で、これと反対の文理解釈上のルールを例示したが、この対立からわかるように、ある条文を類推解釈すべきか、反対解釈すべきかは、文理解釈だけではきまらない。だが、周知のように、罪刑法定主義を奉じる近代刑法では、反対解釈が原則とされている。

勿論解釈

勿論解釈は、量や程度の大小の比較にもとづく推論方式であり、これも、類推論法や反対論法と同様、論理的なものではなく、古来、修辞学上の技術とされている。勿論解釈を類推の一種とする見解もあるが、勿論解釈は必ずしも類似性に着目するものではないから、不適切な理解である。

「10万円の賄賂を受け取った公務員が懲戒免職になるのなら、100万円の賄賂を受け取った公務員も当然懲戒免職になるはずだ」という論法が勿論解釈のわかりやすい例である。このような解釈が成立する背景に、10万円の賄賂よりも100万円の賄賂のほうがより悪いという通念が存在するということに注意しなければならない。

法律の文章に勿論関係を明示的に表すような語句が使用されることはほとんどないが、勿論解釈を法文の読み方にかかわる文理解釈上の一ルールだと考えることができないわけではない。

論理的解釈

法解釈学者は、「論理的解釈」あるいは「論理解釈」ということばをよく用いるが、それは多義的に使用されている。

第1に、すべての解釈は、「論理」とくに矛盾律に反することはできないから、論理的な解釈であるべきである、という見解もある。

第2に、反対解釈や類推解釈などの論法が、論理学者がいう意味では論理的でないにもかかわらず、論理的解釈とみなされることもある。

第3に、論理的解釈が文理解釈や立法者意思説に対立する用語として使われる場合がある。この場合、「論理的」の意味は、法令の各条項の体系的連関や文脈を考慮することを指す。したがって、体系的解釈ともいわれる。ここでは、論理的解釈の定義として、この第3の定義を採用したい。

この意味での論理的解釈は，次のような場合に行われている。たとえば，「胎児は，（中略）既に生まれたものとみなす」という規定（民法第721条，第886条）は，「私権ノ享有ハ出生ニ始マル」（民法第1条の3）という規定と合わせて読まないと，その意味を十分に理解できない。総則と各則が別々に規定されている場合も同様のことが生じる。このような場合，論理的・体系的解釈は，文理や立法者意思にそう解釈でもあるから，それは文理解釈や立法者意思説と必ずしも対立しない。それを「法文は文脈を考慮して読まねばならない」とする文理解釈上のルールと解することすらできる。

概念法学的客観説　注意すべきことに，体系的解釈が文理解釈や立法者意思説と対立するのは，それが法解釈学によって確立された概念体系から「論理必然的に」出てくると称する解釈を指す場合である。たとえば，財産権は物権か債権かのいずれかであるから，借地権や借家権を物権的性質をもった債権と解釈することは論理的に不可能であると主張されることがある。そのような立場によれば，この結論は，「論理」の問題であって，文言や立法者の意図とは独立で，それに絶対的に優先するものとされる。いわゆる「概念法学」は，このような発想を多用した。

　そこから，「概念法学的客観説」とよぶべき法律意思説の第3の形態が生じた。それは，解釈の基準時を立法時にするか適用時にするかということとは無関係に，法解釈学によって構成された概念体系を参照すれば法規の客観的意味が定まるという考え方である。

歴史的解釈　制定時の立法の意味を明らかにしようと思えば，法文を読むことに加えて，法案起草者の理由書や立法過程の議事録などを参照し，さらに立法当時の社会的・政治的・経済的状況を調査し，その中で立法者がとくに何を問題にし，過去の法律に何をつけ加え，何を変更しようとしたのか

表5-1 解釈の目標と方法の関係

解釈の目標による区別		解釈における重点的な注目点	結びつきやすい解釈方法
立法者意思説（主観説）		歴史的立法者の心理 立法の沿革	歴史的解釈
法律意思説（客観説）	制定時客観説	法律の文言	文理解釈
	適用時客観説	法律の文言 他の法律またはその後の立法 現時点での整合性と正当性	目的論的解釈 論理的解釈 社会学的解釈
	概念法学的客観説	法の客観的概念体系	論理的解釈

を十分に解明する必要がある。そのような作業を歴史的解釈または沿革解釈という。この種の作業は，時間を要する歴史学的営為であるので，裁判官よりも，むしろ法学者の任務である。

歴史的解釈は，立法者意思説と結びつけて考えられることが多いが，適用時客観説をとる場合でも，立法時の意味の確定が必要，あるいは少なくとも有益であることは明らかであろう。また，現時点での適合性または正当性を考える際には，当該法律の制定の背景や立法時の目的を知るだけでなく，それと直接間接に関連する他の法律・判例のその後の発展状況も考慮する必要がある。後者の考慮も広い意味での歴史的解釈の方法に属するものと考えてよいが，とくに「社会学的解釈」とよばれることもある。

とりあげられることはまれだが，歴史的解釈には，もう1つの理解もある。この解釈方法は，問題になっている解釈案とほぼ同様の法規範が過去に採用され実施されたことがある場合にかぎって利用できる。そうした過去の事例が成功例であれば，現在の解釈案の正

当化の根拠となるし，失敗例であればその解釈案を却下する根拠となる。ただし，そのためには，比較されている両法規範の適用の状況が過去と現在とで，有意な点で異ならないということもあわせて立証される必要がある。

この意味での歴史的解釈は，「比較的解釈」とよぶべき上位概念に帰属するものである。外国の法規範と自国の法規範を比較して，解釈のよしあしを定める際にも，それと同様の論法が使用される。これは，比較法的解釈とよぶことができる。日本の法解釈学者は，学術論文の中で，そのような論法を多用する。

Column ㉝　利益法学

私法学者 Ph. ヘックを中心的な理論家として，20世紀はじめから1930年代にかけてドイツで優勢となった法解釈方法論のことをいう。概念法学に反対する点で，H. カントロヴィッツやエールリッヒらを中心とする自由法運動の主張と一致したが，ヘック自身は，「法律への忠実」を力説することで，それとの差別化をはかった。「自由」ということばが過激な印象を与えた自由法論に比べると，法律に従うという基本線を強調したので，当時のドイツの裁判実務に受け入れられ，今日でもその基本的な考え方は，多大な影響力をもっている。

ヘックによれば，法律は，対立しうる諸利益の境界を画定する命令であると同時に，それ自体，諸利益の産物であり，承認を求めて争う諸利益の合力である。したがって，立法者はまず，社会の利益状況と利益対立を観想し，利益衡量すなわち評価を行って利益対立を裁断し，次いで，これに概念とことばによる形式付与を行って，命令を発する。裁判官は，法律の解釈にあたって，これと逆の作業を行わなければならない。すなわち，法律の表現から立法者の意図，つまり立法者の行った観想と価値判断へ，さらに，その原因となった諸利益にまで遡らなければならない。ヘックは，これを「歴史的利益探究」とよび，法律解釈にあたって立法史の研究が重要であることを強調した。

ヘックによれば，法律制定にあたって立法者は現在ないし将来のすべての利益状況を見渡すことはできないし，また，みずからの意図を法律の文面に正確に表現しないこともあるから，欠缺が生じる。その場合，事件に直面した裁判官は，問題となっている諸利益をみずから認識し比較衡量することが要請されると同時に，何が保護を要する利益かの判断は，歴史的利益探究によって認識される法律上の価値判断に拘束される。ただし，当該事件にふさわしい価値判断が既存の法律全体の中に見出せないまれなケースでは，社会で支配的な価値判断や，それもなければ，良心に従って判断することをヘックは例外的に認めた。

目的論的解釈

　「目的論的解釈」とよばれるものは，現代では，ドイツの「利益法学」（→ *Column* ㉝〔241頁〕）やわが国の「利益衡量論」（→ *Column* ㉞）をはじめとして，多くの法学者が最も推奨する解釈方法であるが，その内容は曖昧である。文理解釈や論理解釈に漠然と反対し，解釈における法規の目的の重視を説くだけのことも多い。

　目的論的解釈も，他の解釈方法と同様，「法文はその目的を考慮して読むべきである」とする文理解釈上のルールと解することもできる。

　そこでいう「目的」を，法律に明記してある目的に限定すれば制定時客観説に，「論理的に」導出されるといわれる目的に限定すれば概念法学的客観説に，歴史的立法者の意図した目的と解すれば，立法者意思説に，現時点での法規の客観的目的と解すれば，適用時客観説に対応するものとなる。

　他方，目的論的解釈を推論方法とみることもできる。その場合，目的論的解釈とは，法文の解釈にあたって，解釈者が採用する解釈がその法規の目的を実現するにふさわしいことを示す論法である。

この場合，法規の目的を確定し，その目的と採用されるべき解釈との間の因果関係を証明する必要がある。

法規の目的の確定に関しては，当該法規だけでなく，他の規定や上位規範を参照することによって，あるいは，法秩序全体から，当該法規の目的が引き出されると主張されることもある。いずれにせよ，何が目的であるかは，究極的には解釈者の判断による。

裁判や法律学においては，他の法律上の目的を侵害することの最も少ない解釈が選ばれるべきであるという制約（「比例原則」とよばれる）があるものの，目的実現と解釈との因果関係については，厳密な経験科学的吟味が省略されることが多い。

Column ㉞　利益衡量論

法的な判断にあたって，対立する「利益」の比較衡量を重視する，わが国で有力な法解釈方法論である。利益考量，利益較量という表記もある。ドイツの自由法論ないし利益法学（→*Column* ㉝〔241頁〕），アメリカのリアリズム法学（→*Column* ㉑〔193頁〕）などの影響も受けている。

いわゆる「概念法学」を批判し，解釈者の責任と法社会学的研究の重要性を説いた民法学者来栖三郎の問題提起によって1950年代前半に開始された「法解釈論争」を経て，60年代中頃から民法学者の加藤一郎と星野英一によって提唱され始めた民法解釈の方法論であり，現在も，それを支持する民法学者は多い。

加藤は，具体的な紛争への法適用を念頭において，法規を度外視した利益衡量による結論が法規などによる理論構成に先立つというリアリズム法学的主張を展開した。

これに対して，星野は，具体的事件への適用以前の法学者による法解釈を念頭において，まず条文の文理解釈・論理的解釈・立法者意思の探究などによる暫定的結論の導出，次いで，その結論の具体的妥当性の利益衡量による検討を経て，結論の修正・変更という法解釈の手順を示し

た。

星野はまた,利益衡量・価値判断にあたって依拠すべき自然法論的客観的価値秩序の存在を信じる一方で,利害対立状況の細かい分類を重視する。利益衡量論は,この類型化という手法を広めるのに与って大きな力があった。

利益衡量論の最大の問題点は利益概念の不明確さにある。「利益」とは,目的論的解釈における「目的」に相当するものと考えてよいが,その中には,人間の尊厳,取引の安全といった,きわめて抽象的なものから,個人や団体の経済的・精神的な利益といったきわめて具体的なものまでが含まれている。それらの多様で異質な利益をいかにして比較衡量するのかという問題に加えて,そのために必要な能力や資源を裁判所や法律学はどれほど備えているのか,という問題もある。

1980年代後半に入り,民法学者平井宜雄は,いわゆる「第二次法解釈論争」の口火を切り,とくに法学教育上の有害性という観点から利益衡量論を批判し,「議論」に関する独自の理解にたって,「反論可能性」をよい法律論が備えるべき必要条件として提示した。

3 解釈技法の使い方

以上でとりあげた解釈技法は,法解釈の実際の場面でどのように使用されるべきであろうか。以下では,この問題を検討する。

正当化と討論

本節のはじめに(→220頁)述べたように,解釈に争いがある場合,解釈案の主張者は,自己の見解を正当化しなければならない。逆にいうと,反対者が異論を呈する場合にのみ,あるいは,異論がある論点についてのみ正当化を行えばよいのであって,異論のない点については,とりあえず一致があるものとして,正当化の作業をすすめてよいのである。

これは解釈の正当化を,いわばディベート的討論ないし対話の枠

組の中に位置づけるということである。一人で解釈案の適否を検討する場合も、討論の場面を想定して、賛成者の側に立ったり、反対者の側にまわったりしながら、思考実験をくりかえせばよい。

Column ㉟ 法的議論の理論

法的正当化を討論のプロセスとしてみるという見方を普及させるのに与って最も大きな力があったのは、ドイツの法哲学者 R. アレクシーによって、1970年代後半に提出された「法的議論の理論」あるいは「法的討議理論」であるといってよい。

本文中で採用した、法的正当化を討論と推論の2側面で捉えるという見方や、議論責任の考え方などは、若干の修正を加えつつも、基本的にアレクシーの見解に依拠している。

アレクシーはまた、規範が正当化されるのは、一定の合理的な（reasonable）手続に則って議論が行われるときであり、しかも、そのときにかぎるという、「議論手続的合理性」の考え方を、ハーバーマスに依拠して提出している。その概要については、本書第4章 6 〔176頁〕を参照されたい。

アレクシーに先立ち、議論への注目を促した法理論として、ドイツの法哲学者 Th. フィーヴェクの法的トピク論と、ベルギーの哲学者 Ch. ペレルマンの新レトリック論がある。

両者とも、古代ないし中世に栄えたレトリック（弁論術）ないしトピク（論拠発見の技法）に注目すべきことを説き、それらが論理ではないが、説得の技術としてもっている意義を、現代法学に再生させようとした。

法的正当化の推論構造

法的正当化は、他方で、推論という観点からみることもできる。

「法による裁判」が要請される以上、そして、裁判の場面を想定して法的正当化が行われるかぎり、法的推論は最終的には、判決三

段論法の形をとらなければならない。それは，すでに述べたように，論拠としての法規範および事実，そして結論という構造をもつ。

法規範または事実に異論が呈されたなら，結論の主張者は，それを正当化しなければならない。事実の正当化の構造は，裁判において証拠法上の制約がある点を除いて，科学や日常の分野における事実の正当化と基本的に異ならないから，以下では，法規範の正当化に考察を限定する。

法規範の正当化の構造 判決三段論法における法規範の正当化の場面で使われるのが，これまで説明してきた種々の解釈技法である。くりかえしふれたように，解釈技法のほとんどは推論図式という側面ももっている。推論図式のおのおのは，判決三段論法と同様，いくつかの論拠と1つの結論との結合からなっている。

推論図式を構成する論拠の1つに異論が出たなら，それを援用して自己の解釈を理由づける者は，その論拠を正当化しなければならない。その論拠を正当化するのに，さらに別の推論図式が援用され，これにまた異論が提出される場合にも同様のプロセスがくりかえされる。

たとえば，それはつぎのような手順を踏むであろう。主張者Aが法規範N_1のある解釈を正当化するのに類推論法を使用し，「本件の事項pと，すでに確立されて異論のない法規範N_2の要件p′とは類似しており，両事項に同様の法律効果を与えるべきである」と主張する。これに対して，反対者Bが，「類似しているとしても，どうして同様の効果を与えるべきなのか」と疑問を呈する。これに応えてAは，「解釈の対象となっている法規範N_1とN_2との目的の同一性を考えれば，同一の効果を与えてしかるべきである」と反論する。これに対して，Bはさらに「どうしてN_1とN_2の目的が同

一だといえるのか」と反論するかもしれない。その場合，Aは，体系的連関に言及したり，立法の沿革を参照して，自己の見解を正当化するかもしれない。

このような過程は，異論があるかぎり延々と続くであろう。もちろん，時間的制約がある裁判では，永久に続くことはないが，法解釈学の内部では，原理的にはいつまでも続きうる。

法的な論拠と非法的な論拠

ここで注意すべきことは，このような法規範正当化の推論においてもち出される論拠は，最初のうちは法的な性格が強いもの，たとえば制定法の条文や，最高裁が採用する，その解釈命題であろうが，議論が進むにつれてしだいに法的な性格が弱くなり，最後には，倫理的命題など法に属するとは必ずしもいえない論拠にいたるであろう，ということである。

というのは，原理的にいって，法的な論拠を法的な論拠によって正当化する作業は，どこかで限界に突きあたるからである。第2章（→48頁）でとりあげた法システム論的にいえば，法システムの境界にいたるのである。そこで述べたように，法システムは開かれたシステムでもあるから，外部の環境からの要請を法の内部に取り込むことができる。その媒介をするのが，（広義の）原理という種類の規範であり，これは法の内部構造に組み込まれながらも，外部からの規範的要請をくみとる，いわば器の機能を果たしうるものである。

制度化

上で，「法的な性格」が強いとか弱いということについて語ったが，それは何を意味するのであろうか。それは，「法的な正統性をもって制度化されていること」と言い換えることができる。これは事実に関する概念であり，程度問題である。

「規範的命題が法的な正統性をもっている」とは，それが法で定

2　制定法の適用と解釈　　247

められた手続と内容に則って定立されていること，および，そのことを当該規範の名宛人が（評価的に）承認していることを意味する。「制度化されていること」は，これと部分的に重なるが，規範的命題が相当程度実効的で，定着していることを意味する。その背後には，違反に対する実力行使の威嚇もありうるが，真にそれを支えているのは，上に述べた名宛人の承認である。

「法的な正統性をもって制度化されている」という基準によれば，制定法がだいたいにおいて遵守または活用されている場合，そのような制定法は法的な性格が最も強い，といってよいであろう。

制定法の解釈命題についてもこれと同様に考えることができる。最高裁判例で採用され，実際にも従われている解釈命題は，解釈命題のうちで最も法的な性格が強いであろう。遵守の点で同様な特徴をもっているが，その妥当性が最高裁でまだ確認されていない解釈命題は，それよりも法的な性格がやや劣るであろう。多くの人々が従っている道徳規範は，制度化の度合いは相当強いが，法的な正統性の点で，法的性格にかけるであろう。

法的正当化に対する制約

法的な正当化には，それを他の種類の正当化から区別する制約がある。第1に，法的正当化において援用される論拠の少なくとも1つは法的なものでなければならない。第2に，法的正当化において援用される（相対的に）法的な論拠は，（相対的に）法的でない論拠に優先する。

第1の制約については，すでに本節のはじめに（→220頁）言及した。以下，第2の制約について説明する。

議論責任

第2の制約が意味するのは，法的な性格が強い論拠を提出する者に有利な推定が与えられるということである。したがって，法的な性格がより弱い論拠を提出する者のほうが，それを正当化する責任を負うということで

ある。この責任を「議論責任」とよぶことにする。証拠法でいう「証明責任」と類似の概念であるが、論拠を提出する責任という意味で、そのことばを採用した。

たとえば、判例で確立されている論拠を用いて解釈命題を根拠づける者と、学説の一部で有力であるにすぎない論拠を用いて解釈命題を根拠づける者とが、同一の条文の解釈をめぐって対立した場合、もし、両説の内容的な説得力が同じであるとしたら、前者の解釈がまさる、ということである。逆にいうと、後者は、内容的により説得力のある正当化を提出しなければならないということである。

議論責任は、内容的正当化の説得力とは独立に、各種の論拠を、その法的な性格に応じてウェイトづけるための仕組みであり、これによって秩序だった正当化ないし議論が可能になる。法制度自体も、たとえば憲法と法律の優先関係、上級審判決と下級審判決の事実的効力の違いなどからもわかるように、そのような仕組みを制度化しているのである。

解釈の検算

以上でとりあげた種々の解釈技法とその用法を習得したからといって、正しい解釈にいたることが保証されるわけではない。具体的事件に臨んで、どの解釈技法を使うべきか、あるいは、ある1つの解釈技法を使うにしても、目的の決定とか類似性の判断をどのようにして行うか、といった問題が残るからである。そうした問題の決定には、判断を正当化する実質的根拠を考えることが必要である。第4章（→126頁）で検討した正義論は、まさにこの局面に応用できるのである。

しかし、解釈技法のマスターによって、正当化すべき論拠が何であり、注目すべき論点が何であるかということが明確に理解され、解釈に対する批判的反省の思考が容易になる、ということはいえるであろう。また、解釈に関する争いを終結させることはできないと

しても、いくつかの解釈案については、それをとることができないという点で一致がえられやすくなるであろう。

ここで、解釈技法の使い方に関連する重要なテクニックを1つだけ挙げておこう。それは、解釈技法の使用によって到達された結果のいわば「検算」のやり方にかかわるものである。

① まず、自分が採用する解釈技法、たとえば目的論的解釈の結果出てきた解釈をきちんと文言化して、ルールに構成してみる。
② それを当該事件だけでなく、適用可能と思われる他の事例にも適用してみる。それでおかしなことが生じないか、確かめてみる。生じたなら、①にもどって、他の目的なり、他の解釈技法を採用するなりして、検討しなおす。
③ 上のテストをパスしたら、自分が採用した条文解釈を、その条文が含まれる法律全体に組み込んでみて、②と同様に、事例に適用してみながら、おかしなことが生じないか、確かめてみる。生じたなら、②にもどって検討しなおす。
④ ③をパスしたら、問題の条文を含む法律だけでなく、他の法律の関連条文を含めて、おかしなことが生じないか、確かめてみる。生じたなら、③にもどる。

整合性と理性性　このテクニックは、論理的解釈として漠然と理解されているものを、平明な形で具体化したものとみることもできる。しかし、そこで働いているのは論理ではなく、「おかしなこと」という感覚である。まさにその感覚の習得が法学教育の中心目的であり、法的思考の核心である。

「おかしなこと」を、ことばで説明するのは難しい。

ドゥオーキンのそれをはじめ、現在の有力な法解釈方法論において、「整合性」（coherence）とよばれているものは、法秩序全体に「おかしなこと」がない状態を指している。「整合的である」とは、

規範相互が少なくともいくつかの適用事例において対立する結論にいたる、というようなことがないということも含むが、それ以上のことを意味する。つまり、論理的・科学的「合理性」(rationality) と区別される、何らかの「合理性」(reasonableness) があるということである。区別するため、以下では、後者を「理性性」と読み替えることにする。

法解釈の文脈では、理性性は「正義にかなっている」ことを意味すると同時に、整合的で「筋が通っている」ことを意味する。「正義にかなっていることの中味は、法解釈学では、法的な実質的イデオロギーによって供給される。その際、倫理など外部からの支援を法原理を介して受けることについては、すでに説明した通りである（→247頁）。

他方、法解釈の「筋を通す」ために最も有効な方法は、解釈の対象となっている法文の中に目的（複数でありうる）を設定して読んでみることである。そして、その結果おかしなことが生じないか確かめてみることである。そのような思考作業を続けても、唯一の正しい解釈には到達しないであろうが、いくつかの不合理な解釈を排除することはできるであろう。多くの法解釈学者が目的論的解釈を強調するのも、上のような思考作業を念頭においてのことであろう。

立法者の理性性の想定 もちろん、実際の立法者は、問題となっている法文を作成する際に、その目的のことや、法体系全体との整合性のことにまったく、あるいは十分に配慮していないかもしれない。にもかかわらず、解釈者は、立法者は理性的で筋の通ったことをいうはずであると仮定しているのである。さまざまな時期にさまざまな人が関与して成立した法秩序全体の整合性を問題にする場合は、もはや現実の立法者ということは意味をもたず、「立法者」はフィクションにならざるをえない。

要するに，解釈者は，立法者の理性性を反事実的に想定して解釈を行う。そのような想定は，立法者意思説や制定時客観説からすれば不当に思われるかもしれない。あるいは，「法治国家」や「法による裁判」の理念を引き合いに出して，異論を提出する者もいるかもしれない。だが，まったく不合理で筋の通らない解釈ないし法体系をよしとする国民はいないのではなかろうか。

　むしろ，立法が不合理であったとしても，それを理性的で整合的なものにするということが，法律家とその思考に期待されている正統な役割だといってよいであろう。

3 法的思考と経済学的思考

　本節では，「法と経済学」の考え方の一部を紹介し，法的思考と経済学的思考との対比を通じて，法的思考の特徴をよりいっそう鮮明にしたい。

「法と経済学」をなぜとりあげるか

　法が，経済と密接にかかわっていることはいうまでもない。

　たとえば，取引に先だって私法上の権利義務の範囲が明確になっていなければ，安全な取引はできない。取引の目的物に思わぬ欠陥があった場合や契約違反があった場合について，その対処の仕方を法で定める必要もある。契約法はそのためのものであり，不法行為法は，民事上の事故に関し，損害の配分を規定する。刑罰法規の多くは，安全な経済活動を保障する機能をもっている。

　しかし，「法と経済学」または「法の経済分析」とよばれる法アプローチは，そうした法と経済のかかわりを説くというよりも，法学の

内部に経済学的思考を導入しようとする運動である (→ *Column* ㊱)。そのような傾向は，1970年代以降アメリカで優勢であるが，わが国ではまだそれほどではない。

ここで「法と経済学」をとりあげる目的も，法的思考に経済学的思考を直輸入することにはない。だが，法的思考がどのようなものかを考えるにあたって，経済学的思考との比較は多くの示唆を与えるであろう。とりわけ，法的思考の弱点に留意し，経済学的思考から学ぶべきものは学ぶという姿勢が肝要であろう。

Column ㊱　「法と経済学」の諸派

アメリカで優勢な「法と経済学」は，ミクロ経済学の応用という点では一致しているが，関心や着眼点の相違によって，大きく3つの傾向に分かれる。その主導者が活躍した大学名をとって，それぞれ，「シカゴ学派」，「イェール学派」，「ヴァージニア学派」とよばれる。

このうち，法学分野に最も大きな影響力をふるっているのは，R. A. ポズナーによって率いられるシカゴ学派だといってよいであろう。ポズナーは，自由市場の効率性を信じ，小さな政府をよしとするリバタリアン的立場にたって，「富」(→256頁)の最大化としての効率性の達成を法のめざすべきほとんど唯一の目標とみなしている。

これに対して，イェール学派を率いるG. カラブレイジには，ミクロ経済学を応用していくつかの法的基準を提示したという業績もあるが，その一方で彼は，市場万能イデオロギーから距離をおいて，経済主体がなす経済的選択と同様，法的な決定もいくつかの可能な選択肢からの選択であるから，法において何かをとるということは，何かを犠牲にすることであるという経済学的観点から，各種の法制度を見直すという作業も行っており，法と正義の問題を考えるにあたって注目すべき視点を提供している。

ヴァージニア学派を率いるJ. M. ブキャナンは，法学というより政治学の分野で注目されている経済学者であり，公共選択理論の手法を用い

て政治過程を分析し，社会契約論的視点からあるべき立憲体制の提案を行っている。とりわけ，レント・シーキング活動の理論的分析と批判は有名である。レント・シーキングとは，圧力団体などが政府に規制や保護を求めることによって，他者の犠牲または負担において，利益を追求することであり，その結果，社会全体としても厚生の損失をともなうことになる。

経済学と「法と経済学」

「法と経済学」が依拠するのはミクロ経済学である。ミクロ経済学とは，消費者または企業という個々の経済主体を基礎にして市場メカニズムを分析する立場であり，一国の経済全体を直接の考察対象とするマクロ経済学と区別される。

経済学には，実証的経済学と規範的経済学という区別もある。前者は，経済現象を記述し説明するものであり，後者は，経済的観点からみて，制度がどうあるべきかを論じるものである。ミクロ経済学の手法を用いる規範的経済学を厚生経済学という。

法は社会制度の重要な部分をなすから，規範的な法学ないし法哲学は，規範的経済学と考察対象の点で重なる。「法と経済学」は，ミクロ経済学の知見を法の分野に応用する規範的経済学とみることもできる。しかし，「法と経済学」は，法という複雑な現象に対して，きわめて理想的な条件の下でのみ妥当する初歩的な経済学の理論を応用する傾向が強いから，経済学の知見を部分的に借用する法学というほうが正確であろう。そのかぎりで「法と経済学」は一般に，悪い意味でのイデオロギー性（→*Column* ㉒〔196頁〕）が強い。

経済的合理性と効率性

ミクロ経済学では，「経済主体は合理的に行動する」と仮定されている。経済的に合理的な行動とは，消費者については効用を最大化する行動，企業に

ついては利潤を最大化するような行動である。

個人に関する経済的に合理的な行動を「効率的」行動ということもあるが，「効率性」はむしろ，社会全体あるいは関係する当事者全員の行動について語られるべきことばである。この意味での効率を「厚生」(welfare) ということもある。

パレート効率

規範的経済学は，(他の事情が等しければ) 効率ないし厚生を最大化 (あるいは最適化) すべきであるという主張を含んでいる。これは明らかに，功利主義の系譜に属する思想である。「厚生」は，全体効用に相当する。厚生経済学も，功利主義と同様，社会が個々人からなると考え，個人から独立した社会という実体を想定するものではない。

しかし，厚生経済学は，価値観したがって効用関数が人によって異なる以上，各人の効用を単純に合計することはできないという問題，効用の個人間比較の不可能性という問題に取り組まねばならなかった。

この問題を解決する，というよりも回避するために考え出されたのが「パレート効率」という概念である。これは，「パレート改善」という概念によって定義することができる。

まず，社会を構成する全成員の行動および効用の初期状況を考える。各人は，この初期状況を変化させる行動について，いくつかの選択肢をもっているとする。各人の選択肢を全員について組み合わせたものを社会全体の選択肢とみなす。初期状況から出発して，誰の効用も低下させることなく，誰か一人以上の効用を増加させる社会的選択肢がある場合，その選択肢を社会として選択することが「パレート改善」とよばれる。パレート改善を可能なかぎりくりかえして，それ以上改善できない状態にいたるとき，それを「パレート最適な」状態という。パレート効率とは，パレート最適のことで

ある。以上の説明からわかるように、パレート効率の考え方では、各人の効用関数自体を比較する共通の尺度は必要でない。

注意すべきことに、パレート最適な社会的選択肢は複数ありうる。パレート最適な選択肢の間の優劣は、定義上、パレート効率によっては決定することができない。厚生経済学の真の課題は、パレート効率的な選択肢間の優劣を決定する規範的理論を提示することにある。ちなみに、ロールズの格差原理も、そのような規範的理論の一種とみなすことができる（→ *Column* ㊲）。

費用便益分析と「富」　「法と経済学」は、法制度を社会的選択肢とみなし、効率的な法制度を採用すべきことを説く。しかし、そこで一般に用いられる効率性の概念は、パレート効率ではなく、費用便益分析で用いられる効率性概念である。

費用便益分析では、社会（複数人からなる集団を考えてもよい）がある選択肢をとった場合に、そこから各人に生じる効用の増大を便益とよび、効用の減少を費用とよび、便益および費用を金銭評価額で表す。費用はマイナスの便益であるから、上の意味での便益から費用を引いたものを、「便益」（純便益）と考えてもよい。後者の便益概念を用いると、個人の便益を、社会の全成員について合計したものが社会の総便益であり、費用便益分析では、社会の総便益を最大化する社会的選択肢を効率的とみなす。

このような効率性概念は、効用の個人間比較の問題を軽視している点など（→ *Column* ㊳〔258頁〕参照）で、多少なりとも問題があり、実質的には、近代経済学以前というべきベンサム的功利主義と同様の考え方をとる結果になっている、ということに注意しなければならない。

「法と経済学」を先導する法学者ポズナーは、費用便益分析でいう社会の総便益のことを「富」とよび、その最大化が、法および裁

判が実現すべき最も重要な目標であると主張している。

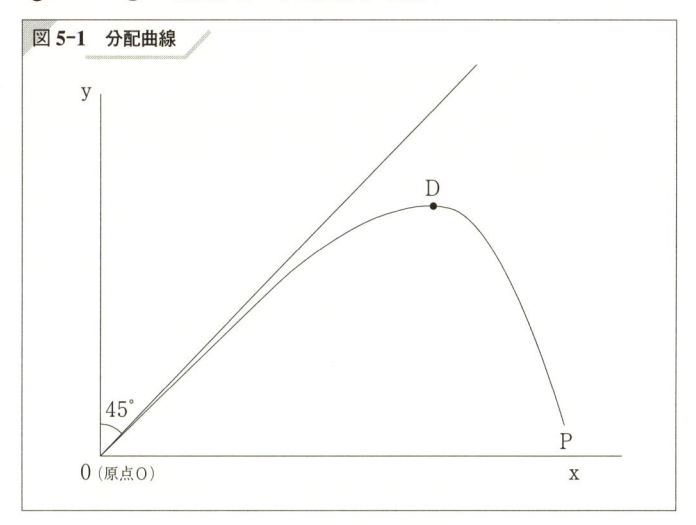

Column ㊲ 格差原理の厚生経済学的解釈

図 5-1 分配曲線

（図：原点Oから45度直線と、点Dで最大値をとりPへ向かう曲線OP。x軸、y軸。）

ロールズは，図 5-1 のようなグラフを用いて，格差原理の基本的な考え方を説明している。ロールズの正義論では，分配の対象は，「社会的基本財」であるが，説明の便宜上，基本財の指標として所得をとることにする。

曲線 OP は，社会的協働による生産によって得られた所得が，社会の相対的に恵まれた者の集団と，相対的に恵まれない者の集団との間でどのように分配されるか，という関係を表している。x 軸は，恵まれた者の集団に属する代表的市民 X の所得の量を，y 軸は，恵まれない者の集団に属する代表的市民 Y の所得の量を表している。

ロールズの格差原理は，分配が点 D になるような社会の基本構造を推奨する規範的理論である。その理由を説明しよう。

OP 曲線が，原点 O から出る45度直線の下にあるのは，x 軸に相対的

3 法的思考と経済学的思考　257

に恵まれた者の所得を，y軸に相対的に恵まれない者の所得をとったためである。ここでは，説明の便宜上，所得が多いほど恵まれているという定義が採用されている。45度直線は完全な平等分配を表し，分配曲線がそれよりも下にくるということは，恵まれた者のほうが恵まれない者よりも所得が高いということを意味する。

さて，分配曲線 OP にそって，Yの所得の変化に注目すると，Dにいたるまで増加しており，点Dで最大となり，点Dより右では減少に転じる。Xについてみても，OからDまでは所得が増加しているから，OからDへいたる変化は，両方の状態がともによくなっており，パレート改善ということになる。ところが，Dから右では，Xの所得が増加すると，Yの所得が減少する。したがって，OP曲線上の点Dより右の部分（Dを含む）に属する点はすべて，パレート最適点であるということになる。その部分の任意の点において，Xの所得を増加させようとすると，Yの所得が必ず減少するからである。

したがって，パレート効率のみによっては，パレート効率点のうち，どれがよいかを決めることができない。ロールズの格差原理は，恵まれない人の利益が最大となる点Dをよしとする理論である。

Column ㊳　囚人のジレンマ

		B 黙秘	B 自白
A	黙秘	−3, −2	−10, 0
A	自白	0, −8	−9, −5

AとBという名の二人の者が，ある家に押し入り，そこの住人を共同して殺したとする。彼らはともに逮捕されたが，住居侵入の明白な証拠はあったが，殺人については，自白がないかぎり有罪になりそうにもなかった。そこで検事は，両囚人を別々によんで，次のようにいったとしよう。

もし，相方が自白せずに，お前だけが共犯して殺人したことを自白すれば，お前は起訴猶予にしてやる。相方は，殺人罪で20年ぶち込んでやる。

　もし，相方もお前も自白したら，両方とも殺人罪で起訴するが10年で許してやる。

　もし，お前も相方も黙秘を続けるなら，両方とも，住居侵入で3年ぶち込んでやる。

　以上と同じことは相方にも伝える。自白したほうがためになるぞ。

　さて，A，Bは，合理的に行動する，つまり効用最大化行動をとるとしたら，黙秘と自白のいずれの選択をするだろうか。

　上の表は，A，Bが黙秘または自白の行動をとったときの行動の組み合わせと，それに対応する各人の効用の値を示すものである。左側はAの効用値，右側はBの効用値である。たとえば，表中の（0，−8）は，Aが共犯を自白し，Bが黙秘を続けたときの効用が，Aは0，Bは−8であることを表している。

　ただし，検事は共犯者の両方に，黙秘または自白と刑罰との関係について同じことを告げているので，共犯者の一方は，他方の効用の正確な値は知らないが，その大小関係については知っているはずである，と仮定されていることに留意する必要がある。

　上記の表から，A，Bいずれにとっても，相手が黙秘した場合，自分は自白するほうが，また，相手が自白する場合も，自分も自白するほうが，自分の効用が高いことがわかる。したがって，結局，A，Bともに自白することになろう。別の考え方で説明すれば，自分は黙秘し相手は自白すると懲役20年という結果になるが，両人が自分にとってこの最悪の結果を避けるよう合理的に行動するには結局，両者とも自白という選択肢しかない。

　いずれにせよ，その場合の効用の組み合わせは（−9，−5）である。しかし，A，Bともに自白するこの選択よりも，両方とも黙秘するという選択肢のほうが，効用の組み合わせが（−3，−2）なので，Aにとっても Bにとってもよりよい。つまり，パレート改善ということである。

3　法的思考と経済学的思考

両方とも自白するという行動の組み合わせ以外は，パレート改善の余地がないから，すべてパレート最適である。

ゲーム理論では，上記の表に表されたような関係を，囚人のジレンマ・ゲームとよんでいる。両方が改善されうる選択肢の組み合わせがあるのに，各人が孤立したまま合理的に行動すると，より劣った選択肢の組み合わせにいたってしまうという点が注目される点である。現実の社会でも，囚人のジレンマと同様な状況がしばしば生じる。たとえば，公共財（→150頁）の供給については，そのための費用を自分だけ負担するという事態を全員が避けるべく合理的に行動すると，公共財がまったく，あるいは不十分にしか供給されない結果，多少なりとも費用を分担して公共財を共同利用するという社会的選択肢より，おそらくは誰にとってもより悪い事態に陥る可能性がある。

ところで，表中の数値をみるにあたっては，とくに次の2点に注意すべきである。

第1に，囚人ジレンマに関する上述の説明を理解することにとっては（ゲーム理論全般については別の説明をすべきであるが，ここではあえて立ち入らない），AとBとの効用値の比較は必要でなく，AまたはBの内部で効用値を比較すれば十分だということ。つまり，効用の個人間比較はなされていないということである。

第2に，AまたはBの内部でも，効用値の大小の比較ができれば十分であって，数値間の幅は問題ではないということ。これは序数効用の概念を採用していることを意味する。

なお，効用の順序だけを問題にする効用概念を序数効用といい，効用の幅にも意味を与える効用概念を基数効用という。効用をたすことができるのは，基数効用の概念を採用する場合にかぎられる。

現代のミクロ経済学の消費者理論ないしは需要関数は原則として，序数効用の概念を用いており，費用便益分析は，効用の個人間比較が可能と仮定するとともに，基数効用の考え方を用いている。

コースの定理

「法と経済学」の課題は，経済的に合理的に行動する個人からなる社会が，効率的な結果を実現するには，どのような法のルールがふさわしいかを探求することにある。

しかし，皮肉なことに，今日の「法と経済学」の発展の有力動因になったのは，上の課題を全面否定するかにみえる理論であった。すなわち，「取引費用がゼロならば，法は資源配分の効率性には影響しない。どのような法のルールの下でも，経済主体が合理的に行動するかぎり，社会の効率は達成される」という命題である。これは，発見者（R. コース）の名をとってコースの定理とよばれる。それが定理とよばれるのは，経済主体の合理的行動，その他のミクロ経済学の公理から導かれるものだからである。

コースの定理に，重要な留保がついていることに注意しなければならない。「取引費用がゼロならば」という限定である。以下，この定理の内容を具体例で説明しよう。

医者とカラオケ店

医者Aが診療所を営んで，年収1000万円を得ていたとしよう。ところが，隣でカラオケ店Bが開業し，騒音で医療ができなくなったとしよう。カラオケ店の年収は1500万円だとしよう。AはBを相手に，騒音の差し止めを求めて訴訟を提起した。裁判所は，どのような判決を下すべきだろうか。コースの定理による結論を先取りしていえば，どのような判決も効率には影響しないということである。

それはなぜか。A勝訴の場合，Bは，1000万円以上（1500万円未満）を提示して，Aにカラオケ営業を続けさせてくれるよう交渉するであろう。Aからすれば，何もしなくて医療による年収以上がもらえるのであるから悪い話ではないし，Bにしても，1500万から1000万以上取られるので，年収は500万以下になるが，無収入より

もましである。よって、この交渉は成立するであろう。結果として、カラオケ店は営業を続け、診療所は閉鎖されることになる。なお、ここではカラオケ店が営業するかぎり医療は続行できないと仮定している。

Bが勝訴した場合は、当然、カラオケ店は営業を続け、診療所は閉鎖されることになる。Aは、先ほどのような有利な条件を提示して、いわば「判決をBから買う」あるいは、「Bを買収する」ことはできない。Aの年収はBの年収より低いからである。資源（この例では診療所とカラオケ店の間の空間）は、それから最も高い収益をあげることのできる者（本件ではB）へ配分されるのである。

コースの定理が、事実の説明にかかわる記述的原理であって、規範的原理ではない、ということに注意すべきである。それは、最も高い収益をあげる者に資源を分配せよといっているのではなく、各人が経済合理的に行動するかぎり、そのように配分されるはずだと主張するものにすぎない。

取引費用がかかる場合　コースの定理の理解にとっては、それが妥当するのは取引費用がゼロの場合にかぎられる、という点が決定的に重要である。取引費用には、さまざまなものが含まれるが、先の例に関しては、交渉の費用のみを考えることにする。交渉の費用にもさまざまなものがあるが、説明の便宜上、交渉の駆け引きにかかる費用（「戦略的交渉の費用」とよばれる）のみを考えることにする。

A勝訴の場合、1500万と1000万の差額の取り分をめぐってAとBの間で駆け引きが行われる。両者にとって得になる取引でも双方ができるだけ多くを得ようとして取引が成立しないかもしれない。もし、そうした駆け引きの費用が500万をこえれば、交渉することは経済的に不合理である。そのような場合を、「取引費用が禁止的に

高くつく」という。

　法が必要になるのは，まさにそのような場合である。先ほどの例では，AのBに対する差し止め請求が認容される場合について論じたが，（被害実額だけの）損害賠償請求権をAに認めるというルールないし判決が採用されれば，差し止め請求認容の場合にはかかるかもしれない取引費用の効果を無にすることができる。つまり，BはAに1000万（診療所閉鎖にともなう実害額）を払って，1500万の収入の得られるカラオケ店を続けることになる。この場合，いくらで手を打つかをめぐる交渉は必要ない。

　ちなみに，差し止め型のルールを所有権ルール，損害賠償型のルールを責任ルールという。

　取引費用が高い場合は，取引費用を低くするルールのほうが効率性の観点からいって望ましい。上の例では責任ルールのほうが所有権ルールよりも望ましいだろう。「法と経済学」に与する者たちは概してそう考える。

裁判所は交渉を妨害してはならない

　しかし，コースの定理には，別の解釈も可能である。

　先の例では，それぞれの営業から得られる年収が，効率性を判断基準とする裁判所にとって既知であることが仮定されていた。診療所の被害が本当は1000万なのに，裁判所がたとえば2000万と誤って認定すると，A勝訴の場合，効率的な結果が生じない。カラオケ店は，1500万の年収をえるために2000万を払うことなどないであろう。結果的に資源の浪費が生じる。これは単純な例だが，裁判所が効率性判断のために必要な情報を十分にもっていないことも多い。また，それを得るために多大な費用（「情報費用」という）がかかることもあろう。

　そもそも何が利益かは本人が一番よく知っている。経済学者の多

3　法的思考と経済学的思考

くは、そう考える。それゆえ、裁判所は不十分な情報と能力でいたらぬ判断などせず、できるだけ当事者同士の交渉に任せるほうがましである。したがって、判決後の当事者交渉をできるだけ妨害しないような判決を下すべきである。経済学の専門家には、そう考える者が多い。何が交渉を妨害しない判決かは、ケースバイケースであり、経済学者もそれについて一般的に語る能力はない。だが、上述の勝訴判決を買うような交渉を裁判所がもし禁止するとしたら、それは交渉を妨害する判決の最たるものであると経済学者はいうであろう。

コースの定理の着想にいずれかというと忠実なこちらの解釈は、効率性に対して法ないし裁判がもちうる意義を概して否定的に評価するものであるから、「法と経済学」者の中で支持するものは少ない。「法と経済学」者の多くは、効率を重視するとはいえ、法も重視する法学者なのである。

防音設備がある場合

「取引費用がゼロとすれば、法のルールは資源配分の効率には影響を及ぼさない」というコースの定理については、もう1つ考慮すべき点がある。

先の例では、医療とカラオケ店は両立しないと仮定した。だが、防音設備をいずれかに設置することで両業を両立させることができるかもしれない。防音設備を診療所に敷設する場合、年間ベースで100万円、カラオケ店に敷設する場合300万円かかるとしよう。

このような選択肢がある場合、最も効率的な解が、診療所に防音設備をつけることであることは明らかであろう。その場合、診療所も、カラオケ店も営業を続けることになる。両者の便益をあわせた総便益は、両者の年収から防音費用を引いたもの、すなわち、1000万＋1500万－100万＝2400万となる。両業が両立しないと仮定した例で、最大の総便益がカラオケ店の年収1500万円であったのと相当

な差である。

コースの定理によれば、取引費用がかからなければ、判決のいかんにかかわらず、この結果も自然に実現される。A勝訴の場合は、カラオケ店は自己の費用で、診療所に防音設備を設置する交渉をもちかけるであろうし、Aからすれば、一銭もかからないのであるから、悪い話ではないだろう。

しかし、Aは、「加害者」たるカラオケ店との交渉など一切応じないというかもしれない。取引費用が禁止的に高い場合である。その場合、Bは、300万の費用で防音設備を設置して、営業を続けるであろう。しかし、この場合、診療所に防音設備を設置した場合と比べて、AとBの全体では300万－100万＝200万の効率性の喪失が生じていることになる。

したがって、取引費用が高い場合、最も安い費用で効率性の喪失を回避できる者が、その費用を負担すべきだというルールが、総便益最大化の観点から導かれる。防音設備設置費用はAが負担すべきということである。

どちらが加害者でどちらが被害者か

ところで、医者は、カラオケ店が加害者で、自分は被害者だと思うかもしれない。しかし、効率的な資源配分という純粋に経済的な観点からは、被害者という観念も、加害者という観念も存在しない。そのような道徳的観念を経済学から排除した点に、コースの業績の重要な意義がある。

損害が生じるのは、そのままでは両立しえない2つの経済活動がたまたま隣接した結果にすぎない。カラオケ店が加害者だということは、医者が加害者だということと同程度におかしい。両者の境界の空間という資源の効率的な利用のやり方が問題になっているにすぎないのである。損害回避の方法としては、どちらが場所をかえ

るということもありうるし,それが相対的に安価であればそれが選ばれるであろう。

> **課税による外部費用の内部化**

コースはさらにすすんで,「道徳的観点からではなく,効率性の観点から,「加害者」に損害を負担させるべきであり,そのために政府は「加害者」に課税すべきである」という経済学的主張に対してすら反対している。

これは経済学において,「市場の失敗」(→149頁)の一事例である外部不経済が発生した場合,それを内部化すべきである,という有力な主張に敢然と叛旗を翻していることを意味する。経済学の専門用語でいえば,「外部不経済がある場合,私的限界費用が社会的限界費用を下回ることになるから,生産量が効率性の観点からみて過剰になる。したがって,政府は,効率的資源配分を達成するために,課税を通じて私的限界費用と社会的限界費用を一致させるようにすべきである」という主張に反対していることを意味する。

その主張を,医療とカラオケ店は両立しないと仮定して,先の例で(限界概念を使用しないので多少不正確だが)説明すれば,もしBに,騒音を出しながら営業を続ける権利を認めれば,Bは,本来かかるはずの費用(ここではAの診療所閉鎖によって失われた逸失利益)を負担せずに,カラオケ・サービスの生産を続けるから,結果的に過剰な生産量を供給することになり効率的でなくなる。したがって,課税を通じてBにAの損害たる費用を負担させねばならない,ということである。

コースがこの主張に反対する理由の1つは,次のようなものである。すなわち,そのような課税をすると,防音装置をつける費用がBへの課税額より低い場合,Bは防音装置をつけるだろうから,Aは,Bの隣で診療を続けるであろう。しかし,Aが他の場所で診療

所を開くほうが社会全体としては安くつくかもしれない。課税は,そのような場合にも,Aに対し,他の場所へ移動することを抑止し,同じ場所で診療を続けることを勧めるインセンティブを与えるから,結果的に非効率な資源配分が達成される可能性がある。

所得分配　コースの定理に関連する以上の内容がそれなりに理解できるとしても,法的思考に慣れ親しんだ者は,何かおかしいと感じることであろう。これに関連する1つの点は,勝訴するか敗訴するか,あるいは,効率性喪失回避費用を負担させられるかいなかで,各人の所得が違ってくるということである。

経済学では,資源配分と所得分配とを区別する。上にとりあげた最初の例(→261頁)では,A勝訴の場合,Aの所得は1000万と1500万の間であり,Bの所得は0と500万の間である。B勝訴の場合,Aは0,Bは1500万である。いずれにせよ総計1500万の便益の分配が問題になっている。

防音設備が可能で,A勝訴判決が出て,なおかつAが交渉に応じなかった場合,Aの所得は1000万,Bの所得は1500万－300万＝1200万である。ここでは,総計2200万の便益の分配が問題になっている。

防音設備が可能でB勝訴判決が出た場合,Aの所得は1000万－100万＝900万,Bの所得は1500万である。ここでは,総計2400万の便益の分配が問題になっている。

このように,判決が資源配分の効率性に影響を及ぼさないとしても,判決のいかんによって,所得には差が生じてくるのである。分配の正義の問題である。

配分の効率と分配の正義　「法と経済学」も,分配の正義の問題を無視するわけではない。ただし,分配の正義

を実現する際には，所得再分配のための費用がかかるという点をそれは強調する。逆にいうと，所得再分配に費用がかからないとすれば，とりあえず社会全体の効率，したがって総便益を最大化して，その後で，何らかの（何でもよい）分配の正義の考え方にもとづいて再分配すればよいと考えるのである。

これに加えて，「法と経済学」者は，不法行為法や契約法といった，たまたま事故にあう者，あるいは，たまたま契約する者のみにかかわる法律または裁判を通じて，分配の正義を実現することは，効率の観点からだけでなく，正義の観点からしても好ましくないと主張する。というのは，裁判において，貧困者が富裕者につねに勝訴するとはかぎらないし，そのような制度が仮にあったとしても，正義の観点からみて好ましいともいえないからである。

たとえば，少し前に法改正がなされたが，経済学者に評判の悪い借地借家の法制と裁判は，借地人ないし借家人を非効率に保護してきたが，たまたま保護される借地借家人が低所得者であるとはかぎらないし，非効率な制度のために良質の借家の供給が妨げられ，結果的に可処分所得が減ったのと同じになる潜在的借家人に，より不利な扱いをしてきたともいえるのである。このような経済学者の主張は，法と正義の問題を考えるにあたっても傾聴に値するものであろう。

法学は経済学から何を学ぶべきか

では，もっと一般的にいって，法学は，経済学から何を学ぶべきであろうか。

経済学において根本的な概念であって，法的思考では軽視されがちな概念として「費用」という概念がある。これは，厳密には「機会費用」として定義される。

経済学に含まれる基本的な問題設定のパターンは，与えられた条件のもとで複数の選択肢があるとして，どれを選ぶのが経済主体ま

たは社会全体にとって,最も合理的あるいは効率的か,という形をとる。そこでは,ある選択肢をとることが,別のとりえた選択肢を放棄することになるということが強く意識されている。

効用,利潤,または厚生を最大化するために,ある選択肢をとると,別の選択肢をとれば得られたであろう効用,利潤,または厚生を失うことになる。経済学では,後者の効用,利潤,または厚生のうち,最大のものを「機会費用」という。

たとえば,労働すれば賃金を得ることができるが,そのことによって,その労働者は,余暇によって得られたであろう効用を失っているのである。後者の効用が,賃金所得の効用より高ければ,合理的な人は働かないであろう。費用が利得を上回っているからである。

費用の概念は,別のことばでいえば,「犠牲」の概念でもある。法学や正義論では,少数者を多数者の,弱者を強者の,貧困者を富裕者の,犠牲にしてはならないと説かれることが多い。あるいは,人権と全体効用とのトレード・オフは許されない,といわれることもある。トレード・オフとは,費用と便益ないし利得とを比較し通算することを意味する。

費用,犠牲,トレード・オフ,これらの観点から法を眺めてみると,法的な発想ではみえてこなかった多くの論点が浮かび上がることであろう。たとえば,法律家の多くは,人の命を社会全体のために犠牲にすることは許されないと信じているだろうが,交通事故死を阻止するために,社会は,自動車を一切使わないという選択をするだろうか。逆にいうと,自動車の使用を許す制度を採用することによって,社会は,何人かが交通事故で死亡するという費用を払っているのである。

費用あるいは犠牲の発想は,法的思考のいたるところで応用することができる。たとえば,目的論的な法解釈において,ある目的を

設定するということは，それ以外のありえた目的を犠牲にしたということである。この点を考慮すれば，法の解釈はいっそう柔軟で完全なものになるであろう。

　法学が経済学から学ぶべき点を1つだけ挙げるとすれば，以上に述べたような「費用」「犠牲」の考え方であろう。

第6章　法哲学の現代的展開

前章までの論述で，法哲学が取り組むべきほとんどの論点についてひと通り説明した。だが，若干の問題については説明が不十分な点もあり，また，ほとんど言及されていないテーマもなくはない。本章では，そのような残されたテーマや論点を検討するとともに，法哲学の最新動向を紹介し，とくに，現時点から将来に向けて法哲学が取り組むべき課題は何か，ということを明らかにしたい。具体的には，デモクラシーをめぐる諸問題，リベラリズムの法理論に対しフェミニズムや多文化主義から提起されている問題，そして，医療・環境・情報をめぐる法と倫理の諸問題がとりあげられる。

1 デモクラシーとは何か

> **デモクラシーの制度と思想**

古代ギリシアに由来する「デモクラシー」ということばの原義は,「民衆による支配」である。

デモクラシーということばは,その制度面に着目するときは「民主制」と訳され,その思想に着目するときは「民主主義」と訳される。探求の目的によっては,デモクラシーの制度と思想を一応切り離して論じることもできるが,制度の背後には,それを支える思想が必ずあるということに注意する必要がある。

なお以下では,デモクラシー,民主制,民主主義という用語は,微妙なニュアンスに配慮しつつも,原則として互換的なものとして用いることにする。

制度面についていえば,今日では,普通選挙制と法の支配が実現されている諸国を民主主義国とよぶのが通例である。

だが,思想としてのデモクラシーの本質をめぐっては,しばしば鋭い対立がみられる。本節では,いずれかというと思想のほうに重点をおいて,デモクラシーに関する代表的な考え方をとりあげ,それらの思想史的ならびに理論的背景と基本的な争点について考察する。

> **民主制と独裁制**

多くのことばは,それと対照的なものと対比することによって意味を定めることができる。民主制も,独裁制との対比によって定義することができる。たとえば,ポパーは,暴力による他には政権交代が不可能な体制を独裁制とし,暴力以外の手段,通常は選挙によって政権交代が可能な体制を民主制としている。

この定義は，普通選挙と法の支配を識別基準とする上述の制度面からの定義と基本的に同じ系統に属する。普通選挙と法の支配が実現されているかぎり，それは独裁制ではありえないからである。この種の定義は，諸国の体制を横断的に比較するためには有効であり，そのような目的に使われるかぎり問題はない。

支配の政治学　プラトン，アリストテレスから T. ホッブズを経て現代にいたるまで，国家体制を分類する際，「誰が支配し，誰が支配されるのか」という観点がしばしば使われてきた。そこでは，支配する者の人数と身分，そして場合によっては，支配の倫理的内容が体制の識別基準とされた。

　倫理的内容による区別をひとまずおけば，支配者の数による分類では，支配者が一人の場合は独裁制，少数の場合は寡頭制，全員の場合あるいは支配する者とされる者が同一の場合は民主制とよばれ，他方，支配者の身分による分類では，王が一人で支配する場合は王制または君主制，貴族が支配する場合は貴族制，人民が支配する場合は民主制とよばれた。民主制という用語が両分類で併用されていることからもうかがえるように，支配する者の数による分類と身分による分類とは，だいたいにおいて符合する。

　このような形式的分類は，国制を大雑把に分類するには便利である。だが，「誰が支配し，誰が支配されるのか」という観点に立つ「支配の政治学」は，そこでいう「支配者」と「被支配者」との関係を，主人と奴隷の関係のような全面的な支配服従関係と捉える傾向があり，現実をあまりに単純化するおそれがある。政治の現実においては，たとえ独裁制下の専制君主であっても，臣下や臣民を意のままに動かすことができるわけではない。

人民による人民のための統治

デモクラシーの本質について，今日最も広範な一致が得られそうな定義は，「人民による人民のための統治」というものであろう。この定義は，「人民による」統治と「人民のための」統治という2つの部分からなる。前者は，国政への参加ないしは影響力の行使を意味し，後者は，公益とか一般意志とよばれる人民全体の利益に資する統治を意味する。デモクラシーをめぐる根本問題は，両者が必ずしも一致しないことから生じる。したがって，デモクラシーをめぐる最も大きな対立は，「人民による」と「人民のため」とのいずれを重視するかという点にあるといってよい。

ルソーの民主制観

しかし，人民による統治と人民のための統治との一致を信じる立場も古くから有力である。たとえばJ.-J.ルソーは，『社会契約論』の中で，市民が徒党を組んだり談合したりすることなく，自分にとっての利益を考えて法律案に投票すれば，自分にとって権利となるものは，他人にとっても権利となるから，自分だけの利益をはかることはなく，結果的に一般意志が実現されるはずだと主張している。人民による投票は人民のための投票に結果するのである。

ここでルソーが想定している制度は，市民全員（外国人，女性，未成年者は入らない）が投票に参加する直接民主制である。なお，ルソーは，デモクラシーということばを，市民集会における討議と投票にではなく，一般意志の個別的事例への適用の任にあたる行政の体制に関する一分類として用いているが，ここでは，上に述べたような彼の一般意志論をデモクラシーの思想とみなすことにする。

もちろん，ルソーは，結果的に成立した法律すなわち一般意志に反対票を投じる者がいることを否定しない。そして，多数決に敗れたその者たちは，端的に誤っていたとされる。いささか奇妙に思わ

れるが，ルソーは，これについてほとんど理由を述べることなく，「一般意志はつねに正しい」とくりかえすのみである。

一般意志

どうしてルソーは，「一般意志はつねに正しい」と考えることができたのだろうか。考えられる1つの解釈は，一般意志は，特殊意志（みずからが属する集団の利益）を表明する可能性もある市民の実際の投票から一応離れたところに，本来のあるいは理想的な市民の意志として存在し，多数決による投票はその認識手段にすぎない，というものであろう。

そうだとすれば，人民による投票への参加は便宜的なもので，重点は，人民のための一般意志にあるということになる。「人民による」統治と「人民のための」統治とは，市民全員が普遍化可能な利益を正しく認識した場合にかぎり一致することになる。そうでない実際の場合には，人民のための一般意志こそがデモクラシーの本質をなすことになる。

人民のための統治

ルソーにおいては，一般意志を表明するはずのあるべき市民を仮定すれば，人民による法律と人民のための法律とは一致するが，ともすれば特殊意志に引きずられる実際の市民を前提すれば，人民のための法律がデモクラシーの内実をなす。これは，人民による統治と人民のための統治とをなんとかして一致させようとするルソーの懸命の努力を表すものと解釈することができる。

しかし，古代から現代にいたるまで，民主主義の擁護者を自称する者の中には，みずからが支持する体制が「人民のための統治」であることを強調して，それが当然に「人民による統治」でもあるかのような印象を与えようとする者が少なくなかった。

間接民主制，代表民主制のもとでは，直接民主制に比べると参加の要素が希釈されるし，制限選挙であれば，その傾向はさらに強ま

る。それでも、それらは人民のための統治でありうる。人民のための統治を民主主義だと解すれば、独裁制すら民主的でありうる。現実の歴史において、君主やプロレタリアートによる独裁体制がデモクラシーを標榜することがあったが、そこでは、人民のための統治というデモクラシーの側面が一面的に強調された。

よい統治

デモクラシーがしばしば、人民のための統治と同一視されたことには理論的な理由もある。プラトン、アリストテレス以来の政治学においては、よい統治、すなわち人民のためになる統治の実現が政治学の目的とされ、民主制はそのための一手段として位置づけられた。もちろん、人民のための統治と民主制とは概念上区別されたが、「人民のため」という観点が政治学的認識を支配しており、よい統治と民主制との区別は、ともすれば曖昧になりがちであった。

公益の認識可能性

この種の政治学的立場の基礎にあるのは、よい政治の内容の客観的存在とその客観的認識可能性である。デモクラシーについていえば、人民の利益の客観的存在とその客観的認識可能性である。そうした人民の利益を、ルソーは「一般意志」とよび、18世紀ないし19世紀のイギリスの功利主義者たちは「公益」とよんだ（→126頁）。同様のものは、キリスト教思想では「共通善」、憲法学などでは「公共の福祉」とよばれる。分析の便宜のため、以下では、それらのものの総称として「公益」ということばを用いることにする。

価値相対主義と多数決

ルソーにせよ、功利主義者にせよ、「人民のための統治」をデモクラシーの本質とみる立場は一般に、公益に関する認識主義（公益に関する真理が認識できるとする立場）をとる一方で、公益の認識ないし発見の手段としては、討論と投票を考えていた。討論と投票への参加は、間接民主

制の下では，選挙を通じた間接的なものとなる。

しかし，20世紀に入って価値相対主義的な風潮が優勢になると（→102頁），公益に関する認識主義は維持しがたくなり，いきおい，投票と選挙の要素，とくに多数決が民主制の本質として強調されるようになる。これは，「人民のための統治」よりも，「人民による統治」を重視する民主制観に属する。

たとえば，ケルゼンは，デモクラシーは競合する諸利益の妥協をはかるための政治の仕組みであり，より多数の意見がより少数の意見よりも優先されるところに民主制の本質があるとしている。妥協の結果成立した法律について，それが本当に人民のためになっているかどうかを問うことは，ケルゼンにとって無意味である。

他方で，ケルゼンは，民主制と不可分な徳として寛容を強調する。だが，寛容が重視されるのは，客観的な価値がないがゆえに，多数派が誤っているかもしれないという考慮からにすぎない。

新旧功利主義

社会の構成員全員の主観的な選好を何らかの形で集計すると称する現代的な功利主義は，ケルゼンの多数決民主制の考え方に近い。

だが，18世紀から19世紀にかけての功利主義者は，公益は，社会に属する全員の効用の増大に資するものとしつつ，公益そのものが客観的なものとして存在すると想定していた（→129頁）。そのかぎりで，古い功利主義は，認識主義に立つだけでなく，公益の実在論にもたっていた。これに対して，現代風功利主義は，選好およびその集計の，事実としての客観的認識可能性を認める認識主義に立っているが，各人の主観的選好を離れて，公益が客観的に実在するとは考えていない。

政治家のための デモクラシー

デモクラシーから「人民のため」という要素を希薄化していくと、「人民による」という要素が前面に出て、多数決民主制にいたる。「人民のため」という要素をさらに希釈すると、「人民による統治」を通りこして、ついには「政治家のためのデモクラシー」に行きつく。

経済学者 J. A. シュンペーターは、『資本主義・社会主義・民主主義』の中で、公益を実現するために選挙して議員を選ぶという旧来の（間接）民主制の論理を逆転させて、政治的リーダーシップをめぐる闘争として選挙があり、選挙に勝つために公益をはかることが有利なかぎりで政治家は公益のために働くという斬新な民主制観を展開している。そこでは、選挙は「人民による」ものだが、目的は公益の実現ではなく、政治家のリーダーシップ獲得である。

シュンペーターによるデモクラシーの定義も、普通選挙制および法の支配による定義と同様、政治の実質的規範的内容にそれほどかかわらないので、各国の政治体制を横断的に比較して実証的な分析をする際に有効である。

デモクラシーと平等

デモクラシーにおける参加の要素を重視する場合、それが参加者の平等を当然の要請としていることは説明するまでもなかろう。たとえば、直接民主制下の投票における一人一票、間接民主制下の選挙における一人一票の制度がその具体例である。

もちろん、ほとんどの先進諸国で、普通選挙といっても、第二次大戦後まで成人男子にしか選挙権が与えられなかったこと、外国人には今なお選挙権が与えられていないことなど、民主主義的諸制度における平等の形式と実質に関しては正義論の問題として検討すべき事柄も多い。

デモクラシーと自由

しかし，以下では，平等というより，どちらかというと自由とデモクラシーとの関係に考察の重点をおきたい。

先にふれたように（→273頁），民主制は，支配者と被支配者の同一性と定義されることがある。これは国民一人一人の平等を含意すると同時に，みずからがみずからを治めると理解されるかぎりで，自己統治あるいは自律という意味での自由をも含意する。

公民的民主主義

古代ギリシアの民主制の理念においては，政治への参加は市民の権利であると同時に義務でもあり，なおかつ，上に述べた意味で自由の実現でもあった。そこでの参加は，結果的に公益にかなう法律が制定されるかどうかとは独立に，討論に参加することによってポリスの市民として必要な徳を涵養するという意味をもっていた。これは，単なる公益発見の手段としての討論という発想とは根本的に異なるものである。

直接民主制下のポリスにおいて政治参加によって培われる徳は，政治的なものであると同時に，参加が市民の義務とされたことからもわかるように倫理的な徳でもあった。そこでは，政治と倫理は一体であった。このような民主制観を「公民的民主主義」とよぶことにしよう。

議会主義

議会を国権の最高機関とし，議会における代表による討論を通じて国家の基本方針と法律を定めるべきだとする近代の議会主義は，民主主義と必然的な関係はない。というのは，議会に送られる代表は，全人民からの選挙によって選ばれるとはかぎらないからである。議会主義はもともと，教養と財産を備えた上流階級による自由な意見表明と討論を予定していた。したがって，制限選挙と親和的である。また，議会への参加は，古代ギリシアのポリスにおけるように全市民の義務では

なかった。しかし，代表の選出が君主による任命から，制限選挙を経て，普通選挙に向かうにつれて，民主制と議会主義は，外見上しだいに重なるようになった。

C. シュミットによれば，民主主義の本質が支配者と被支配者の同一性であるのに対して，議会主義の本質は公開の討論であり，民主主義ではなく，自由主義の系譜に属する思想であるとされる。彼は，現代では，選挙権の拡大とともに，議会政治が政党や利益団体により組織化された結果，討論による政治ではなく利害の妥協の政治に変容し，大衆が政治に多大の影響力をふるうようになったことから，議会主義がもっていた公開の討論がもつ独自の意義が失われたと結論づけている。

討論によるデモクラシー　しかし最近では，民主主義における討論の意義を重視する立場が有力になりつつある。そのような立場も，政治の現実が利害の妥協や駆け引きに陥りがちであるという事実を認めないわけではない。だが，そうであるからこそ，規範的な理想としては，自己の利害を捨象し，権力や財力の差に由来する交渉力の差を無力化した理想的な状態を反事実的に想定した上で，自由かつ平等な条件のもとで，参加者の討論を通じた普遍化可能な利益の実現がめざされるのである。人間の社会的行為全般に適用されるべき「討議理論」の立場からデモクラシーに接近するハーバーマス（→179頁）は，そのような立場の代表である。

もちろん，そのような討論重視の規範的民主制論は，シュミットからは，大衆民主主義社会の現状を無視する時代錯誤だと，シュンペーターからは，公益の実在または認識の可能性を素朴に肯定する古い民主制論に他ならず，科学的認識にたえない，という批判を受けるであろう。

しかし，本当の問題は，民主制に関するどのような規範的理想で

あれ，それをどのようにして具体的に制度化するかという点にある。制度の具体的内容とそれが適用されるべき条件が明らかになってはじめて，規範的望ましさだけでなく実行可能性の問題をも考慮に入れた学問的議論が可能になる。

> **古代人の自由と近代人の自由**

以下しばらく，自由あるいは自由主義と，民主主義との関係について改めて考えてみたい。

19世紀のフランスの思想家 B. コンスタンは，古代ギリシアのポリスで要請されたような政治への参加の自由を「古代人の自由」とよび，人身の自由，良心・思想・言論の自由，所有の自由，結社の自由などからなる一連の自由を「近代人の自由」とよんで前者から峻別している。

「近代人の自由」は，「私的」と形容される一定の領域において国家ないし政府権力の不介入を求めるものであり，そのかぎりで，I. バーリンのいう「消極的自由」（国家からの自由）と一致する。「近代人の自由」は，近代の自由主義（リベラリズム）の枢要をなす。

> **自由権の分類**

自由ないし自由権は，政治的自由，市民的自由，経済的自由，の3種に分類することができる。

政治的自由には，狭義の参政権だけでなく，（政治的）言論の自由や集会の自由が含まれる。

市民的自由には，人身の自由だけでなく，良心の自由，結社の自由，職業選択の自由，その他，幸福追求権一般が含まれる。寛容は，近代的自由主義のもとでは，良心の自由・信仰の自由と結びつき，市民的自由の一帰結である。これは，注意すべきことに，寛容を民主主義と結びつける上述（→277頁）のケルゼンの理解とは異なる。

経済的自由の主要内容は，所有の自由と契約の自由である。だが，

経済的自由と市民的自由を厳密に区別することは難しい。たとえば，国家による土地・財産の強制収用は，経済的自由にかかわると同時に市民的自由にもかかわる。営業の自由や課税についても同様の問題が生じる。

いずれにせよ，上記の分類でいえば，「古代人の自由」は政治的自由に，「近代人の自由」は市民的自由および経済的自由に対応すると一応考えてよい。

精神的自由と経済的自由 なお，憲法学で用いられる自由権の精神的自由権と経済的自由権への二分法は，上記の分類と観点を異にし，経済的自由については同じであるが，市民的自由と政治的自由との一部が精神的自由権として一括されている。たとえば，思想・信条の自由，言論・表現・出版の自由，集会・結社の自由などという言い方は，政治的な自由と非政治的な自由との区別をあまり意識していない。

リベラル・デモクラシー 近代民主主義思想の多くは，自由主義と結合したものであり，そのかぎりでそれをリベラル・デモクラシー（liberal democracy：自由民主主義）の思想とよぶことが適切であろう。

注意する必要があるのは，市民的自由は，国家からの自由を重視する近代の自由主義（リベラリズム）に特有な思想であり，古代ギリシアの公民的民主主義にはなかった考え方であるという点である。

政治的自由も近代においては，民主制ポリスにおける古代人の自由と同じ意味ではなく，政治に参加するもしないも各人の自由であるという自由主義的な意味で理解されることが多い。

共和主義 これに対して，市民的自由を確保するためには，市民の多くが政治に積極的に関心をもち，参加することが不可欠であるとする民主主義思想がある。そ

のような思想は,「共和主義」とよばれる。

共和主義は,政治への参加を奨励するが,古代の公民的民主主義と異なり,それを市民の義務とするわけではないから,近代的な自由主義と両立する。

だが,近代の共和主義が,政治への参加を積極的に高く評価する点では古代の公民的民主主義と共通しており,また,そのかぎりで,古代人の自由と通底する考え方であることにも注意しなければならない。

直接民主制と間接民主制 デモクラシーを古代人の自由を実現するための制度と捉える場合,直接民主制が本来のあり方となる。公民的民主主義だけでなく,共和主義も,その古典的な形態にあっては,比較的小規模の国家を前提し,直接民主制を理想的な民主制の形態としていた。そこでは,代表民主制は,国家の規模が大きいためにとらざるをえない次善の策ということになる。ルソーも,この点では同様に考えていた。

これに対し,シュンペーター的民主制観をとる場合,代表民主制が本来の形態であり,直接民主制は,小規模な組織においてリーダーシップ獲得とは別の目的でとられる手段だということになる。

シュンペーター的民主制観をよしとせず,間接民主制をとる規模の大きな現代国家においてなお,共和主義的民主制の実現をめざそうとする場合,価値観の主観化と多元性という現状の下で共和主義的理念をどのようにして制度化するかという困難な問題に直面することになる。

投票制度としての民主制 経済学者の一部は,社会的選択理論とよばれる分野で,民主制を純粋な投票集計制度とみなして精緻な分析を展開している。

そのような立場によれば,民主制は,委員会の重畳的連鎖からな

るものと理解される。わが国の国会を例に具体的に説明すれば、まず各選挙区から相対多数を獲得した者が委員として選ばれ、それらの者たちが議員として議院（ここでは衆議院のみを考える）という委員会を構成する。議院の多数派がさらなる委員会（責任政党とよばれる）を構成し、その中から委員長たる首相が相対多数で選ばれる。首相に選ばれるために、国民の過半数の支持が必要でないことは明らかであろう。一般に、重ねる委員会の数が多くなるほど、最終的決定に必要な支持者の数は少なくなっていく。

社会的選択理論ではこの他に、投票の制度とやり方しだいでは、必ずしも多数意見が結果に反映されるとはかぎらないこと、戦略的行動が可能なことなど多くの知見が発見されている。ここでは、詳しく紹介できないが、現実の議会政治においてよくみられる例を1つだけ挙げておこう。

A政党とB政党が単独では過半数を制することができないが、あわせると過半数を制することができるとしよう。この場合、本当は相手政党の法案に賛成しない場合でも、お互いに票を融通しあうことによって、両法案を通すことができる。これを「ログローリング」（logrolling：丸太転がし）という。

決定の方式として多数決を採用する制度が、必ずしも多数意見を反映するものではないということは、現代政治学の常識として知っておくべきであろう。

民主制と人権

憲法学ではしばしば、人権によるデモクラシーの制約が強調される。そこで暗黙のうちに想定されている民主制観は、共和主義的民主制観というより、市民的自由を強調する自由主義的民主制観である。しかも、民主制を討論と結びつけるよりも、多数決と結びつける民主制観である。ここから、多数決による議会の決定といえども、人権を侵害する立

法は違憲無効であるとする周知の考え方が出てくる。民主制を法の支配と普通選挙の結合とみる本節冒頭に述べた見方においても，通常は，法の支配の中に人権保障が当然に含まれている。

しかし，功利主義にせよ，一般意志説にせよ，一般に「人民のため」ということを強調するデモクラシー観に立てば，人権が民主的決定に優越するという結論は出てこない。「公益」にとって，人権を公益と種類の異なるものとして把握する必然性がないからである。

他方，相対主義的なケルゼン型の民主制観に立つと人権による制約と結びつくかというと必ずしもそうではない。実際，ケルゼンは，民主制と人権を相補的かつ一体のものとは考えていない。彼によれば，人権は，価値相対主義というよりも，価値絶対主義と親和的な発想だからである。

場合によっては対立する，民主制と人権規定とを一体にした立憲民主制は，民主制と国家からの自由とが結合したものであり，リベラル・デモクラシーの一形態である。それは，人権の主要内容を市民的自由と考える場合は，それなりによく理解できる。しかし，人権の中に政治的自由が含まれるとするだけでなく，それが市民的自由ないし経済的自由に優越するという立場をとると，古代的な自由と近代的な自由との対立が先鋭化する。

共和主義の現代的課題

共和主義は，この対立を対立と考えずに，むしろ，政治的自由と市民的自由とを相互強化的関係にあるとする思想であるが，すでにふれたように（→283頁），その理想を大衆民主主義社会でどのようにして実現するかという問題は，理論的にも実践的にも非常に骨の折れる課題である。

最近の政治哲学では，このような共和主義の現代的課題にこたえようとする民主主義論が優勢である。たとえば，ロールズの正義論（→10頁，163頁，*Column* ㊲〔257頁〕，*Column* ㊴〔286頁〕）もそれに

属し，彼は，市民が自由かつ平等な者として，それぞれ自分の思うところに従って生活しつつ，協力するには，どのような社会原理が要請されるかということを探求の課題としている。ハーバーマスは，すでにふれたように（→280頁），理想的な条件の下での討議という観点から同様の課題に取り組んでいる。ロールズとハーバーマスとの注目すべき共通点は，ケルゼンと異なり，デモクラシーを単なる利益の妥協のための制度とは考えないところにある。

Column ㊴　生産手段私有型民主主義と福祉国家型資本主義

ロールズは最新著『公正としての正義再説』の中で，社会体制を次の5つに分類し，彼の正義論との関係に言及している。5つの体制とは，①自由放任資本主義，②福祉国家型資本主義，③指令経済型国家社会主義，④生産手段私有型民主主義，そして⑤自由民主主義的社会主義である。

これらのうち正義の二原理（→16頁）を満たしうるのは，ロールズによると④と⑤だけである。この2つの体制だけが，生産手段の私有を認めるか，分散的共有を原則とするかという点で違いがあるものの，政治的自由と機会の実質的平等を保障し，互恵性の原理に則って生産と分配が組織化されているからである。

ロールズが自由民主主義的な社会主義を認めていることからわかるように，ロールズの第1原理は，自由かつ平等な市民として社会的協働に参加するのに必要な身のまわりのもの（その線引きは難しいが，たとえば，贅沢でない住居の使用権までは入るであろう）の保有は保障するが，生産手段の私有は許しても保障まではしない。

社会的正義をめぐる最近の論議の中でロールズの正義論が占める位置を正確に理解するためには，②と④との相違に注目する必要がある。

ロールズによれば，②は形式的には基本的自由や機会の平等を標榜しているが，それを実質的に保障するものではない。それは，富と資本の

少数者への集中を許容し，結果的に政治権力も少数者に集中することを許すような体制である。これに対して④は，正義の二原理に従う背景的な基本構造によって，富および資本の分散を促進し，経済力と政治力の独占・寡占を防ぐのである。

社会保障に関しても，②が事後的な所得再分配を通じて，敗者に対し社会的ミニマムを保障するにすぎないのに対して，④は，事前の段階で背景的手続的正義の考え方にもとづき，生産手段および「人的資本」の広範な分散的保有を保障することによって，すべての市民が自立して生活し，社会的協働に参加するための条件を十分に提供するのである。

また，②による事後的社会保障では，自尊心を欠き慢性的に福祉に依存する下層階級を生み出す可能性が高いのに対し，④の体制では，恵まれない人は，敗者でも慈善の対象でもなく，事前の段階で正義の二原理にかなった基本構造が制度化されているがゆえに，恵まれた人と同様，自分の状態が改善されるためには他者の状態も改善されねばならないという互恵的な正義感覚にもとづいて自尊心をもって社会的協働に参加する自由かつ平等な市民なのである。

以上からわかるように，ロールズの正義論が，しばしば誤解されるが，結果の平等をめざすものでも，結果における最低保障をめざすものでもない，ということにとくに注意すべきである。

なお，ロールズのいう「人的資本」とは，社会の諸制度に関する知識や，教育と訓練を通じて習得される技術および能力を含むものであり，広い意味での「生産手段」に属する。

シティズンシップ　これ以外の注目すべき最近の動向としては，デモクラシーと平等との結びつきを重視し，単なる法的国籍と区別されるシティズンシップという観念を援用して，外国人，難民，少数民族，女性，貧困層など，従来の民主制の枠組みでは，形式上はともかく，政治過程から事実上，排除または軽視されてきた人々を民主的政治過程に取り込もうとする試みが多

2 同一性と差異

差異の主張 　差異にもとづく権利の主張が法の基本的なあり方に大きなインパクトを及ぼしている。

個人の自由・平等を保障する自由主義的な人権保障の体系が基本的な権利主体として前提にしているのは，抽象化された「人」あるいは「国民」である。これについてたとえば次のように問われる。女性は，はたして「人」として，法の下で真に男性と等しい取り扱いを受けているといえるか。民族的少数者は，「国民」という標準規制の下でかえって，固有の文化を失い，自己のアイデンティティにもとづく自由な幸福追求への権利を奪われることになっていないか。

人ないし国民としての同一性と，性別，民族，年齢，信条など属性による差異に関わる問題である。

差異にもとづく権利の主張は，福祉の要求をともなうかぎりにおいて，平等の問題，人権の問題，法による社会的正義実現の問題である。だが，法制度の中立性およびそれが前提とする人格概念にふれ，公／私の領域区分や法的概念の見直し，家族法や刑事法など一定の道徳的価値を具体化する法制度の再検討と共生枠組みの再編成を求めている点において，それはきわめて根本的な省察を必要とする問題でもある。

同一性と差異を法理論としていかに位置づけるか，それが現代法哲学の1つの課題となっている。

問われる自由主義的な法秩序構成

差異にかかわる法的権利要求にはさまざまなものがあり，それらが提起している問題の様相もそれぞれに異なっていて必ずしも同じとはいえない。しかし基本的な議論の構図においては似通っているところがある。問われているのは自由主義的な法秩序構成のあり方である。

ここでは，フェミニズム（feminism）および多文化主義（multiculturalism）の議論をとりあげ，それらが示すリベラルな法秩序の問題点を明らかにしておきたい。それとともに，問題に対するアプローチのいくつかを整理し，考察の拠り所としたい。

2種の議論をとりあげるのは，それらが問題の一定の範型性を示しているからである。

女性の問題と民族的少数者の問題は，強者－弱者あるいは多数者－少数者という政治的支配の構造に対応して生じており，女性の問題が前者の，民族的少数者の問題が後者の明白な例になっている。つまり，強者ないし多数者の利害を意識的ないし無意識的に反映していると考えられる法制度の設立・運用によって，実際上，女性ないし民族的少数者の平等権が侵害され，自由であるべき幸福追求への権利が奪われたり，きわめて制限される結果となっているということである。

個人の尊重と個人的自由の平等な保障を基本原理とする自由主義的な法秩序においても，個人としての「人」から女性は除外され，また「国民」からは民族的少数者が排除されてきたという歴史的経過がある。法制度がいかに公正かつ中立的に設立されていても，その運用の実際においては，女性に関して，また民族的少数者に関して，不公正で偏りのある結果を生じさせていると批判されるのである。

さらに，より重要であるのは，自由主義的な法秩序構成のあり方そのものが，女性や民族的少数者を社会の中で劣位におくことを助長しているといわれる点である。批判の対象は，自由主義的法秩序の3つの要素，すなわち，個人的自由の平等な保障，公／私の領域区分，中立性原理である。

　自由主義的な法秩序では，個人としての自由を平等に保障するため，原則として，公領域と私領域とに分けて公権力の法的規制の対象を主として公領域に限定し，市場や私的生活など私領域の自由を広範に認めている。また，公領域での権力の行使にかかわる法的規制の枠組みについても，個々人の自由な幸福追求を可能にするため，特定の価値観に依存することなく中立的で公正なものであることがめざされているのである。

　こうした自由主義的法秩序のどこに問題があるのか。それについてはそれぞれの議論をみてみなければならない。

法と女性

　性別によって不利に扱われない女性の権利については，国内的にも国際的にも制度的に平等な権利が保障されるようになっている。しかし，フェミニズムの主張によれば，歴史的に家父長制の下で醸成された社会通念としての「女性らしさ」――社会的に構成された意識ないし固定観念として，自然的性別と区別し「ジェンダー」(gender) といわれる――により，女性は，その身体，社会関係および政治参加の面で，実際上男性とは異なる取り扱いを受けてきている。

　女性の身体は，売春，ポルノなど市場における取引の対象として商品化され，社会関係においては，雇用面，家族関係など，男性が優位する社会構造の中で，男性の働きを支える補助的ないし従属的な位置づけしか与えられてきていない。生殖や出産に必ずしも女性の意思が尊重されず，職場でセクハラ (sexual harrassment) が生じ

たり，家庭での DV（domestic violence）が問題となるのはそのためである。政治参加という点においても，同様にして，制度的には男性と同等の権利が与えられているが，たとえば女性は政治に向いていないという観念があり，政治的決定権を有する代議員の数にも顕著なアンバランスがみられるなど，政治に対する女性の積極的な関与は遅れているのが実情である。

これを自由主義的法秩序の基本原理との関係でいえば，実態が男性の優位に傾いている社会においては，抽象化された個人としての自由・平等の保障は女性にとって十分とはいえないということになる。法制度の枠組みが中立的であれば，男性中心の運用が行われやすく，公／私の領域区分により広範な自由が基本的に保障される私の領域においては，家庭にせよ，会社にせよ，自由な取引が行われる市場にせよ，女性は決して男性と同等な扱いを受けているとはいえない。

法の役割　では，法制度においてどのような対応がなされなければならないか。

さまざまな主張があるが，主要には次の3つが特徴的である。

第1は，平等化を促進するためにも，やはり女性を男性と同様，あくまでも個人として尊重するという考え方。女性であるからという理由で特別な保護を与えるのは同じ理由で不利に扱うのと同程度に平等化の妨げになるとされる。したがって，長期的な視野に立って女性の自立を促し，男女がまさに対等な立場で社会形成に参加ができるようにするためには，性別による差別だけでなく，女性に対する雇用面や税制面での保護政策についても見直す必要があるとする。個人的権利としての女性の自己決定権および自律を重視する考え方である。

第2に，女性の選択の自由と，おもに保護の必要性を強調する立

場がある。男女の区別なく，いずれも個人として尊重するという考え方は社会の実態に即しておらず，個人としての自律を基本とする自由主義的な法制度がかえって男性の優位と女性の劣位を維持する方向で機能していることが理解されていないとされる。女性には，身体的な特徴や出産など，男性にはない自然的差異がある。それによって，強姦，わいせつ，売春，セクハラに対する保護や，妊産期への特別配慮ばかりでなく，たとえば専業主婦であることを選択した女性に対しては，税制面や離婚において特別の考慮が払われてしかるべきであると主張する。また，妊娠中絶についても，中絶を女性の選択権として構成すれば，それに対して胎児権，父親権など対抗する権利が主張され，適切な問題解決とならない。個人的選択の問題としてでなく社会責任論にまで視野を広げた考慮が必要であるとされる。

権力関係論 そして第3に，今日のフェミニズムの主張の中ではこの立場が最も強い影響力をもっているのであるが，法それ自体に，男性基準が採用されていたり，男性による女性に対する偏った見方が表れているがゆえに，そうした偏見や差別を是正していくため，法制度の見直しや新たな規制が不可欠であるとする。

たとえば，刑事法規にふれる行為の違法性を免れさせる正当防衛という法概念がある。その成立要件としての急迫性・不正性は，長期にわたり男性から暴力や脅迫を受けている女性が当該男性のスキをみて防衛的反撃行為を行った場合には適用されにくい。しかし，歴然とした力の差がある中で，そのようにしてしか身を守る手段がない場合には認められるべきであると主張される。

またこの立場の強力な主張者 C. A. マッキノンによれば，法は男性権力を制度化したものであり，その根本には女性に対する男性の

性的支配がある。それゆえ,強姦や売春,わいせつの規制にみられるような女性を守る保護法制も,男性による女性の性的虐待を性愛化し,かえって男性の性的優位を保つ方向にはたらく。また法制度の中立性も,それが強まれば強まるほど,私的生活領域における男性支配の擁護にはたらく。したがって,たとえば男性の性的支配を特徴づけるポルノやセクハラは,まず厳しく禁止されることが必要であるという。

民族的少数者の権利　単一国民国家の中で民族的少数者がおかれている状況も,基本的には強者である男性に対する女性の場合とあまり異ならない。多文化主義者によれば,国民国家形成の途上において,多数者は,国家的統合を確保するため,一定の「国民」概念にもとづいて,政治,行政,教育,医療,その他,社会生活のさまざまな部面において標準的な文化形式の統一的使用を実施した。それによって,そうした多数者の文化およびそれにともなう価値観を共有しない少数者は,標準を強制されたと同じことになったのである。とりわけ,世界のあちこちで問題になっている先住民の場合には,どこにおいても同じように,父祖伝来の土地を征服者によって奪われ,支配の周縁部へと排除されるとともに,同化政策によって多数者の用いる言語その他の文化が強要される結果となった。

民族的少数者の問題の場合に特徴的であるのは,言語にみられるような基本的な文化標準の選択に関して国家が中立的であることは不可能であるということである。政治にせよ文化にせよ教育にせよ,何らかの意思疎通媒体として特定の言語を標準語として採用すれば,それ以外の言語を使用する民族集団にとって,それは共同生活と共同文化の重要な基礎を喪失することに等しくなる。

また,自由主義的な法制度の下においては,女性の場合と同様に,

私の領域での制限ない自由な競争活動が民族集団の固有性を弱めていく。土地は私有財産として売買され，生活のために市場に出て働くために標準の言語と文化の習得が求められ，しだいに固有の文化とそれにもとづく価値観・世界観を継承する営みが困難になっていくのである。そこにおいては，たとえみずからのアイデンティティを民族的集団の中に求めようとしても，そもそもその場と文化の実体がないということになる。

異なる文化の共生 民族的少数者の権利主張は，したがって，次の3種のものにかかわっている。すなわち，共同体の「身体」ともいうべき古来共有の，祭礼の場，集会の場そして共同生活の営みの中心であった土地，社会関係においてみずからのアイデンティティを確立する基盤となるべき固有の文化（その重要な部分は言語である），そして，政治の面における自治権あるいは全体社会の政治に民族集団の利害を反映させるための特別議席の獲得である。

そうした権利要求に対して多数者が支配する国家がどの程度応えることができるかは，国家の認識と民族的少数者がおかれている状況による。しかし，基本的にどのような方向でそうした権利要求を実現していくべきであるのか，すなわち多文化共生の枠組みとしてはどのような形の秩序が適切であるのかは，女性の問題の場合と同様，理論的な考え方にかなりの相違がみられる。ここでも，3つを区別することができるであろう。民族集団の固有性はその文化にあり，また文化的アイデンティティの継承と発展には言語が枢要であるので，言語への権利を例に整理しておきたい。

第1に，国家に共通の公用語としては多数者の標準言語を用いること。多数者の言語は一種の意思疎通の道具ないし手段として機能化され，私の領域において，多数者の言語，少数者の言語を含む多

様な言語活動が自由に行われることが推奨される。したがって，固有の言語に対する少数者の権利については，信教の自由の場合と同様，国法上は自由権として保障され，国家は可能なかぎり中立的な立場をとる。

第2に，言語使用にかかわる国家の中立性が不可能であるので，民族的少数者の言語権を保障するために，公用語の枠を広げ，多数者の言語とともに少数者の言語も公の場で使用できるようにする。つまり，公の領域においては，少数者がみずからの言語で意思疎通をはかれるように，翻訳や通訳などにより少数者の言語の保護・促進をはかるのである。

第3に，公用語に関しては第1の立場と同じであるが，少数者の言語への権利を認め，自由な活動によって「自然に」その実質が奪われていくことのないように，公私の領域にわたって，国家が厚い公的な保護・介入を行う。たとえば，公的な教育課程に少数者の言語にかかわるコースをおいたり，あるいは放送など私の領域における言語活動にも助成をしたりするのである。

これら3つの考え方は，要するに，完全な同一性（同化政策）と完全な差異（分離独立）の間で考えられうるバリエーションであり，それぞれ，公の同一性論，公の二元論，公私の差異論と捉えることができるであろう。

同一性と差異

以上のように，差異にもとづく権利の主張をどのように法秩序の中に位置づけるかは決して容易なことではない。差異を考慮し，女性として，あるいは民族的少数者として，一定の権利を認め，法制度の下で他と異なる特別の扱いをするにあたっては，次のような困難があることも指摘されうるであろう。

まず，女性ないし民族的少数者という属性によって特別の権利を

与えることが，属性集団内部での画一化ないし対内的制約につながり，まさに個人としてのさまざまな選択の可能性を閉ざすことにならないかということがある。属性による特別扱いの効果は，法の一般性を前提とするかぎり，同じ属性を有する者すべてに及ぶ。

また，差異にもとづく権利要求が女性や民族的少数者について認められるならば，他の属性についてはどうかという問題も生じる。個々人がもちうる属性はさまざまである。性別と民族だけではなく，性的選好，信教，信条，体力，年齢，地域，職業など，実に多様である。差異にもとづくアイデンティティの要求を女性と民族的少数者に限定するならば，それについて特別の正当化理由が必要となる。

さらに，民族的少数者の権利要求に対する対応の1つとして，先にふれたように，その固有の言語も多数者の言語と等しく公用語として認めるという選択肢がありうるが，そうした保護策には相当の負担がともなう。公領域における少数者の言語使用を支えうる資源があるかどうか。女性に対する偏見を是正するためにポルノを禁止することについても同様である。表現の自由という一般的な基本権に対し，表現内容による特別な制約を課すことになる。

中立性の困難

しかしながら他方，リベラル・プロジェクトすなわち自由主義的な法秩序構成についても，それが最適の選択肢であるかどうかは必ずしも明白ではない。一定の抽象化された人格概念にもとづき，それにかかわる規範を，たとえそれがまったくの中立的なものでなく，特定の文化的内容をもっているとしても，秩序の基盤として共有することにすれば，その上で，選択の自由が多様な幸福追求の可能性を開く。このようなコスモポリタン的な秩序構想は，長期的な視野に立てば，個々人の自律と社会的協働に意味のある公正な枠組みを提供し，望ましいと思われるかもしれない。しかし，フェミニズムや多文化主義が指摘

しているように，少なくとも，特定の実体的な基準を用いれば，その用いることにおいて，当該基準を共有しない者に大きな負担を強いることになるし，もし実体的な内容のない形式的で中立的な基準を用いるならば，公権力が介入しないその空隙をまさに支配構造の力関係が埋め，構造的な差別の維持ないし拡大を招くことになりかねないのである。

法秩序の構成において，同一性と差異をどのように統合的に位置づけるか。多元的な共生の枠組みであるとしても，それが秩序ある枠組みであるかぎりにおいては，ともに重要な2種の要請である。それをどのように両立させるか。複雑多様化する現代社会における法の役割として，それが問われつづけるといってもよいであろう。

3 現代法の新たな課題

現代社会の新たな諸問題 では，最後に，現代社会に生起する諸問題との関係で，現代法が直面する新たな課題のうちのいくつかを確認しておくことにしよう。

人類の歴史を振り返るとき，その目標は人間理性による万物の支配にあったといっても過言ではなかろう。造物主たる神と類比されうる人間の理性は，自然を意のままにする技術を発展させることを通じ，みずからの身体をも含む自然をみずからの支配の下におこうとしてきた。それによって生み出された多大の成果は，科学技術の進歩によってさらに飛躍的に増大し，それが今までになかった新たな問題をわれわれにつきつけることになった。

第1に，人間の行為の可能性が著しく増大し，それが従来はありえなかった選択肢の前に個人を立たせることになった。たとえば，

医療技術の発展は、従来は不可能であった治療法を可能とし、伝統的な宗教規範との衝突や、個人の内的葛藤を生んでいる。

第2に、人間の技術力の向上とともに、これまで支配・収奪の対象でしかなかった自然の有限性が急速に問題化した。場合によっては人間が自然に譲歩することの必要性をも考慮に入れ、人間の生存基盤の確保のための、新たな行為の指針をうち立てる必要が生じている。

第3に、飛躍的に発展した技術が、それを作り出した人間によっても完全には統制しえないような帰結を生み始めた。とりわけ情報処理技術の発展は、従来にない迅速で複雑なコミュニケーション形態を可能にし、多様な自立的ネットワーク空間を実現しつつある。

このような飛躍的な変化の中にある現代社会において求められているのは、新たな生活状況の中でみずからの行為の指針を提供し、人々の多様な生の共存を可能にするような新たな社会規範の形成である。そして、そのような社会規範の代表格である倫理（ここでは道徳と同義）と法が、こうした課題に取り組むことになるのである。

以下では、現代社会においてとくに大きな規範問題を生んでいると思われる「医療技術の進歩」、「環境保護の必要」、「情報社会の進展」をとりあげ、それぞれに関する新たな法規範形成という課題について法哲学的に考察を加えることにしよう。

医療技術の進歩のもたらす問題

医療技術の進歩は、とりわけ遺伝子工学の飛躍的発展にも支えられ、われわれが享受しうる医療サービスの可能性の幅を格段に広げた。たとえば、臓器移植や遺伝子治療の技術は、従来は考えられなかった治療法を可能にし、今までならまったく不可能な選択肢がわれわれに与えられた。

医療は人の生死にかかわる社会的専門領域である。人の生死がそ

れぞれその人の私事，あるいは自由な処理の対象であるとするならば，いかなる治療法をとるにせよ，それを選択するかどうかはその人の自己決定に委ねればすむ。

だが，事はそう単純ではない。新たな医療技術が可能にした選択肢は，他者の生死や生活にも大きな影響を及ぼす。心臓等の移植手術は，脳死者を含む死体からの臓器摘出により可能となるものであるし，出生前診断は，本書の冒頭でふれた妊娠中絶にもつながりうるという点で，生まれ来る胎児の命にかかわる場合さえある技術である。当人の自己決定だけで解決のつく問題ではない。

また，人の生死は，それ以外の仕方でも，他者の生活に影響を及ぼす。出生にともなう権利能力の獲得や，人の死にともなう相続の開始などを挙げるまでもなく，人が生きるか死ぬか，さらにそれがどの時点で起こるかは，他者の生活に大きな影響を及ぼしうる社会的関心事である。人の生死が画一的な仕方で制度化されるのは，そのためである。私事だという理由で個人の判断に委ねれば，必ず混乱を招く。

生命倫理と法

以上の問題は，倫理の問題であると同時に，法の問題でもある。技術的に可能となった新たな治療法を実際に行うことは許されるのか——こうした判断をそのつどの状況において個別に行うことを認めるなら，人の生死という重大事について恣意的な判断がなされる危険性を許すことになる。先に述べた人の生死の社会性という観点からみてもそうした事態は好ましくない。

そこで，道徳的な討議を行って社会的に合意可能な行為基準をうち立て，そして必要とあらばそれを法制化するという作業が重要となる。たとえば，わが国の臓器移植法は，死体からの臓器移植を行う場合は脳死をもって人の死とする立場に立っている（ただし，こ

の点については異説もある）が，同法が関係しないそれ以外の一般的な場合には，これまで通り心臓死（もしくは心肺死）が死であるとの了解が維持されている。他方，ドイツでは，わが国とほぼ同じ時期に臓器移植のルールの法制化に取り組んだが，すべて脳死をもって人の死とする連邦医師会の判定基準に，引き続き依拠する途が選ばれた。

だが，どこまでを倫理の問題としておき，どこからを法の問題とするかの判断は難しい。技術の発展から従来にない可能性を得ようとするなら，法の規制をなるべく緩やかにという判断がはたらくだろう。他方で，人間の尊厳などの価値を至上視するならば，それを侵害する行為に違法というレッテルを貼り，さらには刑罰によりこれを阻止しようという考えにいたるだろう。遺伝子技術の実験・応用に関する基準の扱いをめぐり，これをガイドラインに止めるか，制裁をともなわない法規定とするか，違反には制裁をもって臨む法制化で対応するかの意見の対立があるが，これはその一例といえるだろう。

ヒトゲノムにかかわる遺伝子解析実験についても，ガイドラインの整備が進みつつあるが，クローン技術の人間への応用にもつながる問題だけに慎重な対応を必要とするだろう。遺伝子治療が個々の患者のニーズに合致した治療（オーダーメード医療）を可能とするとしても，かかる技術が確立するまでの過程で実施される臨床試験については，医療の進歩への貢献だけを理由に個人尊重の原則が忘れられてはならないだろう。また，その際に個人のプライバシーの保護が重要であることはいうまでもないが，遺伝情報は当該個人のみならず近親者もが利害関心を有しうる情報であるだけに，特別の配慮が必要であろう。

いずれにせよ重要なのは，医療の場において実現されねばならな

い根本的な価値は何かということである。一方で，生命の維持，健康の保持があり，他方で，患者の自己決定，さらには患者自身の「人間の尊厳」がある。医療において個人の判断を重視するのが適切だとしても，自分の体だからどう処分してもよいという理屈も成り立ちにくい。こうした困難な問題にもかかわらず，新たな医療技術が開発されるたびに，何が許され何が許されないかの基準の定立が法システムに求められることになるのである。

環境保護の価値理念

これに対し，人間中心主義的な倫理のあり方に反省を迫る可能性があるのが，環境倫理である。確かに，環境保護は，直接・間接に人間の生活環境の保全につながりうるから，人間の利益のために行われるべきことといえないわけではない。

しかし，たとえば，ある自然環境を犠牲にして産業施設を建設し，それによって莫大な利益が得られるなら，当該自然環境を維持することで保持される利益が軽視されるおそれがある。それを保全することが長期的には人間の利益になる可能性があるとはいえ，すべてが現前しているとはいえないそうした利益を効用計算に組み入れるよう要求するのは必ずしも容易ではない。

しかも，環境破壊は，利潤を追求する企業活動によってもたらされることが少なくない。環境保護のためには，外部コストを内部化することが求められるが，利潤にならないコストの内部化が企業によってすすんで行われるとはなかなか考えにくい。

そこで，価値理念としての環境保護という考え方が成り立つ。それは環境を犠牲にすることにより得られる利益によっては相殺されえない，序列の上で優先的な価値原理である。生態系，景観，宇宙などに及ぶ幅広い自然環境が，この価値理念の保護対象とされるのである。

環境保護と法

自然を無尽蔵と想定し、それをもっぱら支配の対象としてきた人間にとって、環境を保護するべく行為せよという命令は必ずしも当然のものではなかった。したがって、環境保護の理念を、個別状況で人を一定の行為に向けさせる諸規範へと具体化し、それらを社会に浸透させることが肝要である。

そのためには、まず、環境教育を通じて、人々にそうした規範意識を身につけさせねばならない。人々に環境保護についての社会的責任意識をもたせることが重要である。さらに、著しい環境保護のための規制に実効性をもたせるには、環境破壊行為を防止する立法を行うことが必要となる。

もちろん、規制に実効性をもたせるにはそれなりの工夫が必要である。環境保護は内的動機づけが難しい問題領域であるから、税制上の優遇措置など、外的な刺激を誘因として用い、企業行動を誘導することも1つの有効な方法であろう。

動物の権利

また、ここでいう環境を人間以外の自然という意味で捉えるなら、ここで動物の権利について言及することが許されよう。

近代法が権利能力をもつ主体として想定し、訴訟当事者として予定したのは人間であった。自然人以外では、法人にも性質上可能なかぎり同様の権利が認められてきたが、権利主体はそれに尽きた。

これに対し、動物にも権利主体性が認められるという主張が提起されている。たとえば、P. シンガーらの功利主義者は、快楽を求め苦痛を避けようとする点では人間も動物も変わらないという認識にもとづき、人間に認められる権利を、一定程度、動物にも拡張すべきだと説く。

また、近代法の立場からすると物として保護の対象となるにすぎ

ない動物に，訴訟の当事者適格を認めるべきだという主張もあり，現に今日の訴訟の中でそれが——人間の弁護士を訴訟代理人とする形をとって——実行されている例もある。動物以外にも，自然景観や，樹木や巨石にも当事者適格があるという主張をする者さえある。

近代法の建前からは容認しがたいこうした主張については，それをそのまま認めるかどうかよりも，それが示唆する重要な指摘，とりわけ近代法の拠って立つ前提の限界性を意識することが重要であろう。そして，「動物の権利」の主張を単なるレトリックに終わらせることなく，近代法が内包している人間中心主義を鋭く見抜き，それを相対化する契機にすることが求められるであろう。

情報社会とコミュニケーションの増大

さらに，高度情報通信技術の発達，とりわけインターネットの発達と普及は，人間のコミュニケーションの性質を次のように大きく変容させることになった。

第1に，情報伝達の脱領域化である。近代国家の1つの前提であった国家間の障壁が，情報に関しては簡単に乗りこえられるようになった。情報伝達の過程が，もはや近代主権国家の能力では技術的に統御可能ではない事態が生じた。

第2に，情報処理の高速化により，時間・空間の自然的制約から免れた新しい情報空間，いわゆるサイバー・スペースが開かれるにいたった。ヴァーチャル・リアリティ（仮想現実）とよばれる領域も誕生し，現実社会との乖離・関係が新たな問題となった。

第3に，高度の情報処理が従来よりはるかに多くの人々に開かれるようになったため，伝達可能な情報量が爆発的に増大し，しかも頻繁に更新されるため，誰にもそれを制御・管理できなくなった。

高度情報社会と法規制

高度情報通信技術がもたらしたこうした新たな可能性を，肯定的なイメージで捉える

か，あるいは否定的なイメージで捉えるかによって，情報社会に対する姿勢は大きく変わってくるだろう。

一方では，インターネット上の有害情報や，インターネット上での情報交換等を契機に引き起こされる種々の犯罪，さらにはネットワークそのものの安全性への不安などが，インターネットの実現する世界を新たな法的取締りの対象とみる見方を生み出している。

他方では，インターネットは，公的・私的な情報の作成・伝達・蓄積，商取引，政府や自治体の活動や公共的意思形成など，さまざまな類のコミュニケーションのあり方に，大きな質的変化と可能性の増大をもたらしつつある。そして，その恩恵は，すでにわれわれの公的および私的生活の随所に現れ始めているのである。本書の冒頭でもふれたグローバル化の傾向をみても，それを推し進める最も重要な要素の1つがこうした高度情報通信技術の発展にあることは否定できないであろう。

高度情報社会における規範形成

こうした新たな可能性の出現は，そこにおける新たな秩序あるいは規範の形成を必要とするわけだが，問題はどこで，どのような手続のもとで，どのような規範を形成するかである。

1つには，善良なるハッカーが形成するコミュニティーの自生的秩序形成に，新たな規範形成の任務は委ねるべきだとする考えがありうる。高度情報通信技術がもたらす可能性を最大限に活かし，信じられないほどの速さで起こる状況変化に対応するには，そうするしかないというのがその理由である。インターネットの世界を，外的介入を受けない自由な空間と考える理想の影響も大きい。

他方，国家による法的規制の必要性もしばしば指摘されており，わいせつ物の取締りや不正アクセス防止等のように，その一部はすでに実施されている。だが，これに対しては，インターネット等の

出現によって新たに生じた不正行為の抑圧というよりも，高度情報通信技術のもたらす可能性をできる限り活かすための基盤・環境整備のための制度作りという意味づけのほうがふさわしいのではないか。電子商取引や電子署名に関する法制度の整備等もまた，同様の文脈で理解すべきであろう。

それとの関連では，確かに，インターネットの商用利用が可能となるや否や，ここに市場の論理が一気に入ってきた様子が顕著にうかがえる。しかし，だからといって，インターネットに関する規範形成がもっぱら市場の論理に支配されるとみるのは適切ではないだろう。

たとえば，選挙活動や世論調査・世論形成に果たす役割にみられるように，インターネットは公共的な意思形成においても大きな可能性を有しており，本章 *1*（→272頁）でみた民主主義の将来的なあり方との関連でも看過できない要因になっている。インターネットが可能とする世界を，人間の正規の活動の場であることを正面から認めた上で，そこにふさわしい規範形成のあり方を探り，法の役割に対しても適切な位置づけを与えていく必要があるだろう。

現代社会における新たな規範形成

以上，3つの例についてふれたように，現代社会に生起するさまざまな問題に直面し，現代法は新たな課題の前に立たされている。他にも，たとえば，高齢化・少子化の現実をふまえた新たな社会保障システムの構築も緊急の課題となっているといえるだろう。経済，教育，労働，医療，福祉，環境保護など，さまざまな問題領域が専門的に独自の視点を展開してきたのが近代社会であるとすれば，たとえば人間のライフサイクルのあり方という視点に立って，それらをもう一度トータルに問い直す時点に来ているのが現在であり，法もまたそうした課題に直面しているといえよう。

近代社会以降の意味における法は，程度の差こそあれ，国家権力の行使と関連するものとして構造化され，展開してきたものである。法哲学は，法のそうした特質を十分に考慮に入れた上で，現代社会の抱える諸問題に法がどのように対応するかについて考察していくことを任務としている。このことは，こうした具体的事象との取組みにおいても確認されるであろう。

参考文献

本書で学んだことをさらに発展させていく上で有益な書物を，以下に挙げておく。ただし，網羅的なリストではないことをお断りしておきたい。また，すでに絶版・品切れになっているものは，図書館等でご覧いただきたい。

第1章　現代の法と正義

法哲学の代表的な体系書としては，碧海純一『**新版法哲学概論［全訂第2版補正版］**』(弘文堂，2000年)，加藤新平『**法哲学概論**』(有斐閣，1976年)，田中成明『**法理学講義**』(有斐閣，1994年)，ホセ・ヨンパルト『**一般法哲学――法哲学問題の歴史的・体系的考察**』(成文堂，1986年)などがある。その他，複数著者による共著では，大橋智之輔・三島淑臣・田中成明編『**法哲学綱要**』(青林書院，1990年)や，田中成明編『**現代理論法学入門**』(法律文化社，1993年)がある。入門書としては，長尾龍一『**法哲学入門**』(日本評論社，1982年)が挙げられる。M. P. ゴールディング(上原行雄・小谷野勝巳訳)『**法の哲学**』(培風館，1985年)も，コンパクトでユニークな概説書である。

シリーズものとしては，長尾龍一・田中成明編『**現代法哲学1～3**』(東京大学出版会，1983年)，井上達夫・嶋津格・松浦好治編『**法の臨界1～3**』(東京大学出版会，1999年)。また，以下にそのうちの何冊かを紹介するが，弘文堂からは全16巻の『**法哲学叢書**』(弘文堂，1990年～続刊)が逐次刊行されている。法哲学界の動向を知るには，『**法律時報**』の毎年12月号に掲載の「学界回顧」や，日本法哲学会が毎年開催する学術大会の記録等を載せている『**法哲学年報**』(有斐閣)をご覧いただきたい。ほぼ毎年1冊刊行される『**法の理論**』(成文堂，2001年現在で21冊刊行)にも，法哲学の論文が数多く収

められている。現代社会の諸問題との関連では、竹下賢・角田猛之編著『**マルチ・リーガル・カルチャー——法文化へのアプローチ**』(晃洋書房, 1998年)がユニークな視点を与えてくれる。さらに、『**岩波講座 現代の法**(全15巻)』(岩波書店, 1997～1998年)の中でとくに第15巻『**現代法学の思想と方法**』には、法哲学に関連する論文が多い。

また、現代の日本の法状況を概観するには、田中成明『**現代日本法の構図[増補版]**』(悠々社, 1993年)、同『**転換期の日本法**』(岩波書店, 2000年)が有益である。実定法各分野との関連で法哲学を学ぶには、星野英一・田中成明編『**法哲学と実定法学の対話**』(有斐閣, 1989年)も役立つだろう。

法哲学を十分に理解するためには、法思想の勉強が不可欠である。法思想の概観には、田中成明・竹下賢・深田三徳・亀本洋・平野仁彦『**法思想史[第2版][有斐閣Sシリーズ]**』(有斐閣, 1997年)や、F. ハフト(平田公夫訳)『**正義の女神の秤から——ヨーロッパ法二千年の流れ**』(木鐸社, 1995年)が便利である。もっと深く勉強したい人には、三島淑臣『**法思想史[新版]**』(青林書院, 1993年)を勧める。また、とくに20世紀の法思想については、日本法哲学会編『**20世紀の法哲学(法哲学年報1997)**』(有斐閣, 1998年)および中山竜一『**二十世紀の法思想**』(岩波書店, 2000年)がある。その他、最近の特色ある法思想史として、竹下賢・平野敏彦・角田猛之編著『**トピック法思想——羅針盤としての歴史**』(法律文化社, 2000年)を挙げておく。

第2節で紹介したJ. ロールズについては、その主著『**正義論[初版]**』の邦訳があるが、正確な内容を知るにはむしろ原著での講読を勧めたい。『**正義論**』に結実する前の論文をいくつか集めたものとして、田中成明・深田三徳編訳『**公正としての正義**』(木鐸社, 1979年)がある。ロールズを扱った書物としては、Ch. クカサス/Ph. ペティット(嶋津格・山田八千子訳)『**ロールズ——「正義**

論」とその批判者たち』（勁草書房，1996年），川本隆史『**ロールズ——正義の原理**』（講談社，1997年），渡辺幹雄『**ロールズ正義論の行方——その全体系の批判的考察［増補新装版］**』（春秋社，2000年）などがある。また，『**正義論**』刊行後のさまざまな批判に応えてハーバード大学で展開された講義の原稿を編集した『**公正としての正義再説**』（原著2001年）が，近く岩波書店から翻訳出版される予定である。これに関しては，すでに渡辺幹雄『**ロールズ正義論再説——その問題と変遷の各論的考察**』（春秋社，2001年）がある。

第2章　法システム

法の一般理論に関しては，上述した法哲学の体系書の他に，H. ケルゼン（横田喜三郎訳）『**純粋法学**』（岩波書店，1935年），H. L. A. ハート（矢崎光圀監訳）『**法の概念**』（みすず書房，1976年），G. ラートブルフ（田中耕太郎訳）『**法哲学（ラートブルフ著作集1）**』（東京大学出版会，1961年）などが基本となる。法システム論については，T. エックホフ／N. K. ズンドビー（都築廣巳・野﨑和義・服部高宏・松村格訳）『**法システム**』（ミネルヴァ書房，1997年），N. ルーマン（村上淳一・六本佳平訳）『**法社会学**』（岩波書店，1977年），福井康太『**法理論のルーマン**』（勁草書房，2002年）などを参照。

本章が扱った問題領域については，その他に，三島淑臣『**理性法思想の成立**』（成文堂，1998年），佐藤節子『**権利義務・法の拘束力**』（成文堂，1997年），田中成明『**法的空間——強制と合意の狭間で**』（東京大学出版会，1993年），深田三徳『**現代人権論——人権の普遍性と不可譲性**』（弘文堂，1999年），竹下賢『**法その存在と効力**』（ミネルヴァ書房，1985年），森村進『**権利と人格——超個人主義の規範理論**』（創文社，1989年），M. フリーデン（玉木秀敏・平井亮輔訳）『**権利**』（昭和堂，1992年）などが詳細な考察を行っている。日本人の法意識に関して

は，川島武宜『**日本人の法意識〔岩波新書〕**』(岩波書店，1960年)，大木雅夫『**日本人の法観念——西洋法観念との比較**』(東京大学出版会，1983年)のみを挙げておく。

第3章　法的正義の求めるもの

かかわる範囲があまりにも広いので，アリストテレス(高田三郎訳)『**ニコマコス倫理学（上）（下）〔岩波文庫〕**』(岩波書店，1971・1973年)とW. K. フランケナ(杖下隆英訳)『**倫理学［改訂版］**』(培風館，1975年)のみをここでは挙げておく。

第4章　法と正義の基本問題

現代の正義論全般を概観するものとして，有賀誠・伊藤恭彦・松井暁編『**ポスト・リベラリズム——社会的規範理論への招待**』(昭和堂，2000年)が有益である。

功利主義については，J. ベンサムやJ. S. ミルに関しては，関嘉彦責任編集『**世界の名著ベンサム／J. S. ミル**』(中央公論社)を，また現代的な功利主義としては，とくにR. M. ヘア(内井惣七・山内友三郎監訳)『**道徳的に考えること——レベル・方法・要点**』(勁草書房，1994年)を挙げておく。『**功利主義と法哲学（法哲学年報1987）**』(有斐閣，1988年)は，日本法哲学会学術大会での功利主義への取り組みの記録である。

リベラリズムについては，井上達夫『**共生の作法——会話としての正義**』(創文社，1986年)，同『**他者への自由——公共性の哲学としてのリベラリズム**』(創文社，1999年)，同『**現代の貧困**』(岩波書店，2001年)，同責任編集『**自由・権力・ユートピア（岩波 新・哲学講義7）**』(岩波書店，1999年)，長谷川晃『**権利・価値・共同体**』(弘文堂，1991年)，同『**公正の法哲学**』(信山社，2001年)，旗手俊彦『**「正義の

フォーラム」の法哲学』(風行社, 1991年) などがある。

他方, リバタリアニズムについては, R. ノージック (嶋津格訳)『アナーキー・国家・ユートピア——国家の正当性とその限界』(木鐸社, 1994年), F. A. ハイエク (一谷藤一郎・一谷映理子訳)『隷従への道——全体主義と自由 [改版]』(東京創元社, 1992年), 同 (西山千明他監修)『ハイエク全集　新装版 (全10巻)』(春秋社, 1997~1998年), 橋本努『自由の論法——ポパー・ミーゼス・ハイエク』(創文社, 1994年), M. フリードマン (土屋政雄訳)『政府からの自由』(中央公論社, 1984年), 桂木隆夫『自由社会の法哲学 [新版]』(弘文堂, 1998年), 森村進『自由はどこまで可能か——リバタリアニズム入門』(講談社, 2001年), R. E. バーネット (嶋津格・森村進監訳)『自由の構造——正義・法の支配』(木鐸社, 2000年) などが重要である。また, とくに市場に関しては, 日本法哲学会編『市場の法哲学 (法哲学年報1994)』(有斐閣, 1995年) と桂木隆夫『市場経済の哲学』(創文社, 1995年) を挙げておこう。

平等論については, A. セン (池本幸生訳)『不平等の再検討——潜在能力と自由』(岩波書店, 1999年) など, センの一連の著作が重要であろう。R. ドゥウォーキン (木下毅・小林公・野坂泰司訳)『権利論』(木鐸社, 1986年), 同 (小林公訳)『権利論Ⅱ』(木鐸社, 2001年) もここで挙げておく。

共同体論については, A. マッキンタイア (篠﨑榮訳)『美徳なき時代』(みすず書房, 1993年), M. J. サンデル (菊池理夫訳)『自由主義と正義の限界 [第2版]』(三嶺出版, 1999年), M. ウォルツァー (山口晃訳)『正義の領分——多元性と平等の擁護』(而立書房, 1999年) の他, 法哲学会での取り組みの記録として, 日本法哲学会編『現代における〈個人—共同体—国家〉(法哲学年報1989)』(有斐閣, 1990年) がある。共同体主義に与するわけではないが, 現代社会に

おけるコミュニティの活性化の問題に法理論的に取り組む名和田是彦『**コミュニティの法理論**』(創文社, 1998年)もここで挙げておこう。

議論理論に関しては, さしあたり, J. ハーバーマス(河上倫逸他訳)『**コミュニケイション的行為の理論（上）（中）（下）**』(未来社, 1985・1986・1987年)を参照願いたい。

第5章 法的思考

やや専門的であるが, 法哲学の分野における最近の法律学的方法論の展開を概観するには, U. ノイマン (亀本洋・服部高宏・山本顯治・平井亮輔訳)『**法的議論の理論**』(法律文化社, 1997年)が簡潔にまとまっており便利である。わが国の法哲学者による法律学的方法論として, 田中成明『**法的思考とはどのようなものか**』(有斐閣, 1989年), 松浦好治『**法と比喩**』(弘文堂, 1992年), 長谷川晃『**解釈と法思考**』(日本評論社, 1996年), 青井秀夫『**法思考とパタン――法における類型へのアプローチ**』(創文社, 2000年)がある。

わが国の実定法学者の手になる法解釈方法論としては, 広中俊雄『**民法解釈方法に関する十二講**』(有斐閣, 1997年)が, 民法の判例を素材に法解釈の方法を具体的かつ理論的に解説しており, 精読に値する。実務家によるものでは, 中村治朗『**裁判の客観性をめぐって**』(有斐閣, 1970年)がある。

法解釈に関する古典的文献としては, F. C. v. サヴィニー (小橋一郎訳)『**現代ローマ法体系 第1巻**』(成文堂, 1993年)と E. エールリッヒ (河上倫逸／M. フーブリヒト訳)『**法律的論理**』(みすず書房, 1987年)を挙げておく。レトリック法理論では, Th. フィーヴェク (植松秀雄訳)『**トピクと法律学――法学的基礎研究の基礎試論**』(木鐸社, 1980年), Ch. ペレルマン (江口三角訳)『**法律家の論理――新しい**

レトリック』(木鐸社, 1986年) を参照。

「法と経済学」の概説書は多々あるが, その全体像を把握できるという観点から, R. D. クーター／Th. S. ユーレン (太田勝造訳)『**新版 法と経済学**』(商事法務研究会, 1997年) のみを挙げておく。コースの定理についてもっと知りたい人は, R. H. コース (宮沢健一・後藤晃・藤垣芳文訳)『**企業・市場・法**』(東洋経済新報社, 1992年) を参照されたい。ゲーム理論については, ほとんど説明しなかったが, 本格的に勉強したい人には, 岡田章『**ゲーム理論**』(有斐閣, 1996年) を勧める。

第6章　法哲学の現代的展開

デモクラシーについては, 文献を挙げればきりがないので, さしあたり以下の3冊を挙げるにとどめる。D. ヘルド (中谷義和訳)『**民主政の諸類型**』(御茶ノ水書房, 1998年), J. A. シュンペーター (中山伊知郎訳)『**資本主義・社会主義・民主主義[新装版]**』(東洋経済新報社, 1995年), 長谷部恭男『**比較不能な価値の迷路**』(東京大学出版会, 2000年)。

多文化主義に関しては, W. キムリッカ (角田猛之・石山文彦・山崎康仕監訳)『**多文化時代の市民権――マイノリティの権利と自由**』(晃洋書房, 2000年), 日本法哲学会編『**多文化時代と法秩序 (法哲学年報1996)**』(有斐閣, 1997年) などを参照されたい。

フェミニズムに関しては, 立場が錯綜している上に文献も多いので, さしあたり, C. ギリガン (岩男寿美子監訳)『**もうひとつの声――男女の道徳観のちがいと女性のアイデンティティ**』(川島書店, 1986年), C. A. マッキノン／A. ドウォーキン (中里見博・森田成也訳)『**ポルノグラフィと性差別**』(青木書店, 2002年) を挙げておく。また, これらの他に, 『**岩波講座　現代の法11　ジェンダーと法**』(岩

波書店, 1997年) はフェミニズムをめぐる議論状況の概観を, 竹村和子『**フェミニズム**』(岩波書店, 2000年) はジェンダー研究への最近の新たな展開を, それぞれ示してくれる。

　生命倫理の諸問題に対する法哲学者の取り組みとしては, 葛生栄二郎・河見誠『**いのちの法と倫理 [新版]**』(法律文化社, 2000年) の他に, 日本法哲学会編『**生と死の法理 (法哲学年報1993)**』(有斐閣, 1994年) がある。また, 環境問題に関しては, 日本法哲学会編『**環境問題の法哲学 (法哲学年報1995)**』(有斐閣, 1996年), 情報社会に関しては, 同編『**情報社会の秩序問題 (法哲学年報2001)**』(有斐閣, 2002年中刊行予定) をご覧いただきたい。

事項索引

ア 行

アイデンティティ……………288~
悪　法……………………………34~
一般意志……………………………274~
一般基準……………………………216
一般条項……………………217, 229
イデオロギー………………………196
　　形式的——……………………197
　　実質的——……………………197
　　法的な——……………………197
インターネット……………………303~
インフォーマルな法………………47
ADR（裁判外紛争処理）…………62~
英米法系（コモン・ロー系）……210
応　報→正義
オービタ・ディクタ………………215

カ 行

解釈の検算…………………………249
概念法学的客観説…………………239
回復の権利…………………………59
外部経済……………………………150
外部性………………………………150
外部不経済……………………150, 266
格差原理……………………17~, 257
拡大国家……………………………138
拡張解釈と縮小解釈………………234
価値情緒説（情動主義）…………109
価値相対主義……………102~, 137, 277
　　政治思想としての——………111
活動促進機能………………………65

環境保護……………………………301~
関係性……………………………73, 172
慣行説………………………………35
寛　容…………………112, 277, 281
管理型法……………………………44~
危害原理………………………69, 142
議会主義……………………………279~
機会費用……………………………269
機会の平等…………………159~, 161~
帰結主義……………………………127
擬　制………………………………236
規制のトリレンマ…………………45
基礎づけ主義………………………174
基礎法学……………………………6
帰納原理……………………………208
規範性………………………………30~
規範説………………………………33
規範的経済学………………………254
帰謬法………………………………221
基本財（基本善）…………………15~
義務賦課規範………………………50~
義務論………………………………128
矯正的正義………………………89, 156
強　制
　　法的——………………………28
　　法による道徳の——→リーガル・モラリズム
　　法を——秩序とみる見方……25~
共通善………………………………94
共同善………………………………173
共同体論……………………………166~
共和主義………………………174, 282
キリスト教…………………………113~

議　論	176〜
議論責任	248
近代法	39〜, 117
ケアの倫理	72〜
経験則	207〜
経済的自由	282
形式的正義	38, 95, 200
ケース準拠型思考	212
結果の平等	159〜
決定と理由づけ	55〜
権原理論	141
原初状態	14
現代法	41〜
権能付与規範	50〜
原　理	216
──と政策	219
原理整合性	181
権　利	
──と義務	56〜
──の本質	60
行為規範	53
行為功利主義	132
公　益→公共の利益	
交換的正義	89
公共財	150, 260
公共の利益	126
公権的解釈→有権解釈	
厚　生	255
厚生経済学	254
公正としての正義	10〜
公正な機会均等の原理	17〜
衡　平	87〜, 95
公民的民主主義	279
功利主義	12〜, 108, 126
合理性（rationality）	251
合理性（理性性, reasonableness）	
	221, 251
効率性	255〜
互恵性	85
個人主義	137
個人道徳	31
コースの定理	261〜
コスモポリタニズム	94
コスモポリタン	296
古代人の自由と近代人の自由	281
根本規範	32, 106

サ　行

差　異	288〜
裁決規範	53
最小国家論	136
最大多数の最大幸福	126
裁　判	62, 190〜
法による──	197
サンクション	28
ジェンダー	290
資源の平等	162〜
資源配分機能	44, 66
自己決定権	4, 291
自己所有	140
事実懐疑主義	194
事実的妥当論	35
事実認定	206〜
事実の規範力	35〜
事実問題と法律問題	204
市　場	144〜
──規制	153
──メカニズム	41〜
市場の失敗	149〜
自然権	139
自然言語と人工言語	203

自然主義的誤謬 … 108
視線の往復 … 205
自然法のルネッサンス … 34
自然法論と法実証主義 … 80〜
思想の自由市場論 … 139
自治型法 … 45
実質的正義 … 88
実証主義 … 104
　──的学問観 … 104
実証的経済学 … 254
実定道徳 … 30
実定法学 … 6
実力説 … 36
シティズンシップ … 287
支配の政治学 … 273〜
事物の本性 … 81
社会学的妥当論 … 35
社会契約説 … 12
社会的協働 … 14
社会的正義 … 101
社会統制機能 … 65
自由主義→リベラリズム
囚人のジレンマ … 258〜
自由法運動 … 241
自由法論 … 241
主権者命令説 … 26, 36
純粋な手続的正義 … 187
純粋法学 … 105
条件プログラム … 31
情動主義→価値情緒説
承認説 … 36
条　理 … 231
自立型法 … 45
新カント派 … 104
心理学的妥当論 … 35
真理の整合説 … 110

ストア派 … 93
生活世界の植民地化 … 151
　システムによる── … 46
正　義
　応報としての── … 85
　互恵としての── … 85
　共通の── … 94
　調和としての── … 93
正義の環境 … 14
正義の二原理 … 16〜
整合性 … 64, 250
　原理── … 181
整合説 … 14, 110
政治的リベラリズム … 21, 170
精神の自由 … 282
正戦論 … 84
制定時客観説 … 225〜
制定法主義 … 210
正当性と正統性 … 100
制度化 … 183, 247
正と善 … 121〜, 128〜
　──の区別 … 169〜
政府の失敗 … 148〜
生命倫理 … 299〜
世界市民主義→コスモポリタニズム
セクハラ … 290
潜在能力の平等 … 163
専門家の責任 … 78
先　例 … 211〜
先例拘束の法理 … 213
組織規範 … 54

タ　行

第一次的権利 … 59
第一次的ルールと第二次的ルール … 32

体系的解釈	238
大陸法系(ローマ法系)	210
対話の合理性	184
立場の互換性	97, 182
多文化主義	21, 289, 296
中立性	117, 296
直接民主制と間接民主制	283
直覚主義(直観主義)	108
定　義	223
外延的――	223
内包的――	223
定言命法	142, 182
ＤＶ	291
適法的正義	86
適用時客観説	225～
哲学の妥当論	37
手続的正義	97
純粋な――	19
法における――	98
デモクラシー(民主制，民主主義)	272～
討論による――	280
討議倫理	180
道徳の内面性，法の外面性	31, 115, 117
動物の権利	302～
独裁制	272
徳　論	116
トピク	245
取引費用	261～

ナ 行

内省的均衡	14
日本人の法意識	67～
日本法	66～
認識主義(認知主義，認識説)	107～

ハ 行

配分的正義	88
配分と分配	91～
パターナリズム	70, 74～, 137
――と本人の意思	77
――の正当化	76
発見と正当化	192
パレート改善	255
パレート効率	255～
パレート最適	255
判決三段論法	200
判決理由	192, 215
反証可能性	208
反制定法的解釈	231
反対解釈	237
判　例	214
判例法主義	211
反論可能性	244
非認識主義(非認知主義，非認識説)	108
批判的合理主義	209
平　等	154～
費用便益分析	256
比例原則	243
フィクション→擬　制	
フェミニズム	72, 289
不快原理	73～
負荷なき自我	171
福祉国家	42～, 160
福祉国家論	19
福利の平等	163～
普遍化可能性	96～, 181, 200
分析法学	26
紛争解決機能	65
分配的正義	156～

配分の効率と――	267
文理解釈	232～
法 化	44～, 46
法解釈学	195
法解釈の目標	224
法解釈論争	243
第二次――	244
法学教育	194～
法学的妥当論	33～
法価値論	8
法規則→法準則	
法規範	28～
法 系	210
法 源	210
法システム	48～, 184～
――の社会的機能	65～
法実証主義	26, 80～
法準則	31, 200
――と法原理	54～
法性決定規範	50～
法段階説	32
法治国家	198
法的安定性	38, 199
法的議論の理論	245
法的思考	31～, 63～, 190～
――と裁判	190
法的推論	220～
法的紛争解決	60～
法哲学的正義論と倫理学的正義論	113
法と経済学	252～
法と道徳	30～, 36～, 69～, 117
――の外面性, 内面性	31, 115, 117
――の最小限	30
法による裁判	198
法の一般性	87～, 95
法の一般理論	8
法の解釈	220～
法の経済分析	252～
法の継続形成	227
法の限界	79
法の欠缺	228～
法の実効性	33
法の妥当性	32～
法の中立性	141
法の内面道徳	38
法の下の平等	156
方法二元論	105
法理学	6
法律意思説	225
法律学的ヘルメノイティク	205
法律学的方法論	8
法理念論	8
法理論	6
法ルール→法準則	
ポスト・モダン法理論	49～

マ 行

マキシミン戦略	16
ミクロ経済学	254
無政府資本主義	136
無知のヴェール	15～, 171
メタ倫理学	106～
目的論	128
目的論的解釈	242
勿論解釈	238

ヤ 行

優遇措置	165～
積極的――	162
有権解釈	229

予測可能性……………………199〜

ラ行

ラートブルフの定式………………35
リアリズム法学……………………193
利益衡量論……………………81, 243
利益法学……………………………241
リーガル・モラリズム……………70〜
理性性→合理性
理想的発話状況……………………179〜
リーダーシップ……………………278
立法者意思説………………………224
理念説………………………………37
リバタリアニズム…………………134
リベラリズム………………………20〜
　　——と倫理学…………………118
　　近代社会と——………………117
リベラル
　　——な正義論…………………119
　　——な倫理学と法学…………119
リベラル・デモクラシー…………282

倫理
　　行為の——……………………114
　　人格と責任の——……………115
　　徳の——………………………114
　　ルールの——…………………114
類推…………………………………235
類推適用……………………………236
ルール→法準則
ルール懐疑主義……………………193
ルール功利主義……………………132
ルール準拠型思考…………………213
レイシオ・デシデンダイ…………215
歴史的解釈…………………………239
歴史法学……………………………26
歴史法則主義………………………209
レトリック…………………………245
レント・シーキング…………149, 254
ログローリング……………………284
論理実証主義………………………109〜
　　——者……………………192, 208
論理的解釈…………………………238

人名索引

ア 行

アリストテレス (Aristotelēs) ………… 10, 86～, 93, 95, 101, 113, 115, 158, 223, 273, 276
アレキサンダー大王 (Aleksandros) ……………………………………94
アレクシー (Robert Alexy)……………………………………………245
アンガー (Roberto Mangabeira Unger)……………………………………45
イェリネック (Georg Jellinek) ……………………………………………30
イェーリング (Rudolf von Jhering)…………………………………26, 60
ウィットゲンシュタイン (Ludwig Wittgenstein) ……………………… 109
ウェーバー (Max Weber) ……………………………………45, 100, 105, 111
ヴェルツェル (Hans Welzel)……………………………………………81
ウルピアヌス (Domitius Ulpianus) ……………………………………93
エアー (Alfred Jules Ayer)……………………………………………109
エッサー (Josef Esser) …………………………………………………205
エピクロス (Epikouros)…………………………………………………94
エールリッヒ (Eugen Ehrlich) ……………………………………53, 241
エンギッシュ (Karl Engisch)…………………………………………205
オースティン (John Austin)……………………………………………26, 36
オリィーヴェクローナ (Karl Olivecrona) ……………………………35

カ 行

カウフマン (Arthur Kaufmann)…………………………………………81
ガーダマー (Hans-Georg Gadamer) ……………………………………206
カラブレイジ (Guido Calabresi) ………………………………………253

321

カルナップ (Rudolf Carnap) ·················· 109
カント (Immanuel Kant) ·············· 10, 24, 31, 60, 81, 116, 140, 142, 182
カントロヴィッツ (Hermann Kantorowicz) ················ 241
キケロ (Marcus Tullius Cicero) ·················· 94
ギリガン (Carol Gilligan) ·················· 72
クリーレ (Martin Kriele) ·················· 205
ケルゼン (Hans Kelsen) ········ 27, 32, 34, 37, 53, 55, 59, 68, 105, 111, 230, 277, 281, 286
コース (Ronald Coase) ·················· 261〜
コンスタン (Benjamin Constant) ·················· 281

サ 行

サヴィニー (Friedrich Carl von Savigny) ············ 60, 222, 225
サレィユ (Sébastien Félix Raymond Saleilles) ············ 60
サンデル (Michael Sandel) ·················· 171
シュミット (Carl Schmitt) ·················· 280
シュリック (Moritz Schlick) ·················· 109
シュンペーター (Joseph Alois Schumpeter) ············ 278, 280, 283
シンガー (Peter Singer) ·················· 302
スミス (Adam Smith) ·················· 139, 147
セネカ (Lucius Annaeus Seneca) ·················· 94
セルズニック (Philip Selznick) ·················· 45
セン (Amartya Kumar Sen) ·················· 163

タ 行

タルスキー (Alfred Tarski) ·················· 109
デリダ (Jacques Derrida) ·················· 49
トイプナー (Gunther Teubner) ·················· 44, 49

ドゥオーキン (Ronald Dworkin)·················· 163, 219, 250
トマジウス (Christian Thomasius)··························31

ナ 行

ナポレオン (Napoleon Bonaparte) ·························229
ノイラート (Otto Neurath) ·································109
ノージック (Robert Nozick) ·················· 139, 141, 142
ノディングズ (Nel Noddings) ······························72
ノネ (Philippe Nonet) ······································45

ハ 行

ハイエク (Friedrich August von Hayek) ·······················136
ハイデガー (Martin Heidegger) ···························81, 206
ハート (Herbert Lionel Adolphus Hart) ········· 26, 32, 38, 60
ハーバーマス (Jürgen Habermas)············· 46, 152, 179, 245, 280, 286
バーリン (Isaiah Berlin) ·································281
ビーアリング (Ernest Rudolf Bierling)·····················36
フィーヴェク (Theodor Viehweg) ·························245
ブキャナン (James McGill Buchanan)·····················253
フラー (Lon Luvois Fuller) ·································38
プラトン (Platōn) ·······························93, 209, 273, 276
フランク (Jerome New Frank) ·····························193
ヘアー (Richard Mervyn Hare) ·····························182
ヘイリー (John Owen Haley) ······························67
ヘェーガァストレーム (Axel Hägerström) ·················35
ヘーゲル (Georg Wilhelm Friedrich Hegel) ············ 10, 209
ヘック (Philipp von Heck) ································241
ペレルマン (Chaïm Perelman) ·····························245

ベンサム (Jeremy Bentham) ……………………12, 26, 36, 60, 108, 256
ポズナー (Richard Allen Posner) ……………………………253, 256
ホッブズ (Thomas Hobbes) ……………………………………273
ポパー (Karl Raimund Popper) ………………………………208, 272
ホーフェルド (Welsley Newcomb Hohfeld) ……………………………57

マ 行

マイホーファー (Werner Maihofer)……………………………………81
マッキノン (Catharine A. Mackinnon) ………………………………292
マッキンタイア (Alasdair MacIntyre) ………………………………172
マルクス (Karl Marx)………………………………………………151, 209
マルクス・アウレリウス (Marcus Aurelius Antoninus) ……………94
ミル (John Stuart Mill) …………………………………12, 69, 70, 141
ムーア (George Edward Moore) ………………………………………108
メイン (Henry James Sumner Maine)…………………………… 26, 134

ヤ 行

ユスティニアーヌス帝 (Justinianus)………………………………230

ラ 行

ラウン (Rudolf Laun)……………………………………………………36
ラズ (Joseph Raz)………………………………………………………26
ラッセル (Bertrand Russell) …………………………………………109
ラートブルフ (Gustav Radbruch)………………………………………31, 34
ラムザイヤー (J. Mark Ramseyer) ……………………………………67
リオタール (Jean-François Lyotard) …………………………………49
ルウェリン (Karl Llewellyn) …………………………………………193

ルソー (Jean-Jacques Rousseau) ……………………………274〜, 283
ルーマン (Niklas Luhmann) …………………………………………46, 49
ロック (John Locke) ……………………………………………………140, 142
ロールズ (John Rawls) 10, 11〜, 85, 91, 98, 120〜, 126, 130, 134, 138, 141, 163, 169, 170, 257, 285, 286

法哲学
Legal Philosophy

2002年4月10日　初版第1刷発行
2020年7月30日　初版第20刷発行

著　者	平野　仁彦 亀本　　洋 服部　高宏
発行者	江草　貞治
発行所	株式会社　有斐閣 郵便番号 101-0051 東京都千代田区神田神保町2-17 電話 (03) 3264-1314 〔編集〕 　　 (03) 3265-6811 〔営業〕 http://www.yuhikaku.co.jp/

印刷・製本　中村印刷株式会社
© 2002, H. Hirano, H. Kamemoto, T. Hattori. Printed in Japan
落丁・乱丁本はお取替えいたします。
★定価はカバーに表示してあります。
ISBN 4-641-12148-6

Ⓡ 本書の全部または一部を無断で複写複製(コピー)することは，著作権法上での例外を除き，禁じられています。本書からの複写を希望される場合は，日本複製権センター(03-3401-2382)にご連絡ください。